现代市场营销

教 学 案 例 集

李 业 主编

華南理工大學出版社
·广州·

图书在版编目（CIP）数据

现代市场营销教学案例集/李业主编．—广州：华南理工大学出版社，2003.2（2019.1 重印）
ISBN 978-7-5623-1895-8

Ⅰ．现…　Ⅱ．李…　Ⅲ．市场营销学-案例-中国
Ⅳ．F713.50

中国版本图书馆 CIP 数据核字（2002）第 108414 号

总 发 行：华南理工大学出版社
（广州五山华南理工大学 17 号楼，邮编 510640）
发行部电话：020-87113487　87111048（传真）
E-mail：scut202@scut.edu.cn
http://www2.scut.edu.cn/press
责任编辑：周莉华
印 刷 者：虎彩印艺股份有限公司
开　　本：850 毫米×1168 毫米　1/32　印张：9.25　字数：232 千
版　　次：2003 年 2 月第 1 版　2019 年 1 月第 12 次印刷
印　　数：18 001～19 000 册
定　　价：16.00 元

前 言

相对于工商管理类的许多课程而言，市场营销学当属“易看难懂”的课程。表面上初学者似乎不难接受市场营销学的基本概念、原理和方法，然而深究起来却未必能领悟其中的道理。市场营销学有内容丰富的理论体系，要深刻理解营销的基本理论，把其内化成自己的知识，掌握营销活动的基本规律和技能，实非易事。依本人愚见，深谙营销之道，习而能善用之，绝非三年之功。市场营销理论源自实践，营销实践需要理论指导，而再实践又能加深认识和理解。这可谓“理论指导实践，实践方出真知”吧。

正因为营销理论与实践的关系如此密切，所以需要通过案例教学把理论与实践融合在一起。对于本科生来说，需要在教学中引导他们尽快找到感觉、引发兴趣、进入状态，进而达到建立概念、训练思维、掌握技能的目的。对于有一定企业营销实践经验的工商管理（MBA）学员来说，需要在教学过程中启发思考、触类旁通、提升理论水平，以期达到增强分析和解决实际工作中问题的能力。此外，对企业界的营销人员来说，也需要中国企业营销实践的案例提供参考，以增强营销策划、组织、执行和业务操作能力。盖因于此，案例研讨和模拟训练在营销教学或培训中实在是必不可少的。

华南理工大学工商管理学院市场营销系的教师在多年的营销教学中一直积极尝试和改进案例教学。前些年受条件的限制，营销教学中较多采用国外的案例。据实而言，虽然有些国外的案例颇有参考价值，但学生对案例中的企业不甚了解，况且这些企业所处的环境与中国的实际情况相差太远，因此难免教师有不顺手的感觉，而学生的理解和分析也会出现偏差，往往难以达到预期效果。近年来，中国经济迅速发展，涌现出了一大批优秀企业，出现了许多精彩的营销事例，这为案例编写提供了越来越丰富的素材。毫无疑问，发生在中国大地上的案例最贴近实际，同时也更加生动且容易引导学生进入状态。所以，本人和同事们都在积极编写本土化的营销案例。这里汇集的案例，是我和同事们近年营销案例教学的部分积累。有些案例已经在教学中多次使用，取得了较好的教学效果。这次正式出版前还进行了补充和修改，力求在保持真实性的前提下，能与时代发展同步。值得说明的是，相当一部分案例的素材来自作者的实地调查或营销咨询，属于原创性案例，这就使本书的案例更具真实性、生动性和可读性。

“兵无常势，水无常形”，面对复杂多变的外部环境，企业必须准确判断市场的变化，制定和运用适当的营销战略和策略以主动适应之。然而，不同的局势、不同的企业，需要不同的应变方略和营销谋略，正所谓“运用之妙，存乎一心”。希望本案例集能使读者有所启迪，有助于读者领悟现代市场营销之精要。

概括而言，本案例集具有以下特点：

1. 贴近实际、真实感强。本书各案例源自中国企业或跨国公司在中国的营销实践，都是发生在中国大地上的事例，学生对其中多数企业平时皆有所闻，因此容易进入状态，有利于深入讨论。

2. 内容新颖、时代感强。本书所汇集的案例都经过挑选，内容翔实、数据可靠，并且反映了中国企业营销实践的最新动态。例如，案例中包括了顾客关系管理、营销与库存信息系统、企业销售渠道管理、服务型企业营销、企业国际市场营销等等。这些案例包含了最新的理念和观点，描述了当前企业面临的问题和表明了营销实践的重点，有利于学生接受最新的理论。

3．体系合理、覆盖面宽。本书所选择的案例用于配合营销理论的学习，案例中既有制造业企业，也有服务业企业，内容涵盖企业营销环境、消费者行为分析、市场细分、目标市场选择、市场定位、营销战略、营销策略、服务营销、国际市场营销等等。每个案例都附有讨论题，这些讨论题都经过反复推敲，重点突出，因而便于教学，有利于学生建立完整的知识体系，同时也可适应不同读者的需求。

作为主编，笔者所做的工作仅仅是将本人和诸位同事在案例教学中的成果汇集于此而已。借此机会，感谢龚振教授、雷鸣副教授、刘志超副教授和陈明、贾建忠、黄文彦讲师将各自编写的案例交给我汇编以奉献给读者；感谢硕士研究生赵向莉、石冬冬、伏睿、王润生、饶力勇、王宏伟、庞晓玲、陈维在资料补充和撰写初稿等方面的辛勤劳动；同时也衷心感谢有关企业对我们案例编写工作的大力支持。

本案例集可用于本科生的营销学原理和硕士研究生（含MBA）营销管理课程的教学，也可供工商企业管理人员，尤其是营销管理人员参考。由于编者水平所限，有的案例还提炼不够，内容组织和格式也值得再下功夫，不妥之处，望同行与读者不吝赐教，以便再版时修改完善。

李　业
bmyeli@scut.edu.cn
2002年10月于华南理工大学

目　录

案例 1　中国彩电市场 ……………………………………（1）
案例 2　上海宝钢的用户满意战略 ………………………（13）
案例 3　金莎巧克力进军香港市场 ………………………（24）
案例 4　维达纸业股份有限公司 …………………………（35）
案例 5　南海市怡翠花园 …………………………………（44）
案例 6　格兰仕集团 ………………………………………（57）
案例 7　直属专卖店经理的聘任 …………………………（85）
案例 8　三大家电中间商圈地运动 ………………………（93）
案例 9　海天公司 …………………………………………（98）
案例 10　区域性空调销售公司 …………………………（101）
案例 11　济南三株公司 …………………………………（110）
案例 12　永威摩托车有限公司 …………………………（117）
案例 13　伊利集团的分销与库存系统改造 ……………（130）
案例 14　温氏猪肉如何开拓广州市场 …………………（137）
案例 15　番禺香江野生动物世界的整合营销传播 ……（146）
案例 16　雅邦牌可视门铃的营销方案设计 ……………（153）
案例 17　佛山赛纳陶瓷有限公司 ………………………（168）
案例 18　金花茶的市场营销 ……………………………（182）
案例 19　摩托罗拉公司在中国手机市场 ………………（197）

案例 20　广州南方高科有限公司 ………………………… (211)
案例 21　梅州市 114 查号台的服务质量管理 ……………… (238)
案例 22　深圳市供电分公司 ……………………………… (242)
案例 23　深圳市燃气集团 ………………………………… (248)
案例 24　青岛啤酒进军台湾市场 ………………………… (258)
案例 25　TCL 的国际化进程 ……………………………… (265)
案例 26　广州卷烟一厂的国际营销实践 ………………… (275)

案例 1

中国彩电市场

李　业　王润生

近日，信息产业部公布了对重点彩电生产企业监测的资料：2002 年 1 ~ 4 月，29 家重点彩电生产企业累计完成生产各类彩电 1 454.391 万台，同比增长 27.8%；累计销售 1 531.71 万台，同比增长 28.7%；完成出口 403.28 万台，同比增长 47.2%，产销率为 105%。其中，背投电视和液晶电视等彩电高端产品仍是主要的增长热点。另外，大显股份和四川长虹发布了 2002 年中期业绩预增公告，其中，大显股份预计 2002 年上半年净利润增长幅度在 50%以上；四川长虹则称，经初步测算，公司 2002 年上半年的净利润将比上年同期增长 400%以上。这两家来自于彩电行业的上下游企业的预增公告似乎反映出 2002 年我国彩电行业走向全面复苏之路。长虹总裁兼首席执行官 CEO 倪润峰最近也指出，2002 年，我国的彩电业在经历了几年的困难时期后，终于迎来了自己的春天。然而，就在一年以前，我国整个彩电行业仍处于亏损状态。2001 年 7 月 27 日，康佳宣布年中业绩亏损；后来康佳 2001 年全年亏损 7 亿多；7 月 28 日，彩电业龙头企业长虹宣布赢利预警；在此之前的几天，彩电业内排名靠前的厦华彩电仍未能扭转去年的亏损颓势，2001 年 1 ~ 6 月，每股继续亏损 0.066 元，甚至还把手机业务承包给母公司；而主销售战场设在内地的香港上市公司创维也继续宣布亏损。

据业界知名人士说，目前世界市场上的彩色电视机有40%是中国企业生产的。而有的经济学家认为，中国彩电业已经成长为国际竞争力最强的产业之一。综观近20年来我国彩电行业的发展过程，留下了一系列值得思考的问题。

一、连连不断的价格战

彩电行业之间的价格战似乎是最近几年来该行业最热门的话题，首次价格战在1996年由四川长虹打起，到2001年这短短的5年织间竟打起了10次规模巨大的价格战，其中以1996年和2000年两次价格战最具有代表性。

1. 1996年价格战

（1）1996年彩电市场概况。起步于70年代中期的我国彩电业，在1996年以前虽然保持了高速发展势头，但到该年，国内彩电市场上国外品牌彩电占据了很大的市场占有率，国外著名的品牌如SONY、松下、东芝等早在80年代初就已经进入中国市场，在力保54厘米（21英寸）以下彩电销量的同时，日本企业已经把发展重点放在利润丰厚的大屏幕彩电上。凭借技术优势，日本彩电的新机型增加了许多功能，如超重低音、环绕立体声、画中画、画外画、电脑菜单显示、图文显示等，试图在大屏幕彩电的竞争中拓开与国产彩电的差距，但有些功能尚无实际用途。而荷兰菲利浦、韩国三星、LG和GOLDSTAR等公司也不甘落后，步步紧逼，在中国各大城市建立了销售网点，展开广告攻势，据有关部门统计，三星公司1995年在中国投人的广告费达8 000万元。此外不少其他的外国公司也欲进入中国市场，向中国输入彩电系列产品。

上述跨国公司利用其品牌、技术、资金和营销经验的优势，利用消费者的崇洋心理，在各大城市掀起促销的浪潮。据1994年下半年广州市场的一次统计：广州市各个商场按品牌统计74厘米（29英寸）的大屏幕彩电的销售量，前五名全部为进口彩电，再加上我国关税的逐步下调，国内彩电厂家面临的形势越来越严重。而当时国内厂家的基本情况是：全国有100多家彩电生产企业，年生产能力超过2 000万台，1995年全国彩电产量已经达到1 950万台。通过正常渠道进口的彩电是60万台，再加上约100万台的走私大屏幕彩电，全国彩电的供应量超过2 100万台。1995年全国大中型贸易企业彩电销售量总数为1 030万台，加上零散贸易，估计全国的彩电总销售量不超过1 500万台，出口为400万台，当年的产销差距为200万台。根据当时的彩电销售量的走势分析，1997～1998年国内彩电销售量估计在1 600万台左右，产大于销、供需失调。

（2）1996年降价战。1996年初，我国宣布从4月1日起把进口彩电的关税从60%～65%降低到50%，是1996年彩电大战的导火索。1996年3月，四川长虹“以产业报国，以民族昌盛为己任”为口号，将所有规格彩电在一夜之间于全国范围内均降价8%～18%，即每台降价多达100～850元，揭开了第一次价格大战序幕。接着熊猫、TCL和康佳等公司立即响应，相继采取降价策略。但有的公司不赞成价格战，厦华公司总经理明确表态，认为彩电企业应当致力于提高技术水平，而不要把价格战作为主要手段。当时的电子工业部常务副部长刘剑峰在报刊上发表讲话，强调企业应当在提高产品质量和技术、降低成本等方面下功夫。由于降价的冲击力很大，其他国内品牌的彩电都随后卷入这场价格战。以54厘米（21英寸）彩电平均零售价格为例，1995年为每台2 993元，1996年降到每台2 767元。应该说，1996年价格战对国内彩电产业的发展具有非常积极的意义。首先，它带动彩电产业实现了从中小屏幕向大屏幕彩电的升级，价格战以后64厘米（25英寸）以上屏幕的彩电销量占总销量的比重超过了50%；另一个积极意义是，压缩了洋品牌在国内市场所占的份额，国产品牌彩电在国内市场的份额从价格战开始前的不到40%，跃升到价格战以后的80%以上。另外，通过降价，国内彩电业的竞争格局有所改变，强者更强，弱者更弱，一些效益低下的企业在这次降价中被市场淘汰了。例如，在降价以前，国内共有52个品牌的彩电，但经过此轮降价后，有8个品牌被淘汰。康佳通过1996年价格战毛利率由1995年的17.53%升高到21.77%，而长虹彩电的市场占有率1996年攀升到27%，到1997年，经过进一轮的降价后这一数字达到了35%。因此，业内人士将1996年彩电的降价视为我国彩电行业发展的里程碑，改变了国外品牌在国内彩电市场占主导地位的局面。但同时也必须看到，1996年的降价也带来了不少的负面效应，1996年的彩电价格战使国家税收减少8个亿，全国彩电业减少收入50亿。不过，此次降价获利最大的可能是国内的消费者了，据统计，当时厂家共让利给消费者达16个亿。因受降价的影响，1997年我国彩电的销售量猛增，该年出现了供小于求的暂时局面。

2．2000年后的价格战

国内彩电业自1996年降价以后便一发不可收拾，在随后的时间内，由于各个彩电厂家大规模扩大产量，2001年我国彩电业的年生产能力接近4 000万台，但这几年的销量始终徘徊在2 000万台左右，4 000万台以上的生产能力和2 000万台年销量之间的强烈反差，说明我国现阶段彩电市场处于一种过度饱和的状态。但专家指出，彩电业并非真的市场饱和，只是市场深度挖掘不够，彩电业的生产过剩，其实是产品同质化的过剩。彩电业一直强调的供大于求只是建立在产品严重同质化、有效供给不足基础上的低层次的供大于求。分析人士指出，不能把彩电降价简单理解为生产企业的一种促销手段，彩电的频繁降价实际上是我国彩电行业重复建设和产品低档次竞争的必然后果。价格战连连不断地发生，最后发展到连最擅长打价格战的长虹也不得不求助其他手段来缓解企业之间的降价竞争。典型的一例是1998年长虹垄断国内彩管一事。1998年11月16日爆出这样一条新闻，即长虹已经不动声色地囤积了国内70%的彩管，其中，54厘米(21英寸)占76%，64厘米（25英寸）占63%，74厘米（29英寸）占绝大多数，并和大的彩管供应商达成了截止到1999年1月底的彩管买断协议。一时间素来供过于求的彩管出现缺货，彩管价格上扬的风声四起。长虹本意是想通过囤积彩管，来提高其他企业的生产成本，以便结束无休止的降价竞争，当时信息产业部公开表示此事纯属企业行为，不加干预。但在国内其他厂商的要求之下，1998年的最后一天下午，国家信息产业部邀请国内8家彩管厂和7家重点生产企业在北京举行会议，就解决彩管供求矛盾紧急磋商对策。会上集中的议题是：要不要进口中小屏幕彩管。如果不进口彩管，众多彩电企业尤其是中小规模的彩电企业将进入停产或半停产状态，而一旦批量进口彩管将给长虹带来致命的打击。为此，业内有人评论：长虹此举给众多彩电企业以致命的一击，同时也可能把自己逼到绝路上去！据了解，对彩管进口持反对意见的除长虹外，还有彩管生产企业。他们认为，目前彩管市场所出现的繁荣，只不过是暂时的虚假现象，因为长虹与彩管厂所签合同只到1999年春节，春节后随着彩电市场淡季的到来，彩管供求将趋向平衡。此时一旦进口彩管，则彩管厂将面临产品积压和行业亏损的问题。而对彩管企业来说，如何面对1999年1月份的生产却是不得不解决的问题。为此，信息产业部提出两点解决方案：一是通过进口弥补不足；二是希望长虹发扬风格，将积压的彩管以市场价出卖一部分。但是，这次会议并没有取得实质性进展，只是达成两点共识：一是不再进口中小屏幕彩管；二是继续加大打私力度，维护市场的公平竞争。据悉，会后，信息产业部将继续做长虹的工作，力促其最终出让部分彩管。但长虹表示，辛辛苦苦积累下的彩管，为什么要拱手让人？但后来，政府部门又开闸放水增加了进口彩管的配额。国内彩电厂家从香港进口了不少的彩管，导致更加过剩，长虹的彩管垄断计划正式宣告破产。其结果，长虹因此而背上沉重的负担，1998 年底在整机和彩管上，长虹总计积压资金达 100 亿元左右。而国内的价格战愈演愈烈，此时，众多厂家觉得已经不能忍受这种无休止的价格战，2000 年 6 月 9 日，康佳、TCL、海信、创维、厦华、乐华、金星、熊猫、西湖国内九家彩电生产企业联合发起的彩电峰会在深圳首次举行，探讨中国彩电业发展大计，从竞争走向竞争合作。6 月 22 日第二次彩电峰会在南京召开，探讨最低限价。最终有六大彩电有关负责人在相关问题上达成一致，同意在全国范围内实行彩电的最低零售限价，并组成彩电联盟。但此举遭到广大消费者和媒体的谴责，指责彩电峰会的垄断行为。7 月 3 日彩电峰会在香港召开第三次会议，联合向彩管厂发难。不过，由于长虹以彩电联盟违反国家《价格法》为由拒绝参加峰会，此时的彩电联盟已成了一个空架子。7 月 15 日，国家计委宣布这种价格联盟违反了国家的有关规定，至此峰会不了了之。7 月 22 日，除创维、西湖外，峰会企业集体“跳水”，事实反而狠狠给了彩电价格同盟一记耳光。彩电行业又掀起了新一轮的价格大战，最终的结果是彩电行业在 2000 年出现首次的全行业性亏损，而康佳在 2001 年竟亏损达 7 亿之巨。更为严重的是由于频繁的压缩成本，彩电的质量与信誉出现了问题。国家技术监督局 2000 年 10 月 16 日公布了一项对降价彩电进行的专项调查表明，降价彩电的技术含量低，有的是 10 年前设计的程式；彩管大都是廉价的产品；机芯大都是早期比较落后的产品。值得一提的是，在汹涌的降价风暴中，外国品牌的彩电一直没有跟风，他们一直在钻研技术，研究中国居民的消费心理，走了一条以高技术产品制胜的康庄大道。外国品牌的彩电的市场占有率从1996年以来最低的10%增到2001年底30%，利润也是源源不断。2000年，索尼虽然只卖了30万台彩电，利润却达到5个亿。

二、2002年中国彩电市场

1. 产品技术的提高

饱受长期价格战之苦的国内彩电业终于认识到走成本领先的道路并非我国彩电业的惟一出路。在最近的两年内，尽管在资金上困难重重，各大彩电企业还是加强了研发力量。2002年，我国彩电业的产品技术水平有较大的飞跃，其中代表性的是长虹最新推出的75Hz逐行扫描第四代精显背投影彩电。长虹专注背投，曾被业内评论为倪润峰的“背水一投”。既为“背水”，风险何来？传统的观点认为，背投占地面积过大，画面亮度、清晰度不足，一般只有直视才能得到清晰的画面。但此次长虹推出第三代、第四代背投产品，达到了世界级的顶尖水平，其画面亮度、清晰度可与普通的CRT彩电相比，画面清晰的视角范围也有所扩展。其中，代表着当今全球市场最高档次的长虹第四代75Hz背投，采用了上海泰鼎的芯片，彻底消除了普通彩电存在的大面积闪烁及行结构线现象，每帧图像扫描线在单位时间内可达到相当于1520线的显示效果（第一、二代普通背投最高只能达到1250线）。在短短一年时间里，长虹背投从无到有，2002年6月，已经有20多万台签订了出口合同。长虹背投的市场占有率在不到两年的时间内已经超过20%。从背投的技术上来讲，这一次长虹走在了全球技术的前列。业内人士透露，背投的利润一般是普通 CRT 彩电的 50 倍左右，用长虹明年 100 万台的销售量计算，其整体利润相当于销售了 5000 万台普通 CRT 彩电。有这样高技术的产品，长虹 2002 年上半年的净利润将比上年同期增长 400%以上也就不足为怪了。

此外，康佳着力发展液晶彩电，创维和 TCL 则分别推出了发展等离子彩电的战略。创维集团总裁黄宏生向记者透露，创维的等离子战略是 2002 年 10 万台，2003 年 15 万台，2007 年 50 万台。等离子彩电将是创维未来五年的战略重点。除了 102 厘米（40 英寸）、107 厘米（42 英寸）两个品种，创维的 127 厘米（50 英寸）、152 厘米（60 英寸）等离子彩电已经开发成功，一条 PDP 现代化生产线已经投入生产。在研发方面，来自韩国三星、LG 以及美国硅谷、香港创维、清华大学、华中科技大学的科学家齐聚深圳，共同推出了第三代高清晰度等离子彩电的最新技术成果。TCL 集团透露，在 2005 年以前，TCL 将投资 3~5 亿元，建立年产 30 万台 PDP MODULE 的生产能力，以及 30 万台等离子整机的生产和销售能力。在技术方面，TCL 目前已实现除 PDP MODULE 和 EMI 滤波玻璃外的所有等离子关键部品的国产化，将继续探讨与国际公司在生产和研发上的合作途径。据报道，2002 年 9 月底，中国发光学开创者徐叙、王容院士，国际知名平板显示专家许宁生、王保平等六位学者，从 TCL 集团多媒体电子事业本部总裁赵忠尧手中接过聘书，成为“TCL 战略性高级顾问”。赵忠尧认为，彩电行业正迎来由技术进步创造的多品种、高端化的时代，而硅晶背投、等离子、液晶、正投电视正在成为彩电业四大高端战区。其中，背投电视已进入成熟期；等离子电视、液晶电视正处于高速成长期；正投影电视尚处于市场培育阶段。

2. 进一步开拓国际市场

2001年，我国加入世界贸易组织后，给彩电行业努力扩大国外市场提供了良好的机会。在目前国内城市市场饱和、农村市场迟迟难以启动的情况下，各厂家纷纷开拓国际市场，对于发展中国家来说，我国生产的彩电无论在质量还是在外观和技术上都具有相当大的吸引力，同时我国的劳动力成本低，有向发达国家彩电厂家大量提供零部件的条件。国内各主要厂家正是看中了这些，努力作好国际市场营销，2001年中国彩电的出口量为1 024万台，专家估计两年内中国彩电出口将占产量的1/2以上。另外，国际市场的开拓有利于缓解国内厂家的无序的恶性价格竞争。因此出口的猛增也是今年彩电行业形势好转的一个原因。

3. 各厂家走差异化战略，产品的同质性问题有所缓解

经过90年代后期激烈的价格战的洗礼，国内彩电企业逐步认识到，我国的彩电市场已经处于饱和状态，靠低成本优势取胜的可能性已越来越小，因此纷纷建立自己的强势项目，做到人无我有，人有我精。长虹的强项是背投彩电，目前国内获得背投生产许可证的企业只有两家，四川长虹和北京兆维。在背投上，长虹背投在国内企业中几乎没有竞争对手。国内其他品牌与长虹的差距至少有两年的时间。换句话说，这两年内，国内品牌已不足以成为长虹的竞争对手，正因为如此，2001年长虹精显背投市场销量以平均每个月300%递增，市场占有率一路飙升到18.5%。成为与东芝、索尼等并驾齐驱的三大背投品牌之一。2002年，势头更猛，75Hz精显背投进军教育领域，使长虹一举成功抢占精显背投制高点。在等离子体彩电方面，创维的优势最明显，而康佳的优势项目是液晶彩电，TCL在彩电信息化方面走在其他企业的前面。差异化策略能够使企业较长时段内保持一

枝独秀的领导地位，抬高行业的进入门槛，令国内一些后进入的品牌无利可图，这样也有效地制止了恶性价格竞争。

以上这些因素促成了 2002 年我国彩电市场好转，但愿 2003 年我国的彩电业能真正迎来自己的春天。

附：2000 年我国彩电行业大事回顾

一月：▲在美国拉斯维加斯的家电博览会上，我国家电企业海尔、厦新、康佳、新科、厦华等公司以强大的阵容参展，展台面积总和首次超过韩国，与日本相当，可以看出中国著名家电企业在 WTO 经济背景下，冲击海外市场的强大势头。

二月：▲深圳赛格日立彩色显示器有限公司等国内八大彩管企业，向有关部门递交报告，呼吁减少彩管（主要指大屏幕）进口，以扶持彩管企业健康发展，加快彩管行业技术改造。

四月：▲家庭影院行业标准由信息产业部发布实施。该标准由两个相关的规范组成，即《家庭影院环绕声放大器通用规范》和《家庭影院用组合扬声器系统的通用规范》。

▲厦华彩电 86 厘米（34 英寸）大屏幕、74 厘米（29 英寸）纯平、74 厘米（29 英寸）超平在全国各大商场全面降价，降幅 15%~20%，86 厘米（34 英寸）大屏幕彩电降价后最低仅售 4 080元。至 4 月下旬，74 厘米（29 英寸）大屏幕彩电已跌破 2000 元。

六月：▲6 月 9 日，康佳、TCL、乐华等彩电巨头云集深圳，成立新的行业协会并结成“价格联盟”，提高售价，涨幅在 10%左右，但是“结盟涨价”遭市场冷遇。

七月：▲7 月 13 日~16 日，第三届中国国际数字技术博览会暨应用大会召开，松下、飞利浦、微软、长虹、海尔等在展会上展示一批新开发的数字电视、大屏幕及超大屏幕高清晰度电视、家电多媒体中心、新型DVD、顶级数码音响、家电上网产品、个人通信、数码影像、数字音乐产品等。

八月：▲8月7日，厦华、长虹、TCL、海信、创维、熊猫、福日7家彩电生产厂家汇聚北京，联合发表声明，呼吁国内所有受到国外倾销指控的企业，以积极的态度参加应诉，从而迎接国际化的挑战。

▲康佳从11日起，对其86厘米（34英寸）和74厘米（29英寸）主流机型彩电，以及64厘米（25英寸）、54厘米（21英寸）产品进行降价，最高降幅达20%。长虹从12日起在全国范围内大降价，最大降幅达35%，最高降价额达3 000元，型号包括从21英寸~34英寸的50余种畅销机型。与此同时，创维、乐华、熊猫等厂家也开始在市场上大跳水，“价格同盟”名存实亡。

▲我国政府部门对“中国彩电企业峰会”终于有了一个共同的说法：峰会通过对话形式共商行业发展大计，做法应予以肯定，但是制定最低限价以制止不正当竞争的具体做法违反了《价格法》的规定，必须予以纠正。中国消费者协会更是表示反对价格联盟。

九月：▲中国自行设计、制造的86厘米（34英寸）CPT、86厘米（34英寸）纯平和92厘米（36英寸）16:9大屏幕彩色显像管生产设备交付用户使用。

十月：▲因竞争激烈的电视机制造业持续亏损，熊猫电子股份有限公司10月10日宣布将电视机业务与上市公司剥离，转而集中发展移动电话业务。

▲15日，国家质量技术监督局公布了9月份开始的彩电专项调查结果：价格战中降价的大屏幕彩电，尽管在结构和声光电性能方面未存在明显质量问题，但其技术含量较低却是不争的事实。

十二月：▲12 月 8 日公布中国最有价值品牌报告：家电类的海尔、长虹、TCL 分别以 330 亿元、260 亿元和 105.93 亿元分列第二、三、五名。

▲12 月 11 日，北京有线电视台视频点播电视试播。

讨论题

1. 试分析我国彩电行业发生价格战的原因？

2. 降价既是一种竞争手段，也是一种促销手段。就我国彩电业而言，如何看待各厂家之间的价格竞争？对于怎样摆脱恶性价格竞争，你有什么建议？

3. 消费者对我国彩电业从 1996～2001 年之间的价格战持什么态度？频繁的价格战对于企业的品牌形象有什么影响？

4. 国外著名厂商在 1996 年的价格战中的反应如何？为什么？

5. 政府主管部门对价格战持什么态度？你认为恰当吗？

6. 中国彩电市场的演进说明了什么？

7. 试分析我国彩电业未来的发展方向和竞争格局。

1997 年 10 月第一稿
2000 年 8 月第二稿
2002 年 10 月第三稿

案例 2

上海宝钢的用户满意战略

李 业 石冬冬

引子

一天下午，宝钢钢管公司接待了一位来自张家港某锅炉制造集团的顾客。这位顾客是来购买一支如晒衣杆大小的无缝钢管，用于一种新锅炉的试制。销售部主任指定专人“特办”。销售人员跑到成品仓库与工人们寻找顾客所要求的尺寸的钢管。因为平时很少有顾客选用这种钢管，所以用吊车折腾了大半天，直到下午 6 点钟才在最后一包钢管里发现了这个尺寸的钢管，这使客人很受感动。这宗买卖无论是在数量、价值、件数上都是最小的，创造了宝钢销售史上的纪录。不久，这家锅炉公司送来了采购 300 吨高压锅炉钢管的订单。这笔大买卖原来准备由另一家公司供应的，现在决定找宝钢供货。

这正是宝钢实施客户满意战略中的一个典型事例。

一、宝钢公司实施客户满意战略的背景

上海宝钢集团公司是以宝山钢铁股份有限公司为核心企业的特大型企业，是中国现代化程度最高、生产规模最大、品种规格最齐全的大型钢铁生产基地。

1995年，通过对全球钢铁市场走势的分析和钢铁行业的研究，宝钢集团认为虽然从指标上来看本公司已跨入世界一流企业行列，但要保持长盛不衰，还要取决于产品和服务能否赢得用户满意。企业能否再上台阶，企业文化建设能否取得新进展，主要衡量标准之一就是用户满意。因此，用户满意（CS，Customers Satisfaction）战略在宝钢得到高度重视，并开始制定与实施。宝钢是国内最早推行用户满意战略的企业之一。

宝钢的CS战略是以用户为本位的经营理念、管理方式和追求永续运营之综合体现，是一个经营单位通向决定其效益的竞争优势之路的核心。宝钢的CS是全员性的，人人是用户，又是服务者。用户既是宝钢产品（服务）的购买者和使用者，又是各个岗位、工序、部门的服务对象。宝钢的CS是全方位的，将TSM（即全方位用户满意管理）作为CS的基础工作和运作方式。

TSM（Total Satisfaction Management——全方位满意管理）是宝钢塑造独特文化，整合全部力量，以实际行动为顾客提供满意的产品或服务，并追求与顾客长期合作关系的管理工程、道德工程和形象工程。

TSM主要有六个方面，即质量（Quality）、价格（Cost）、交货期（Delivery）、服务（Service）、环境（Environment）和创新（Innovation），并通过创新这一环节，对前五个环节实行改进和提高。这六项内容一环扣一环，围绕着CS这个中心闭环运转，就像一个轴承一样，形成良性循环。

二、TSM的目标和对策

1996年下半年，宝钢紧紧围绕CS的六大要素（质量、价格、交货期、服务、环境、创新）制定了相应的目标和对策。

1. 质量——以用户满意为最高标准

对质量要素的要求是：产品即人品。研究用户使用技术，按用户需求组织生产，保证用户使用满意。

宝钢认为，与国际先进企业比较，宝钢的产品价格、成本有竞争优势，竞争的关键是质量。

其一，向转变观念要质量。1996 年一家用户一度暂停采购宝钢大的 05 板（因质量达不到要求），改用进口板。

宝钢领导认为，“这是宝钢投产以来最大的事故”，对有关领导和职工提出了严肃批评甚至下岗的处理意见，总经理、党委书记、各主管副经理主动扣掉了自己的全月奖金，给全体职工敲了一次质量警钟。公司抓住这一典型事件不放，在职工中广泛宣传，层层教育，在各个环节上找差距，并以最快速度改变了开工以来没有解决的问题，使这家用户终于恢复了订货，05 板使用返修率由 11.8%降至 6.8%，接近日本先进水平。同时，也促进了其他钢板的质量改进。比这更重要的是职工的 CS 理念得到了质的飞跃，形成了共识。

其二，按用户标准供应产品。宝钢针对 ST14 冷轧板被用户“冲裂”问题，发现必须高于国家标准才能满足用户需要，而改供 IF 钢，打低价牌号的牌子、卖低价牌号的价钱，提供高牌号、高质量的产品，牢牢占住了市场。

其三，坚持每年拿出 10%的产品（其中 30%以上是高难度、高附加值的“双高”产品）出口到世界上发达国家和地区，接受最挑剔的用户对产品质量的检验，形成了持续改进质量的强大压力和动力。

其四，选择世界上最权威的组织进行“贯标”体系认证。宝钢从 1994 年开始贯彻 ISO 9000 族标准，并请世界上认证严格的权威组织 BSI，对其体系进行认证及复审，同时，还开展用户产品认证。如船板通过了美国、英国、德国、法国、中国、挪威等六国认证；石油管通过了美国 API 认证。这样，比取得国际市场通行证更重要的是能够不断接受来自这些权威组织的苛刻检查，并开辟了不断改进质量的一条途径。

其五，抓“双高”产品带水平。宝钢在坚持生产出口产品、替代进口产品、填补国内市场空白产品的同时，每年都要抓几个“双高”产品进行攻关，并逐步进行批量生产。如 P110 石油套管、X65 管线用钢、O5 板等等。通过从头到尾打通生产线，把设备功能、生产状态、人员素质相应带上了高质量、高水平，把其产品质量也相应带了上去。目前宝钢“双高”产品已超过总产量的 60%，先后获得“全国用户满意企业”和“全国用户满意产品”称号。正因为有一个好的质量，宝钢比国内其他企业生产的同类产品售价高出四五百元。

2．价格——用户使用成本最低

对价格的要求是：产品价格大于成本。宝钢为用户创造价值大于竞争对手。

宝钢以扩大市场份额和加速资金回笼为目标，确定了其定价原则，一是跟踪国际市场、顶住进口；二是跟踪国内市场，并反映出高质量产品的价值。其追求目标是用户效益就是宝钢效益、宝钢要使用户成本最低，宝钢要为用户创造价值。即从管宝钢成本，变为把整个经济链成本都管起来。如宝钢产品卖出去后，还要跟踪到港、运输、仓储、资金筹措、产品使用等等，综合考虑如何把用户成本降下来，以赢得用户。如：格兰仕空调原采用冷轧板，宝钢跟踪后发现，如能改用镀锌板替代冷轧板，成本可大幅下降，用户采纳后效果显著。有些子公司开始探索民主定价，价格透明公示。如现货公司由各部门负责人组成定价小组，集体根据价格、质量和销售速度、库存情况等要素，按确定的计算机模型进行计算机辅助定价。价格完全对用户公开，任何人无权单独变动价格。

3. 交货期——百分之百完成合同

对交货期的要求是：扩展直供用户、长期合同，100%按合同交货。

宝钢认为，合同是法，必须不折不扣地完成，不仅要保证质量，还要按时按价，“宁失利润，不失信誉”。1992年底宝钢有20万吨热轧板合同，只要推迟半个月交货，就可以多收2.7亿美元。宝钢没有这样做，而是严格履行合同，建立了良好的信誉。近几年宝钢坚持百分之百完成合同，对完成计划没有完成合同的生产厂按欠产处理，并相应扣了奖金。好的信誉筑起了效益的长城。国内外银行都愿为宝钢贷款，施工单位、设备制造企业都愿与宝钢合作；海外子公司无需任何担保就可以向金融机构贷款；国内银行对执行宝钢合同的用户均能放心贷款。

4. 服务——体现用户的体面和尊严

对服务的要求是：与用户结成互动的产销研一体化体系，先期介入，服务在用户开口之前。

服务包括售前服务、售中服务和售后服务。宝钢认为必须全面推进。

其一，形成方便用户的营销格局。宝钢按现代商社的模式，1996年8月将原有的几家销售贸易公司合并组建了国际贸易总公司，实现了内贸与外贸一体化，期货与现货一体化，采购与销售一体化，宝钢贸易一体化。

新国贸成立后抓的第一件事是变“坐商”为“行商”，变以资源管理为重点为以用户管理为重点，更好地面向用户、贴近用户、服务用户。一是按用户类别组建了4个专业公司，便于用户配套采购。二是在用户密集的城市组建辐射北方的天津公司、辐射中南的广州公司、辐射西南的成都公司，再加上辐射东南的上海本部，形成了基本覆盖全国的营销网络，宝钢同这些子公司建立了互联网络，资源信息共享，相当于把宝钢的资源送到了用户身边。三是在用户密集、工业发达国家继续加强已有的国外地区公司的建设，形成了宝和公司（亚澳总部）、宝欧公司（欧洲总部）、宝美公司（美洲总部）格局。

其二，想用户所想，宝钢认真研究用户需求的发展趋势，要求销售人员在熟知本企业生产工艺和产品特点的同时，熟练掌握用户生产工艺和产品技术，做到只要用户拿来一张图纸，就知道该供应什么产品最合适。

其三，把服务态度作为服务规范的首要内容。要求营销部门对每位来访者，都要做到“三个一”，即送上一个笑脸，让好一个座位，端上一杯热茶。

其四，把稳定的产品销售渠道作为服务主题。宝钢拿出70%以上的产品直接销售给92家资信好、潜力大的生产企业(并将逐步发展到百家)。同时选择了24家有实力的流通企业按宝钢销售及有关规定代理销售15%的产品，实现了对主要用户的直接服务和用户的直接反馈。有些子公司在确定其服务主体方面，做了非常有益的探索。如现货公司建立了用户档案，制定并实施了《用户资信评估及相应优惠的暂行办法》，根据用户订货数量、意向书反馈情况、宝钢投资比例、遵循操作规则及文明守信情况、小额退款情况、平均欠款额等，对所有用户采用计算机进行资信评估，每月评估一次，公布结果。对资信好的优惠，差的淘汰。现在形成了1 400余家相对稳定的营销网络。

其五，把最大限度方便用户作为改进营销方式的着眼点。一是部分公司探索建立了远程查询定货系统，如现货公司与千家用户建立这种互联网。用户从所在地就能顺利地完成资源查询、订货、结算工作，既提高了用户效率，又节约了代购成本。二是建立了品种齐全、现货现送的钢材仓库分销中心，开展代配送业务，满足各种用户的小批量或急需产品的订货需求，实现了多种产品的就地现货配套供应。三是开展代加工业务，采取联合经营、联合投标等方式，加深和扩大与下游产业的密切合作，形成利益共同体。

其六，把用户的问题作为自己的问题加以解决。宝钢对重点用户派驻工程师跟班作业，进行产品使用服务、现场服务，并收集信息。如派了10人长期住在油田，跟班作业后发现，宝钢钢管（9.5m定尺）比国外钢管（11m）短，石油工人作业很不方便。宝钢及时克服了设备上的不足等困难，精心操作，成功地把钢管改为11m，深受用户赞赏。

再如西冷冰箱厂使用宝钢板冲压后，遗留地油洗不净（日本板无此问题），这一问题困扰了西冷好几年。宝钢认真研究发现，是因两种板表面涂油不同所致，将简易用户冲压油改为什拉油，结果在质量上达到了日本同类水平，并降低了用户成本，用户也因此全部采用了宝钢板。

又如，二汽使用宝钢ST14比日本产品冲压油箱底成品率要低得多，宝钢技术人员跟踪后发现二汽冲压系数不适应宝钢板，并帮二汽调整了冲压系数，结果，宝钢板的成品率大大高于日本水平。由此二汽全部选用了宝钢板。

同时，利用宝钢信誉，选择用户与银行建立稳定的业务关系，在银行及钢铁企业上下游之间建立一体化的结算体系，帮助用户解决了流动资金缺乏的难题。

其七，对战略用户进行“战略服务”。宝钢坚持“不给钱不给货、无合同不生产”的方针，使三角债大幅度下降，目前处于行业先进水平。但是在实际运作中并不死搬教条，尤其对战略用户予以特别关注，进而把潜在市场变成实在市场。如宝钢把一汽确定为战略用户，当了解到一汽集团红旗小轿车生产厂急于国产化，但对国产板缺少信心时，宝钢先及时送上300吨05板让一汽试用，并承担试用失败的一切损失，结果令用户非常满意，从此进口货全部改为宝钢货，圆满解决了小红旗国产化的问题。

再如，大庆也是宝钢的战略用户。1996年7月因某供货方无法供货，受到了局部停工待料的威胁，宝钢在钢管合同饱满的情况下，连夜调整生产作业计划，第三天，就生产出了大庆要求的钢管，并及时送到了油田，解了燃眉之急。大庆称宝钢是坚强后盾，并大幅度增加了宝钢订货。

其八，广泛收集并认真落实用户意见。宝钢从用户中选择了近百名质量信息员，每年召开一次座谈会征求意见，对用户意见，做到3天有答复，7天有反馈，20天内有结果。

其九，把质量异议作为收集信息的渠道。用户一旦提出质量异议，宝钢即以最快的速度来处理，该赔偿的赔偿，该退货的退货，该整改的整改，并将异议反映出的问题和意见，不管对否，一律在《宝钢日报》和电视中公开披露，让职工原原本本地了解用户的意见和需求，也表明了宝钢的整改决心。

5．环境——筑起CS的坚实基础

对环境的要求是：适应外部环境，净化工区环境，优化工作环境。

CS的环境既有外环境，如市政建设、市场经济进程等，又有内环境。宝钢的做法是适应外环境，改造内环境，使用户满意。宝钢把CS作为系统工程来抓，发动包括不直接与产品用户打交道的职工全部参与，用企业内部的“三个满意”（上工序让下工序满意，辅助让主体满意，机关让现场满意）来确保对外用户服务的满意，筑起了CS的坚实基础。

6．创新——满足用户动态要求

宝钢的管理层认为，用户需求是动态的，必须靠不断创新予以满足；并强调要全员参与，与用户结成可持续发展的命运共同体。

其一，每年拿出 200 炉即 6 万吨钢，无偿为用户提供新产品试制。

其二，聘请用户单位工程技术专家，参加宝钢科研工作，与用户一起对新产品进行研究，超前开发。

其三，按产品大类逐一建立由销售部门牵头，生产厂、职能部处、科研院所及用户参加的“产研销”一体化攻关小组，进行新产品攻关，走在用户需求的前面。同时，有效解决了科研人员远离市场、科研成果向生产力转化慢的问题。如宝钢热轧钢设计工艺只能生产 3mm 厚的集装箱板，但目前 2mm 以下的板需求量很大，占集装箱板市场 50% 以上。这种钢板以往靠进口，宝钢产销研一体化集装箱板小组针对这情况进行攻关，轧制薄规格集装箱板成功后，使宝钢形成了产品系列配套供应优势，大大方便了国内用户，也促进了 3mm 以上集装箱板的销售，销售量由 1995 年的 10 万吨，增加到 1996 年的 30 万吨，有力地抵制了国外一些企业对我们的制约。再如，宝钢攻克了高韧性输送管线用板卷钢的研制和工业化生产这一难题，形成了质量过硬的 X60、X65 管线钢产品系列，在国际招标中战胜了实力强的国际竞争对手。宝钢在引进 191 个钢种的基础上，已自行开发新钢种 149 个，其中 27 个产品填补国内空白，31 个产品可替代进口。

1996 年，我国钢铁市场竞争激烈，进口产品对国内市场的冲击很大，钢铁产品大幅度降价。当年全国冶金行业实现利润 39.6 亿元，而宝钢实现利润 31 亿元；宝钢出口创汇 4.9 亿美元，占全行业出口额的 1/4。

7. 近况

1998年11月17日，上海宝钢集团公司作为国家授权投资机构和国家控股公司试点单位，经国务院批准在上海浦东揭牌成立。公司内部实行母子公司体制。通过三年来的资产重组和整合，现有全资子公司26家，控股子公司24家，其中钢铁业子公司18家，贸易业子公司12家，金融业子公司3家，另有参股子公司25家。资产规模达1 625.85亿元，2001年销售收入达710.70亿元。

目前公司已具备年产2 000万吨钢的生产能力。除钢铁主业在国内占有举足轻重的地位外，公司在贸易、金融、工程技术、信息、建筑、化工等其他产业也取得了相当规模的发展。同时，公司开始涉足国际钢铁原料的资源性投资。2001年8月，与巴西CVRD矿山公司兴办年产600万吨铁矿石的宝华瑞矿山股份有限公司正式签约；12月，公司又与澳大利亚哈默斯利铁矿有限公司签订了合资办矿的框架协议，标志着公司迈出了国际化实业投资的重要一步。

附　宝钢实施CS战略的基础工作

一、普及CS理念，强化日常岗位培训

CS理念普及的方法，是将日常教育、集中培训和典型引路相结合。CS行为的养成主要靠日常岗位培训，培训的内容主要是思想品德教育、行为训练和业务技能基本功。

二、加强CS战略制度建设

1. 各岗位、工序和部门必须制定CS实施细则。细则要以体现用户满意关切度的、量化考虑的职业道德规范为基础，与宝钢基础管理工作融为一体。

2．颁布《宝山钢铁（集团）公司建设“用户满意文明单位”条例》。对用户满意的物质文明和精神文明综合业绩突出的单位和个人授予先进称号。

3．颁布《关于加强文明建设，加大“用户满意文明单位”考核力度的办法》。规定了宝钢“用户满意文明单位”综合业绩考核的范围，在考核中突出实施CS战略的成果。

4．强调以用户满意为标准。在宝钢内部，上道干得好坏，由下道工序来评价；辅助部门干得好坏，由主体部门来评价；机关干得好坏，由基层单位来评价。而考核标准就是是否为各自的服务对象（用户）提供了满意的服务。

讨论题

1．1996年一家用户一度暂停采购宝钢大的05板，改用进口板。为什么宝钢集团领导认为，“这是宝钢投产以来最大的事故”？

2．宝钢的CS战略与全方位满意管理（TSM）之间有什么关系？宝钢提出的CS六大要素是什么？

3．大企业也做小买卖，这种营销观点值得提倡吗？

4．宝钢是如何巩固和发展与客户之间的关系的？你认为宝钢有哪些成功的经验？

2000年8月第一稿

2002年10月第二稿

案例 3

金莎巧克力进军香港市场

贾建忠　石冬冬

一、意大利费列罗公司

意大利费列罗公司是全球四大巧克力生产厂商之一，其生产的巧克力品牌为“FERREOROCHER”，中文名为“金莎”。

费列罗公司的成立源于其创始人 Pietro Ferrero 的一个梦想——为全世界的人生产优质糖果。大家可能会认为这个梦想太平常了。事实上，这是一个天才的梦想。因为当时意大利人只有在特别的日子才能吃到糖果、蛋糕等食品，而且这些食品都由小工厂生产，在小卖店出售。所以 Pietro Ferrero 梦想让全世界的人都吃上他做的优质糖果。于是，1946 年，他成立了费列罗公司开始将梦想付诸实际。在创建费列罗公司之初，Pietro Ferrero 制定了三个原则：优质原料、先进设备和保鲜分销。他认为：只有用优质的原料、先进的设备以及便捷的分销体系，才能为消费者提供新鲜、美味的糖果。时至今日，费列罗公司的各种糖果仍坚持为全世界的消费者提供品质卓越、口味绝佳、价格合理的糖果。经过多年的不懈努力，Pietro Ferrero 的梦想实现了。今天，包括 FERREOROCHER 巧克力在内的费列罗糖果遍布欧洲、北美、澳洲、南美、亚洲，费列罗公司已经成为全球糖果行业的第三大企业。

如果说费列罗公司的成立源于 Pietro Ferrero 的天才梦想，那么费列罗公司的发展则得益于 Michele Ferrero 的独特策略。Michele 是 Pietro 的儿子，他于 1950 年接手费列罗公司。Michele 积极开拓国外市场，并制定了一系列独特的营销策略。以下是进军香港市场的过程。

二、聚焦香港市场

费列罗公司的国际化始从欧洲起步。1956 年 Michele Ferrero 在德国建立一家工厂，并向整个欧洲扩展市场。1984 年，进军香港市场。1998 年，开发美国市场。2000 年，费列罗公司全球糖果销售额达 14.4 亿美元。在国际化的发展过程中，成功打入香港市场，不仅为费列罗公司扩大了知名度、创造了可观利润，而且积累了国际市场营销的经验。

巧克力属于糖果类食品，它比普通糖果（如口香糖等）价格贵，因此在糖果市场中的销售额比重大而销售量比重小。例如，2000 年全球糖果销售额的 54.5%（483 亿美元）为巧克力，而全球糖果市场销量的 52% 为普通糖果。全球的巧克力市场基本上可以分为成熟市场和发展中市场两类。西欧和美国属于成熟市场，而巴西、俄罗斯、中国、印度和印尼、墨西哥及东欧一些国家则属于发展中市场。全球 1/3 以上的巧克力制品在西欧销售，而只有 6.5% 在远东销售。费列罗在欧洲的糖果市场中名列第三，占 10%（第一是雀巢，占 16%；玛氏列第二，占 12%）。

当时，全球糖果工业仍处于快速发展中。但是，西欧和美国等成熟市场竞争激烈而销售趋缓，发展中市场则呈现出强劲的增长势头。这些市场虽然从销售额和人均消费上都相对较低，但从近年的发展看有增长的趋势，并将继续维持。发展中的亚洲、南美和东欧市场，为全球糖果行业提供了很大机会。当然，机会也摆在费列罗公司面前。

最终，费列罗公司选择了亚洲的香港市场作为其国际化进程中的第二站。该公司在此前做出两个选择：第一：在亚洲、南美和东欧中选择亚洲市场；第二：在亚洲的日本、韩国等市场中选择香港市场。

三、探究香港市场

选择香港市场与费列罗巧克力的产品形象和香港市场本身的特点有关。

香港市场是当时亚洲最成熟的市场。如果说费列罗公司放弃成熟的北美市场，而选择并不成熟的亚洲市场，是看重后者的市场增长潜力的话；那么，它选择亚洲最成熟的香港市场则更多地着眼于自身的发展能力。

费列罗金莎巧克力的形象一直是高贵、优质。这样的产品在对价格敏感而忽视品质的低端市场很难赢得对手。因此，要求目标市场存在高端市场、具备相应的购买能力，最好有一定程度的购买习惯。只有在这样的市场中，费列罗公司才能充分发展。而香港市场正是这样一个市场，其成熟表现在以下几方面：

（1）经济发达。香港是亚洲经济最发达的地区之一，市场化和城市化程度高，人均收入和消费在亚洲仅次于日本。失业率低，港人的消费能力和意识都很强。

（2）政治稳定。香港当时是英属殖民地，政府基本属于弱势政府，对经济干预很小。

（3）贸易、金融、法律环境良好。香港是自由港，非关税贸易壁垒少；香港是亚洲金融中心，港币币值稳定，支付能力强；

香港还是高度法制化的社会。

（4）技术先进。香港是亚洲最大的信息港之一，技术信息交流渠道完善。本身的制造业水平也非常高。

（5）文化中西合璧、兼收并蓄。香港文化受西方文化和中国传统文化的双重影响。港人一方面接受新思想、新观念和新产品较快，另一方面则推崇礼尚往来、深谙饮食文化、注重产品形象。

相比之下，亚洲的其他市场都不同程度地存在各种不利因素。例如，日本的贸易保护主义严重，韩国的封闭本土文化强烈抗拒外来文化，中国内地的消费水平不高等等。这些市场虽然有潜力，但只能作为将来的目标。

香港的巧克力市场的总体特征是：国外名牌主导市场、总体销量停滞不前。市场中最具竞争力的品牌有：吉百利、麦提莎、三角巧克力、雀巢、瑞士莲、M&M′s 及 Kit Kat 等。这些品牌清一色是欧美名牌，而且都以优质、畅销闻名。其中，处于市场领导地位的吉百利，市场占有率高达 20%。其市场销售额在英国名列第一，在全球名列第四。由于较早进入香港市场，所以它在相当程度上影响着香港的巧克力文化的形成，具有非常特殊的地位。虽然各大名牌汇集，而且人均消费量为亚洲各国之冠，但是香港巧克力市场整体销售额却停滞不前。

这样的市场给费列罗带来了机会，同时也使其面临如下挑战：

（1）竞争品牌均走高端路线，与费列罗本身的产品形象难免冲突。因此，必须有别出心裁的产品策略，才能脱颖而出。

（2）传统品牌影响深远，具有先动优势。因此，必须另辟蹊径，寻找新的卖点和好的创意。

（3）整个市场停滞不前，急需新概念、新产品的刺激。

（4）消费者购买心理逐渐成熟，有较高的品牌忠诚度。因此，金莎必须真正突破传统，否则很难赢得消费者。

四、金莎巧克力的定位

定位是依据竞争来强调品牌的独特之处和激励购买因素的过程。最著名的定位的案例之一是七喜，短短的三个字“非可乐”指出了它的产品特点和竞争对手，堪称经典。可见，差异是定位的关键。没有差异就没有定位。

金莎巧克力的定位是：高贵、完美和非传统。

这一定位既与金莎向来的形象吻合，又针对香港巧克力市场传统、停滞的特点和消费者对新事物接受能力强、喜欢新奇刺激的特点。金莎巧克力的高贵体现在它走高端市场，以差异求胜，而非打价格战；它的完美体现在它的原料、加工、生产、包装上；而它的非传统则体现于费列罗公司一系列出人意料又大受欢迎的价格、广告、促销策略上。

五、产品策略

1．品牌名称

费列罗公司巧克力制品的品牌是“FERREOROCHER”。进入香港市场，就存在一个品牌翻译的问题。一个好的品牌名称应该具有：暗示产品功能，表现产品特点，易读、易辨、易记，与众不同，在各种语言中意义正面，文化接受程度高，符号意义恰当以及符合法律要求等特征。对于香港市场，还应该考虑到粤语和普通话的发音和意义的区别问题。

“FERREOROCHER”翻译为“费列罗金莎”。“金莎”比“麦提莎”简洁、易记。“三角巧克力”虽然在“暗示产品功能”

方面略胜一筹，但是稍显平庸。“吉百利”的字面意义非常符合传统。“金莎”虽然从字面看没有明确的含义，但是它给人的感觉是高贵、时尚、明亮，与其产品定位非常吻合。此外，粤语和普通话的发音、意义均恰当。实践证明这是非常成功的品牌名称。

2．产品组合

费列罗公司除了生产 ROCHER 巧克力外，还生产其他几种产品。进入香港市场，只生产和销售金莎巧克力一种产品。这是一种稳健的产品组合策略。因为金莎巧克力是费列罗公司六种产品中最成熟、知名度最高的，用它来开发香港市场，可以在投入相同的情况下降低失败风险、增加成功的几率。

3．产品质量

一般巧克力的原材料都是可可豆和可可黄油，其制作流程也大体相同。品质的不同主要是因为原材料的品质和加工工艺不同。费列罗公司通过最好的原材料、最先进的技术、最优良的设备来保证生产出优质的金莎巧克力。这一策略从品质方面体现了“完美”的产品定位。港人受传统的中华饮食文化的影响，对食品的品质识别能力强，讲究口感和味道。青少年还有吃零食的习惯。这样的话，只要产品的尝试率高，再次购买率就可能很高。此外，不断追求卓越品质，也使得模仿者只能模仿产品外观，而无法模仿产品品质。

4．产品包装

产品包装是金莎巧克力的一大特色。它的包装不仅发挥通常包装应有的作用，还起到了细分顾客、区别定位的作用。每一颗金莎巧克力的外包装都是一层金色的包装纸。费列罗的独特之处在于把相同的单颗巧克力组合成不同数目的金莎系列产品，或者根据销售时间包装成为日常金莎和节日金莎（例如圣诞金莎）。不同包装的目标顾客互有区别、产品定位各有侧重。如下表所示。

产品种类	包装特点	目标顾客	产品定位
三颗小包装	简单	青年人	频繁采购、自行消费的日常零食
五颗盒装	豪华	注重包装的顾客	个人需要、与人分享的小礼物
八颗心型盒装	心型	非巧克力消费	情人节、母亲节或友人生日的礼物
十六颗盒装	实用	最广大的消费者	家庭消费、探访小礼物、集体送礼
二十四颗盒装	华丽、高贵	隆重场合的消费者	新年礼物、隆重场合的礼物

六、价格策略

金莎巧克力的价格策略体现了它高贵、非传统的定位。基于它完美的市场定位和优良的品质、独特的包装，金莎在香港上市之初，定价比市面上同等重量的巧克力高 30% ~ 50%。

不同包装的金莎定价不是按照产品颗数，而是根据产品定位。例如，24 粒装的金莎市价为 280 元，16 粒心形盒装的市价为 250 元，8 粒装的市价为 120 元，5 粒装的市价为 48 元，3 粒装的市价则为 28 元。细心的顾客一定会发现，按照单颗计算价格，包装越大的价格越高，似乎有违常理。但这实际上是费列罗独特的产品价格观。他注重考察消费者的心理定价，即消费者从情感上愿意付出的代价，而不是从成本角度愿意付出的代价。例如，消费者希望以较低的价格购买三颗装金莎用于日常消费，但也可以接受较高价位购买圣诞金莎或者 24 颗盒装金莎作为较隆重的礼物。可见，金莎巧克力的价格与其以不同包装针对不同市场的定位是非常契合的。它的这种表面上看来令人难以理解的价格策略意在提升其精品形象，实是匠心独运之举。

七、渠道选择

在金莎上市时，香港巧克力的主要零售渠道为超级市场、设有食品部的百货公司和便利店，而其中最重要的零售商品为惠康和百佳两大连锁超市集团。但这两大集团的采购标准相当苛刻，除商品要有相当的知名度外，商品的定价还需经集团的采购部同意。但当时金莎在香港市场上没有什么知名度，而且金莎的价格政策，在当时看来非常特别，并不符合零售商一贯的低价大量等要求。为了全盘掌握金莎的市场策略，确保其价格、产品、陈列、渠道等均能适当反映出金莎的定位，公司采取了突破传统的渠道策略。经认真分析，公司选定了屈臣氏集团旗下的连锁商店作为金莎的主要销售据点。另外再加上各区内愿意与金莎的策略配合的百货公司、超市等零售商来作为其分销网络的组成部分。选择屈臣氏作为进军市场的重点后来被证实是成功突破的策略。因为屈臣氏的形象、经营方针、定位和新产品策略等都在一定程度上与金莎有共同及互补之处。

屈臣氏当时以出售高级化妆品、高价小礼品、配方西药及一些高级日用品为主。服务对象为追求高品位、高品质而且愿意付出相应代价的高消费人士，其中又以女性占多数，这与金莎所设定的形象及目标市场大致吻合。屈臣氏当时约有 50 间分店，分布香港各高消费、高人口密度的区域。另外，屈臣氏拥有多年经营高级日用品的经验，它对商店的陈列管理、货品选择、本身的形象及顾客服务等方面都非常注重，所以一直深得高消费顾客的喜爱，一般的消费者也将其作为寻求高质消费品的理想场所。

在上述种种条件的吸引下，费列罗公司决定将屈臣氏作为打入香港市场的突破口。在双方经营理念一致的情况下，金莎的业务发展得相当理想。屈臣氏不像传统的做法那样将金莎放于货架上，而是采取落地陈列的方式使金莎遍布于店内的不同角落。这种陈列方式很有视觉冲击力，从而大大刺激了消费者的购买欲望。

在金莎初战告捷后，公司与两大零售连锁集团的谈判便相当顺利，最终金莎得以在进入这两个力量庞大的销售网的同时又可实施自己的既定策略。如果当初金莎不惜代价硬闯两大连锁集团，那么不是焦头烂额也会事倍功半。

八、促销策略

“金莎吸引力，凡人没法挡”这是金莎的广告主题。这一主题以“吸引力”和“凡人”两个诉求点来表现金莎的优越品质和高贵形象。金莎“教堂版”广告的吸引力同样也没法挡。这个广告以非凡的创意表现了金莎的非传统，给消费者留下深刻印象，为金莎的成功立下汗马功劳。

广告不是发生在欢乐的家庭聚会上，也没有明星面带喜悦大嚼巧克力，而是大胆地与严肃的教会开了一个小小的玩笑：

寂静空洞的教堂中，一面孔清纯的少女低头走近忏悔室。

画面显示少女期期艾艾地向神父坦白说，因抵抗不了诱惑，后悔发生了第一次！

（观众至此已被故事情节牵引，免不了想到少男少女最不该犯的过失上去。）

画面一转，少女竟解释为，因受不了金莎独特口味的诱惑而第一次将整盒金莎巧克力吃光了。

（此刻观众从女主角向神父忏悔所营造的低压中突然解脱，不禁发嘘。）

少女继续描述金莎的产品结构及特质，并使之成为抵受不住诱惑的主要理由。

（这样一来观众通过故事而认识金莎独特的产品结构，而且印象极其深刻。）

画面又一转，突然出现刚才聆听少女忏悔的神父，（在吃完金莎后）就向另一位神父开始坦白他的第一次……

面对这一小转折，观众不禁会心微笑或乐不可支。

整个故事，除交代了产品的品质外，更利用了出乎意料的情节，带出了“凡人没法挡”的主题。

为了辅助电视广告加深消费者对金莎的印象，在上市不久，公司又在地铁灯箱广告上大胆突破。广告主题仍是“金莎吸引力，凡人没法挡”，而创意则是利用灯箱媒体的特点，摄制一幅海报。该海报的画面表现的是一盒金莎巧克力的一颗被取去。海报被取去金莎巧克力的位置则做成撕去图中的一颗金莎的效果。旁边的标题写着：奉告，此乃金莎海报，并非真正巧克力。海报的效果逼真，令人忍俊不禁。

金莎在香港上市次年（1985年）便占据了20%的市场份额，相当于此前香港第一品牌吉百利的市场份额。费列罗曾经用十年时间逐步达到占据欧洲第三位市场份额，它用更短的时间打开了香港市场。后来，它又向亚洲其他国家和地区市场进军。1999年，费列罗在中国内地市场已经达到6.9%的市场份额。金莎在香港的成功不是其在欧洲成功的必然延续，也不是其创意广告的偶然结果。金莎的成功是定位的成功，是产品、价格、渠道和广告策略综合作用的成功。金莎的口号是“让优质巧克力成为生活的一部分！”这是众多喜欢金莎的消费者的愿望，也是费列罗公司的愿望！

讨论题

1．香港巧克力市场基本没有增长，在这种情况下，费列罗公司是怎么找到市场机会的？

2．金莎的市场定位是如何确定的？

3．金莎在产品策略上是如何体现其市场定位的？

4．金莎广告的特点是什么？

5．金莎巧克力营销策略组合中各个策略之间有什么内在联系？

6．试总结金莎巧克力进军香港成功的要素。

2001年12月

主要参考资料

黎言．难抵金莎·销售与市场，1996（9）

案例 4

维达纸业股份有限公司

李　业　王润生

今天，几乎在每一个超市的显眼位置都陈列有维达的各种产品。在证明自己企业是如何成功时，维达公司的有关人员拿出了几份文件，一言不发地表明维达的龙头位置：中国造纸协会生活用纸专业委员会文件证明维达的年产量、销售额、利税、市场占有率等经济指标在中国卫生纸行业位居第一位。目前，维达纸业资产总额 58 079 万元，日产纸品能力 160 吨，年利税4 585万元——毫无争议的第一。如果你觉得数字太枯燥，那么顺手拈来的一个例子是：当你走进麦当劳餐厅，用标着“M”字样的餐巾纸抹嘴时，你手里正握着维达的产品。2001 年第三季度，国家质量监督检验检疫局组织对纸巾纸产品质量进行了国家监督抽查，结果，维达公司的产品质量名列榜首。然而，这样一个处于行业领先地位的企业，在 1985 年时，是由二间街道小厂和一间亏损 30 多万元的福利厂合并而成。当时，工厂只有一间 2 000 平方米的破旧厂房，员工 180 人，文化素质低，其中盲残人员有 93 人。在这种困难重重的情况下，当时的经理李朝旺以一个现代企业家的独到眼光和过人的胆识，通过艰苦的市场调查和研究，最后把眼睛盯在当时社会上正在流行的纸巾生产上，且当年设计、当年生产、当年出产品、当年使企业转亏为盈。取得初步成功之后，维达公司管理层信心倍增，同时也在思考如何谋求公司的进一步发展。

一、维达的成长路径

早在1997年初，维达股份有限公司得知上海利民造纸厂有意出让的信息后，立即与上海浦东新区有关部门接洽兼并事宜。原上海利民造纸厂是上海轻工集团所属的国有企业，是国内最早生产生活用纸的厂家。由于利民造纸厂设备落后、产品滞销、经营不善、亏损严重，因而决定出让以盘活资产。上海利民与维达可谓相识已久。早在80年代中期，维达公司的前身会城日用品工厂就是购买利民的原料纸包装成纸巾而赖以生存的，而且当时还派出员工到利民学习培训。1996年，维达纸业公司销售额已达到3.8亿元，收购价值1 000余万元的利民厂有足够的经济实力。维达公司看中的是上海这个中国最大的城市以及浦东优越的投资环境。除了进军上海市场外，维达还想利用上海的地理优势把业务辐射到华东和中原甚至东北地区。1997年4月1日，双方签订了兼并协议书，5月14日宣布广东维达纸业（上海）有限公司成立。12月26日，上海子公司正式挂牌。兼并利民后，维达公司投资4 000余万元，更新设备、扩大深加工能力，生产维达纸巾等系列产品，目标是实现年产值1.5亿元。维达纸巾等产品不仅顺利进入上海各大超市，而且抢占了南通、苏州、无锡、嘉兴四个新市场。在内部管理上，维达公司将新观念、制度和方法引入上海子公司，调整了利民原有的计件单价，推行维达的成本管理和计件考核制度，提高了生产效率，同时主动走向市场争取客户，积极改善服务，改掉过去利民公司等客上门的老爷作风，使生产经营运作迅速走上正轨。

其实，收购上海利民是维达公司实行低成本扩张战略的具体行动之一，在此之前，维达公司于1996年与湖北、河南等地的企业洽谈收购事宜，年底通过收购设备、租赁厂房的形式兼并国有湖北孝感造纸厂。1997年4月24日，维达纸业（湖北）有限公司正式成立。这一举措扩大了维达公司在华中地区的影响。建立自己的生产基地，为争夺华中大片市场打下了坚实的基础。2002年9月19日，维达集团在北京市投资兴建了维达北方纸业（北京）有限公司。该子公司坐落在北京市平谷区滨海工业开发区内，首期工程规划兴建年产1万吨造纸项目，占地面积100亩，建筑面积2万平方米，总投资6 000万元，计划2003年5月1日前建成投产，预计年销售收入1.5亿元。该项工程的兴建，标志着维达集团向国际化、集团化、规模化发展又迈出了可喜的一步。目前，维达集团已在国内建立起广东、北京、湖北、上海4家分公司，形成北、东、中、南的生产经营布局，在营销网络以及物流建设上体现维达强大的竞争力，也为维达的发展奠定了良好的发展平台。随后，维达利用同样的方法在澳洲、美国、新西兰也组建了4家海外子公司。经过几年的资产重组，2000年维达公司将总部设立在香港，成立了维达国际控股有限公司。

二、质量与技术管理

广东维达公司的前身是个以安排残疾人就业为主的福利工厂，不仅规模小，而且经营范围狭小。经研究，维达公司扩大产品生产线，并不断提高公司的技术装备水平。最先生产的是生活卫生用纸，原料纸从上海利民等厂购入，经切割、手工折叠、包装成纸巾在市场上销售，商标为威牌。当年营业额为250万元，营业利润37万元。1986年和1987年，推出了第二和第三代卫生卷纸系列产品。随着人民生活水平的提高，生活卫生纸市场容量不断扩大。1989年，第四代产品维达牌开始生产。当时的维达牌纸巾，以外购的优质原料纸进行包装生产，绵软洁白，方便舒适，很快赢得消费者的欢迎。同年维达公司的对称凹凸卫生卷纸获得国家专利。1990年，维达纸巾批量生产，盒装面巾纸问世。1991年，胶贴维达纸巾投放市场，此产品后来荣获广东省新产品奖和广州市第七届羊城质量杯奖，产品的知名度因此而迅速提高。为了快速提高生产效率和技术水平，十多年来，维达公司坚持“勇于开拓，不断创新”的方针，依靠科技进步，滚动发展，公司先后上马了一、二、三期工程，引进日本、美国、联邦德国、台湾等国家和地区的先进造纸设备以及产品配套设备，开发生产高级卫生原纸、盘纸、纸巾、餐巾、盒装面巾、妇女卫生巾、湿纸巾、卫生卷纸等八个系列产品，由于质量过硬，这些产品出口到香港、澳门、越南、泰国、马来西亚、英国、日本、新西兰、澳大利亚等国家和地区。1997年，公司获得中国兴轻质量体系认证中心的认证，并通过了ISO 9000质量体系认证，成为中国生活卫生用纸首家通过GB/T19002—ISO 9002认证企业。维达商标被评为广东省著名商标，维达产品被评为全国名牌产品。最近，维达商标又荣获“中国驰名商标”的称号。

三、生产成本控制

对于造纸行业来说，运输成本历来是一项比较大的支出项目。虽然维达的名牌效应带动了产品销售，但原料生产、运输与销售的矛盾日益突出。随着规模的扩大，原料纸的运输支出也越来越大，维达的原料纸来自山东、河南、连云港等地，当时铁路运输紧张，争取火车车皮比较困难，而且原料的质量不稳定，这些都严重影响着企业成本的降低。维达公司当时还意识到，在未来的竞争中，以手工劳动为主的密集型企业是无法与竞争对手抗衡的，以总经理李朝旺为首的领导班子反复研究，决定抓住时机建立自己的原料纸生产线。经过调查分析，维达纸业引进日本日产22吨16KG卫生纸的BF-10型高速造纸机一台。1992年动工兴建，年底投入生产。这不仅使维达的销售增加，还有效地降低了成本。另外，在上海、北京、湖北设立的工厂，最重要的意义在于接近原料产地，解决了卫生用纸运输成本过高的问题。同时占领中国的几个地方，对情况不同的市场也有最及时的应对，仅这一点，足以令维达纸业傲视同侪。

四、目标市场选择

维达总经理李朝旺曾经帮助上海一家著名的造纸厂负责一部分销售工作，这家纸厂主要生产高档生活用纸，而且95%用于出口。李朝旺用剩下的5%在广东市场做推广，发现这实际上是一个很大的市场，他找到了一条生财之道。1985年，27岁的李朝旺带领一帮盲残工人开始生产此类高档生活用纸。一年不到，收到的成效有些出人意外：小厂生产的生活用纸竟有些供不应求，一些人拿着订单转手就赚上几倍的钱，厂门外排起长龙等待拿货，小小的福利厂一年就赢利了十多万。这样的情况足以使广东新会小城激动一把，更何况短短几个月前，这还是个人见人嫌的福利小厂。虽然已在广东市场立足，但维达要发展壮大必须向全国市场开拓，打入全国市场时（维达纸业是全国第一家采用纯木浆生产生活用纸的企业），李朝旺把自己的产品也定位于高档这一层次。在此条件下，李朝旺想到了从星级酒店入手。他注意到星级酒店对生活卫生用纸的用量不是很大，但要求很严格，除质量必须一流外，还必须打上酒店的图形标志，这些苛刻的条件一般国内厂家是达不到的，从香港订货对酒店来说又是一个不低的成本，李朝旺正好填补了这个空缺。他带着自己的产品到一些著名酒店进行推广，几乎所有的酒店都是喜出望外：终于找到了一家能生产酒店用纸的国内厂家。此举令李朝旺的小厂产量大增，也奠定了维达的高档品牌地位。在维达公司的展览室，有一块装饰得颇有心思的镜框，里面全是维达为酒店、宾馆、餐厅生产的餐巾纸样本，里面不乏一些著名之地：星期五餐厅、比萨、杭州国际假日酒店，甚至远到云南丽江的五星级酒店官房大酒店，林林总总、花花绿绿不下一百张样本。90 年代，维达又为麦当劳快餐点提供餐巾纸，现在遍布全国的麦当劳快餐点用的餐巾纸基本上都是维达生产的。通过与麦当劳合作，维达不仅奠定了自己在高档日用纸品的领先地位，而且由于麦当劳在品质控制方面非常严格，对卫生的把关也一丝不苟，维达也从麦当劳的要求中学到很多，这对加强管理，也是一件很好的事。值得一提的是，维达公司现在针对不同的用户，推出了不同的品牌如花之韵、果园飘香、“维达 Vinda”等，以满足不同的市场的需求。

五、销售网络建设

维达公司目前在国内四个地方设立了分公司，此外还在澳洲、美国、新西兰组建了 4 家海外子公司，这极大地有利于维达建立遍布全球的销售网络。目前，维达在广东主要县和全国的主要城市都建立了销售网点，除了在美国等国家有分公司外，还在新加坡、英国、马来西亚、澳大利亚等国家建立了海外代理公司。这些销售网络对公司扩大销售起着举足轻重的作用，早在 1997 年，维达公司的出口额就达到 4 700 万港元。1997 年维达公司的分支机构和营业网点如下：

子（分）公司：广州、上海、武汉、维达纸业（香港）有限公司、香港和达企业有限公司

粤中地区：佛山、南海、增城、三水、珠海、斗门、顺德、中山、江门、新会、鹤山、台山、开平

粤西地区：海口、湛江、北海、吴川、阳江、茂名、恩平、

新兴、肇庆

粤东地区：汕头、普宁、梅州、河源、花都、韶关、清远、连州、福建、厦门、深圳、东莞、海丰、惠州

中原地区：长沙、株洲、南昌

华东及东北地区：北京、济南、义乌、宁波、杭州、温州、青岛、南京、合肥

西南及东北地区：哈尔滨、大连、长春、乌鲁木齐、西安、成都、重庆、德阳、昆明、桂林、柳州、梧州、贵阳

海外代理公司：美国—富达公司、新西兰—太平洋包装公司

出口的国家或地区：新加坡、英国、日本、澳大利亚

此后，维达公司继续扩大和完善销售网络，以加强产品的销售能力。

六、促销策略

在促销方面，维达公司可以说是别具一格。虽然维达公司也在广东电视台和香港无线台、亚洲台上做广告，但维达似乎更在乎通过赞助各种体育运动来提高自己的知名度。近年来，维达赞助的体育赛事如下：①1996 年，赞助维达杯国际足球对抗赛；②1996、1997 年赞助全国足球甲 A 联赛；③1998 年冠名赞助维达杯海峡两岸保龄球冠军赛；④1998 年冠名赞助‘98 – 99’维达杯全国排球联赛；⑤1999 年冠名赞助 1999 ~ 2000 维达杯全国排球联赛；⑥2000 年冠名赞助 2000 年维达杯保龄球冠军赛。

通过这些赞助，不仅有利于我国体育事业的发展，对树立维达全国知名品牌形象、提高产品知名度等，都起到了良好的作用。例如，2000 年维达杯全国排球联赛，参赛队伍由 1999 年的 16 支男、女队扩充至 24 支，成为我国最大型的甲级赛事。当时，包括中央电视台在内的超过 25 家省、市电视台，近百家的

中央、省、市级报纸连续 5 个多月，对在全国 18 座大中城市进行的 352 场赛事作出全面的跟踪报道。预计电视收视观众将超过 30 亿人次，报纸发行 3.8 亿份，读者超过 13 亿人次。这是一般媒体广告所不能达到的。现在，登陆维达公司的网站，就会看到《维达与体育》这个专栏，由此可见维达对此事是非常重视的。

维达人认为在这充满挑战和希望的新世纪里，我国生活用纸在今后十几年内仍处于成长期，消费层次出现多样化，且向中高档过渡，消费领域不断扩大，国内、国际竞争将更加激烈。维达纸业将继续以“创一流品质、满足客户的要求”为方针，借助改革的浪潮逐步向规模化、集团化、国际化的目标昂首迈进，通过资产重组，寻找资本经营新路径，必将能成为国际纸业上一匹骏马，在激烈的市场竞争中纵横驰骋。

附 1：1985 ~ 1997 年维达公司销售额增长情况图

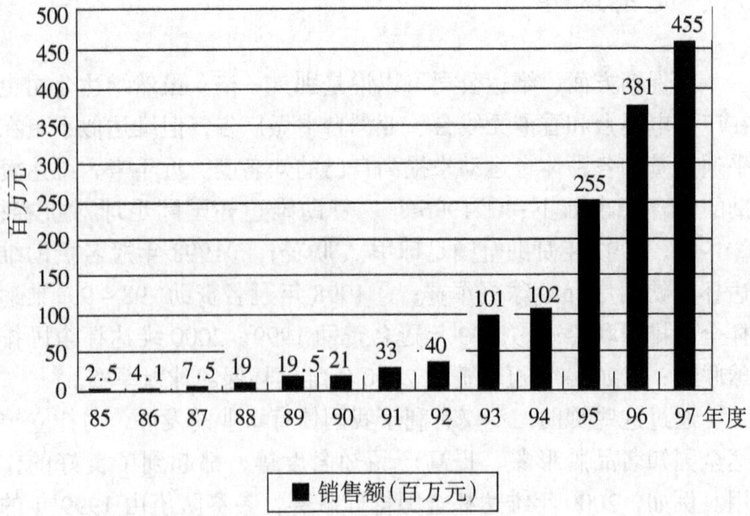

附 2：1985 ~ 1997 年维达公司利润增长情况图

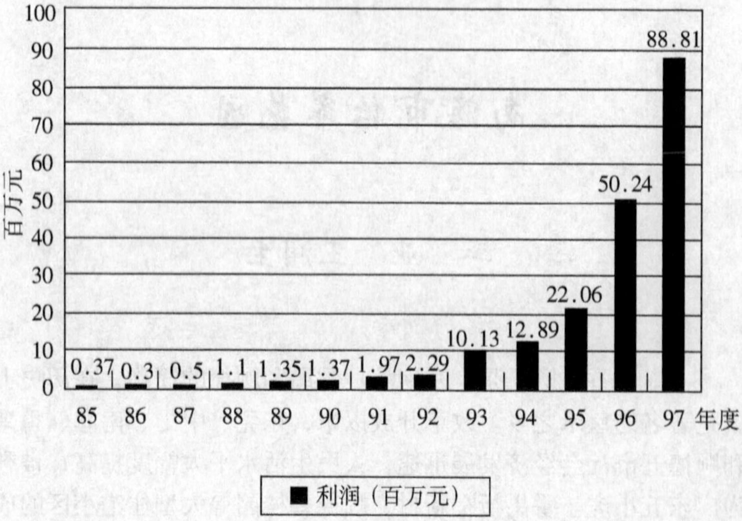

讨论题：

1. 维达公司为什么选择进入生活卫生用纸行业？

2. 维达公司的发展历程中有哪些成功的经验？

3. 为什么先大规模投资建厂的同行企业没有取得成功？

4. 展望新的世纪，我国卫生用纸市场的需求和竞争将会出现什么变化？

5. 你认为维达公司应该采取什么战略和策略来谋求企业的进一步发展？

1998 年 8 月第一稿

2002 年 10 月第二稿

案例 5

南海市怡翠花园

李　业　王润生

“南、番、顺”是广东南海、番禺和顺德的简称，在历史上就是著名的鱼米之乡。改革开放以来，东莞、中山、南海、番禺和顺德五市社会经济发展迅速，人民生活水平大幅度提高，被誉为广东五小虎。番禺祈福新村、顺德碧桂园等大型住宅小区的成功开发，使其成为珠江三角洲的明星楼盘，吸引了广州、本地以及其他周边地区的购房者。在这方面，南海市似乎慢了一步。1999 年，怡翠花园开盘。2000 年怡翠花园首期百合苑、翠竹苑推出，638 套住宅全部售完。2001 年怡翠花园二期紫荆苑推出，销售房屋近 700 套，在短期内售房率近 90%。怡翠花园的规划方案、优越环境和独特的户型设计吸引了大批消费者，成为南海市最有影响的中高档住宅小区。

怡翠花园是广东省南海市能兴集团下辖的子公司能兴房地产公司、能兴物业公司和能兴科技公司共同开发的房地产项目。在“怡翠花园”项目上，能兴集团实施“塑造人文居住优越环境，打造房地产著名品牌”的战略，注入人文理念，贯彻精品意识，使产品和企业在社会上形成较高的知名度和美誉度，在竞争日益激烈的房地产市场中脱颖而出，成为南海市的一个著名楼盘。

一、我国房地产市场概况

改革开放以来，我国房地产业飞速发展。从宏观上来看，我国房地产的发展大致分为三个阶段。1991 年以前，是低速发展阶段，因为在那时，我国房地产市场还不成熟，城市居民的住宅基本上是通过福利分房解决的。1992 年我国确立建立社会主义市场经济体制后，住宅制度不断改革，房地产业飞速发展。但在此过程中，由于投资过热，房地产供销不平衡，导致 20 世纪 90 年代末，我国房地产业开始进入买方市场。但是，我国房地产并非真正的供大于求，而是结构性的过剩。这一方面表现在很多人特别是青年人在结婚以后还没有自己的住房，我国人均住房面积也还不到 10 平方米，大大低于发达国家水平，因此居民对住宅的需求量比较大；另一方面，近几年全国各地出现大量的商品房积压，主要的原因是有的商品房的价格过高，超出了我国一般居民的承受能力；二是有的商品房不适应当地的实际需求。1986 ~ 1997 年我国商品房竣工面积见图 1，1987 ~ 1997 年我国商品房销售面积见图 2。

二、市场分析与定位

能兴集团经过调查分析，认为目前房地产市场已发生了很大变化，具有了以下特点：

1. 我国房地产市场置业主流群体发生变化

20 世纪 80 年代末至 90 年代中期，在我国房地产市场的起步时期，受消费能力的影响，具有较多积蓄的中老年人成为主流消费群体。90 年代末，这种状况有了较大变化，由于福利分房

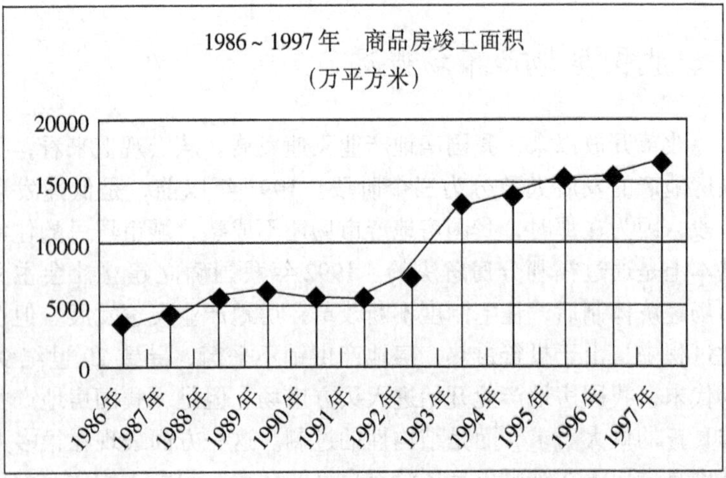

图1　1986~1997年我国商品房竣工面积曲线图

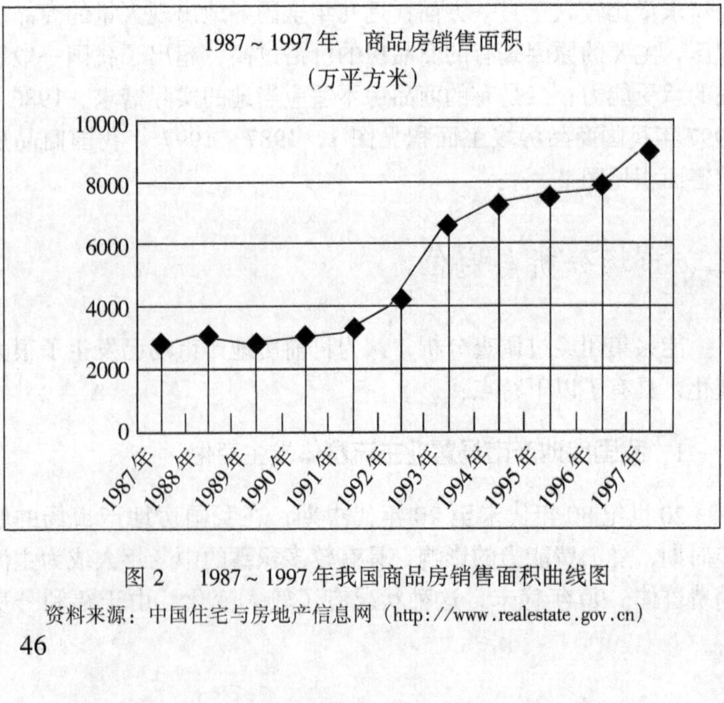

图2　1987~1997年我国商品房销售面积曲线图

资料来源：中国住宅与房地产信息网（http://www.realestate.gov.cn）

已经截止，许多没有“赶上末班车”的年轻人不得不通过市场渠道置业，再加上各行业、各机构的主要管理人员普遍年轻化，一些高收入的行业如通讯、电子及金融等也以年轻人为主，他们具有一次置业的迫切需求和承受能力，同时，相当数量的中年人士则具有二次置业或投资的欲望和能力，因而中青年人士成为了购房的生力军，这些特征在经济发达地区包括珠江三角洲地区尤为明显。比如佛山南海地区的购房者主要集中在 25 ~ 40 岁之间的中青年人士，他们占了购房者 50%以上的比例。

2．伴随着消费需求的提升和消费意识的成熟，生态文化成为楼盘的主流卖点，标志着人文精神的复苏

随着我国经济发达地区小康生活的实现，广大居民消费倾向与消费心理正在发生变化，楼盘的“卖点”也在逐年转变。前几年的楼盘卖点主要集中于“地段优势”、“价格优势”和“产品优势”。1999 ~ 2000 年，“智能化”、“纯净水”、“绿色建材”等“高科技”概念，一度成为楼盘主流卖点。2001 年，“文化”、“生态”概念开始风行中国大地。生态、文化概念受到了空前的重视。这意味着中国老百姓环境意识的觉醒。在房地产业领域，人文精神的复苏表现为人们对舒适生活环境的追求，对大自然的向往等等。可以预期，“生态”卖点将成为楼盘持久的卖点。

通过一系列市场调查和分析工作，能兴房地产公司的高层管理人员看到佛山、南海地区作为广东房地产西部板块的重要组成部分，相对于中部的广州板块及东部的深圳板块，均大为落后，但本地区的社会经济整体发展情况却较好，与穗、深地区差别并不大，区域内民众收入和消费水平较高。这种反差，为房地产业创造了较大的发展空间。能兴房地产公司同时发现，在本区域内，空置率较高的是性价比低的低档和豪华型高档楼盘，而中档楼盘和性价比高的高档楼盘则较畅销。一些购房者由于在当地买不到合心意的住宅，不得不到较远的地方买房。调查表明，低收入群体虽然人数庞大，但消费能力低；高收入群体虽然消费能力高，但毕竟人数有限；而中档收入群体人数较多，又是具有现实消费能力的消费群体。这也说明，社会所关注的房地产过剩，其实是结构性过剩。

目前国家确立的住房供应体系中高档商品房、中档商品房及微利房的供应比例为2:7:1，可见，中档或中高档楼盘是房地产市场消费的热点。中档物业开发的潜在需求客户一般是中小企业主、白领阶层、机关职员等中产阶级，均受过良好的教育并且事业发展潜力大。随着中国改革开放的深入发展，他们将是社会经济的主流人群，是中高档楼盘的主要消费者。根据不同消费群体的需求层次和竞争状况，能兴集团注入生态化、智能化、健康环保等主题概念，采用差异化竞争策略，确定了怡翠花园的客户为以文化、生态消费为主的中产阶级群体。根据这一市场定位，能兴房地产公司提出了以塑造人文居住优越环境为核心，打造性价比高、大型中高档精品楼盘的产品定位。

三、品牌战略及其内涵

面对时代的机遇与挑战，能兴集团审时度势，确立并实施了“塑造人文居住优越环境、打造房地产著名品牌”的战略，其内涵是通过围绕“塑造人文居住优越环境”的核心理念，树立“人无我有，人有我优”的精品意识，从房地产项目的经营开发理念、市场定位、规划设计、管理手段和售后服务管理等方面的创新来打造怡翠花园项目品牌，以怡翠花园项目品牌作为能兴集团品牌营造的基础，通过整合相关产品品牌资源提升能兴集团企业形象。根据房地产市场的特点，能兴集团在创造自己的品牌时，将服务概念贯彻于房地产开发全过程，服务文化已成为品牌的重要组成部分。优质的看楼服务、物业管理服务、24 小时的专车接送服务，均给买家带来了方便和优惠。这一切都显示出：服务文化是品牌战略的基石。企业一旦形成自己的服务文化、服务品牌，并成为企业独特的精神财富，就能使企业贴近市场，跟紧时代，赢得客户，提高竞争优势。房地产企业通过构建服务文化从管理的深层次规范员工的行为，使员工和企业站在市场和客户的角度，不断提升服务的品位，并形成服务文化，通过一个个客户口碑的传播，促进公众对企业的文化认知，促进企业知名度和美誉度的提升，成为品牌扩张与品牌战略的核心竞争力。

四、项目规划、设计与施工

能兴房地产公司从怡翠花园开发初始就秉承“专业、创新”的经营开发理念，在项目的策划、规划设计、工程建设、形象设计、营销策划、销售管理等各方面、全过程引入强大的专业力量，如规划设计引入顶级设计机构“香港华艺设计公司”、工程建设由知名的中建三局负责、宣传推广引入深圳顶级地产专业广告公司“博思堂广告公司”等等，将社会上最优质的资源整合为我所用，同时以满足客户的需要为己任，引领人居潮流，创新求变，创新求存，创新求发展，在怡翠花园的后续开发中不断完善和提高。如早在 1998 年怡翠花园首期百合苑、翠竹苑开发上提出了“生态、智能”的开发主题，2000 年怡翠花园二期紫荆苑提出“健康环保”的生活主题，2001 年怡翠花园三期芙蓉苑提出“探索城市居住文化，拓展人性化生存空间”的经营理念，不断引领佛山、南海人居潮流。

在怡翠花园规划设计中，注入人文精神，以人性为本，以文化为根。其外延的具体体现就是尊重自然，减少对能源的消耗，减少对环境的损害和对健康的不利影响，达到“天人合一”的最佳境界。受此理念指引，怡翠花园的规划设计领先于佛山南海地区甚至全国同行业标准，见表1。

表1 怡翠花园的设计标准

项目	怡翠花园	国家标准
绿化率	61.3%	30%
配套用地绿化率	100%	70%
楼间距	超大间距110米（H=48.9米）	0.8H
车库比例	1:1	1:0.5（行业平均水平）

其次，在传统布局、内外空间的全方位考量、外观及建材与建筑功能的前瞻性等方面不断创新。怡翠花园首先在佛山南海地区引入小高层概念，根据南方的气候特征，采用半围合式组团设计，南北向布置，将东南主导风引入小区，使室内通风更为流畅；在佛山南海地区首次引入架空层和共享厅的设计，实现人车分流的同时，又独创空中立体绿化概念，使小区绿化得到了空间上的延伸；在全国首家引入智能化社区概念，并获得国家建设部认定的首家“智能化示范小区”称号；在车库设计上，设置地下、首层停车场，地下车库直接通风采光，将绿化引入地下室；在户型设计中，根据人居发展趋势，精心设计三错层、高厅平层、空中别墅、高层叠加复式等十一种户型，并在四期规划中大胆创新，增加大面积入户花园、侧阳台、绿化景观阳台等户型。

另外，以“探索城市居住文化，拓展人性化空间”为环境设计理念，并注入生态、智能、环保等元素，以大花园为特色，围绕住宅营造大面积极具空间感的水环境和花园统一，给住户提供了广阔的沟通平台。整个绿化系统采用“三级一层”模式。一级绿化是社区中心集中绿化，二级绿化是组团中庭绿化，三级绿化是邻里楼间绿化。首层全架空楼内绿化，并在四角设置许多小型景观系统，绿色生态布局不仅美化环境，还起到净化空气、释放负离子、降低噪音的作用，对住户的生理和心理健康起到良好的保障作用。怡翠花园作为全国首家引入的智能化系统的住宅小区，配置了当时国内功能齐备、科技含量高、覆盖面广的设备，将通讯自动化、家庭办公自动化、物业管理自动化、社区服务自动化等系统通过综合布线系统高度集成，通过12项子系统（如表2所示）的无缝联结，为业主提供了安全、快捷、亲近、温馨的增值服务，在当时“重概念炒作、轻人性服务；重功能规划、轻实际应用”的房地产市场中独树一帜；2002年为顺应南海市建设信息化城市的发展要求，怡翠花园三期建设在进一步完善一、二期安全技术防范子系统、信息管理子系统、信息网络子系统等功能的基础上，重点加强对家庭智能化系统的建设（主要包括室内照明控制系统、家电控制系统、户内安防报警系统）和可满足其他增值服务系统功能的相应硬件配置。在设计中力求人性化——方便适用、操作简单，并考虑系统的扩展、升级能力，为确保系统应用的先进性和长效性，在建设中均采用先进成熟的技术和可靠的材料、设备配置，怡翠花园通过对智能化系统功能的整合、延展、提升，将怡翠花园从“智能型小区”向“信息化小区”转变。怡翠花园的智能化系统见图3。

五、物业管理

怡翠花园提供全过程、全方位、全员性、专业化、规范化的物业管理，建立“以业主为本”的服务宗旨，延伸物业管理内涵，努力创造安全、便利、舒适、温馨、高尚的人文居住环境和高水平的酒店式服务，真正实现“至诚服务，伴您每一天”。以业主为本，就是千方百计满足业主需求，同时引导业主参与服务的全过程。怡翠花园不断进行服务创新，提供尽善尽美的服务项

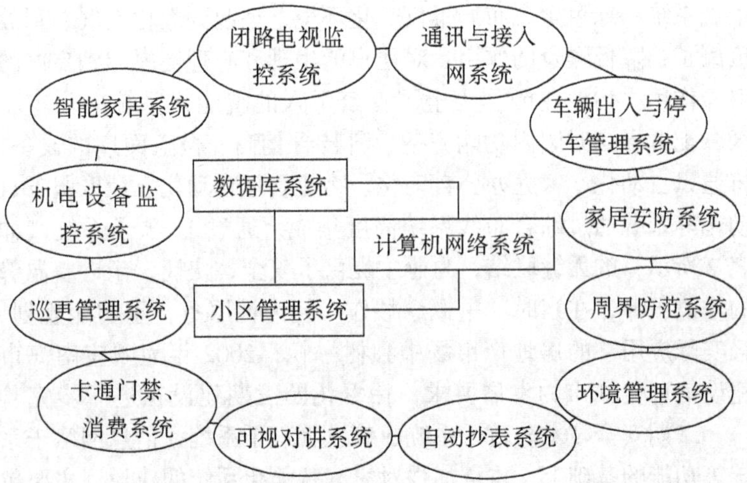

图 3　怡翠花园智能化小区管理系统

目。怡翠花园的口号是“想业主之所想，急业主之所急”。为此，怡翠花园设置了“怡翠花园社区中心”及各类体育服务场所，提供会所服务、礼仪服务、家政服务、商务服务，从代请保姆、清洁房屋、维修装修工程、定餐送餐、聘请家教、代订车船票、租车、打字等等一应俱全，业主可以通过电话、局域网等渠道提出服务申请，使业主真正享受到“足不出户，万事俱成”的全方位优质服务。

怡翠花园充分发挥业主的能动性与积极性，积极引导业主主动参与物业管理服务的全过程。制定了多项措施，使业主与管理处有良好的信息沟通渠道，包括设立 24 小时的电话热线，开设总经理信箱，设置服务回访制度。同时怡翠花园在引导业主参与的同时也在自我约束和自我建设上做到规范化，使业主能与管理处建立信任和理解关系。如推行的“管理报告”制，每月定期向业主通报管理费使用的情况以及管理的各项指标，向业主细说管理费的花销情况以及小区管理得好不好，在资金使用上做到公开透明。怡翠花园还建立了“业主打分评判制”，管理处定期向业主发放评分表，由业主针对物业管理的各个环节进行评分。有了业主的积极参与，怡翠花园在服务上得到了很大的改善和提升。

六、营造社区文化

社区文化首先是人们物质生活改善后产生的必然结果，随着住房等物质消费高度满足后，精神需求随之增强，文化消费的欲望也会越发强烈。怡翠花园通过对环境文化、休闲文化、体育文化、道德文明等的建设，形成新的社区精神，产生出共享的价值观念。同时怡翠花园社区成员的素质在社区文化的推动下不断提高，使管理者和业主的关系日益融洽，使得小区的管理难度减小，管理效率提高。

环境文化建设。怡翠花园优越的自然环境和人文环境构成了怡翠花园环境文化的基础。怡翠花园管理处对小区的标识系统、办公系统、员工的形象系统、公共设施系统等均进行了全方位的整体设计，有效地保证了小区环境的整洁、美观。

休闲文化建设。三年多来，怡翠花园组织开展了多场大中型社区文化活动，使社区文化活动真正得到体现与深化。从举办的“怡翠迎新年大型游园活动”、“怡翠金秋狂欢节活动”、“怡翠花园茶文化节”到“怡翠花园美好家园摄影大赛”、“怡翠花园家庭烹饪大赛”、“每家一棵树，共建怡翠绿色家园”等等，雅俗共赏的社区文化成为了沟通上层精英文化与基层民间文化的很好桥梁。

体育文化建设。怡翠花园在体育文化的建设中设专人负责，并积极引导、扶植各种类型的社区文化活动组织，如太极拳、健美操、交谊舞、英语角、读书会等，有效地保证了社区文化活动深入持久、扎扎实实地开展下去。

道德文明建设。道德文明建设是怡翠花园社区文化建设的核心，是怡翠花园社区精神观、价值观、道德观生成的主要途径。结合城市精神文明建设的要求，怡翠花园策划组织了一系列反映党、反映城市精神风貌的活动——2001 年 7 月与南海市桂城党支部联合在怡翠花园举办的“党在我心中”系列活动、与南海市团委联合举办的“怡翠杯”盆景大赛、与交通管理部门联合举办的交通知识大型竞赛活动等等。通过道德文明建设塑造人的灵魂，提高居民整体文明素质，建设现代住宅小区新型的人际关系。

七、怡翠花园近年来的经营业绩

能兴集团通过实施“塑造人文居住优越环境，打造房地产著名品牌”战略，取得了良好的社会效益和经济效益。通过怡翠花园这一项目品牌的沉淀与积累，提升了能兴集团整体企业形象。实施三年多来的效果主要有以下几方面：

（1）“怡翠花园”作为南海市明星楼盘荣获国家、省市级多项殊荣：

1999 年 12 月获“99 广东省优秀规划设计二等奖”；

2000 年 8 月获国家建设部颁发的“创新风暴”全国精品智能社区组委会特别金奖，获得建设部选定的全国首家“住宅小区智能化示范工程”称号；

2000 年 9 月获联合国人居中心北京信息办公室颁发的“全国优秀住宅社区环境”金奖；

2001 年获得中国房地产（广东）成功开发模式典范奖；

2002 年 7 月怡翠花园三期通过智能化最高级别认证——建设部三星级智能化评审。

（2）直接经济效益持续快速增长。怡翠花园自 1999 年开盘以来，销售业绩不断上升。2000 年怡翠花园首期 638 套全部售完，实现销售收入 1.6 亿元。2001 年怡翠花园二期紫荆苑销售房屋近 700 套，售房率近 90%，三期芙蓉苑刚推盘，就已售出房屋 250 套，2001 年共实现销售收入 3.2 亿元，比 2000 年增长了 100%。能兴房地产公司 1999～2001 年效益状况见表 2。

表 2　能兴房地产公司 1999～2001 年效益状况

经济指标	1999 年（万元）	2000 年（万元）	2001 年（万元）
资产	25 451.43	29 183.01	33 948.17
销售收入	3 410.97	16 320.41	28 113.94
利润	－874.59	2 460.14	5 386.98
利税	365.43	1 044.26	1 700.3

（3）怡翠花园的成功带动能兴集团内物业管理、科技产业的发展壮大。怡翠花园作为能兴物业公司的服务品牌，形成了一定的知名度与美誉度。2000 年能兴物业公司成为广东省物业管理协会常务理事单位、全国物业管理协会会员单位。对外促进公司开拓市场，在三年时间里，能兴物业公司顺利承接了“南海市电力调度综合楼”、“广东省移动通信有限责任公司南海分公司”、“南海市法院”等物业项目，总托管面积约 70 万平方米。

怡翠花园的成功，奠定了能兴科技公司在房地产智能化领域发展的基础，并迅速成长，开拓了较大的市场。三年多来，该公司顺利承接了东莞石竹新花园、南海市电力调度综合楼智能化系统、南海市华夏陶瓷城、广州雅居乐等多个大型房地产智能化系统安装业务，实现收入 3 600 万元，利润 407 万元，荣获“广东省高新技术企业”、“建设部智能建筑甲级资质”等荣誉和资质。

（4）提升地域优势，促进城市化建设。随着怡翠花园的建成和入住，带动怡翠花园所处的南海桂城东区经济的发展，使之成为南海佛山房地产开发的热点。在原来的荒地上，交通运输、供水、供电、通讯、排污、市政道路日益完善，银行保险、邮政电信、文体教育设施、医疗卫生等公用事业蓬勃发展，城市面貌日新月异，与房地产相关的建材、家具、家电、装修、装饰行业以及餐饮业、百货业兴旺发达。南海桂城东区已经成为政府规划的中心和商家投资的热点，怡翠花园为南海的城市化建设作出了突出贡献。

怡翠花园只是能兴集团在房地产业发展的一个起点，展望未来，能兴集团将以理性精神，务实作风，把握中国经济和房地产业发展的大趋势，以佛山南海为基础，继续开拓，为实现企业可持续发展，满足消费者对优越人文生活的追求而努力奋斗。

讨论题

1. 通过房地产市场的调查分析，怡翠花园是如何定位的？为什么？

2. 在房地产市场出现结构性过剩的情况下，怡翠花园采用了什么竞争策略？

3. 为了形成特色，怡翠花园采用了哪些办法？

4. 能兴房地产公司在怡翠花园项目上采用了哪些营销手段？试加以分析评价。

5. 我国房地产出现结构性过剩的原因是什么？这对于房地产公司的开发经营来说要注意什么？

2002 年 10 月

案例 6

格兰仕集团

李业　伏睿

上篇（1978.9—2000.9）

一、微波炉行业近况

1. 国内微波炉的产量、销量和出口状况

十年的发展，中国的微波炉业经历了从无到有、从小到大的过程。2000 年微波炉产量、国内销量和出口分别为 1 360 万台、600 万台和 837 万台，与 1999 年相比均有大幅增长。根据赛诺市场研究公司对全国 35 个城市 206 家商场零售的监测，2001 年（截止到 8 月底）国内微波炉零售量较 2000 年同期增长了 27.7%，预计 2001 年微波炉国内销量将会达到 800 万台左右。目前微波炉在国内的普及率还是很低的，城镇居民的百户拥有量尚不足 20 台，在主要的家电产品中，微波炉的百户拥有量是最低的。同时，随着居住条件的改善、生活水平的提高和生活节奏的加快，人们对微波炉的需求正在不断增长，因此，在未来的几年内，国内的微波炉市场仍会保持较高的增长速度。

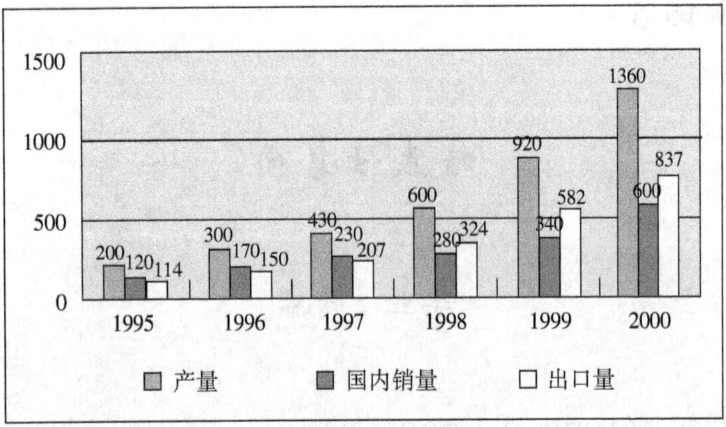

图 1　1995～2000 年微波炉产量、销量和出口动态

资料来源：赛诺市场研究公司

2．市场竞争格局

中国的微波炉市场是一个品牌、产地都高度集中的市场，在格兰仕不断大幅降价的市场高压下，国内的微波炉生产企业已经减少到 30 多家，产地也主要集中在广东、天津、山东、上海、安徽几个地区，格兰仕、LG 和 1999 年底才进入微波炉市场的美的合计的市场份额已经超过 90%，其中格兰仕市场占有率最高的时候超过了 75%，这样高度垄断的情况在国内、国际其他家电市场都是非常罕见的。

如果说 1999 年以前中国的微波炉市场是由格兰仕、LG 两家垄断的话，那么 1999 年底美的进入微波炉行业则是在国内坚冰一样的微波炉市场砸开了一道市场缝隙。1999 年底，美的凭借其在品牌、资金、技术和渠道上的优势，果断进入微波炉市场，并在 2000 年就抢下 10%的市场份额，完成了微波炉市场竞争格局由“两强争战”到“三强并立”的演变。

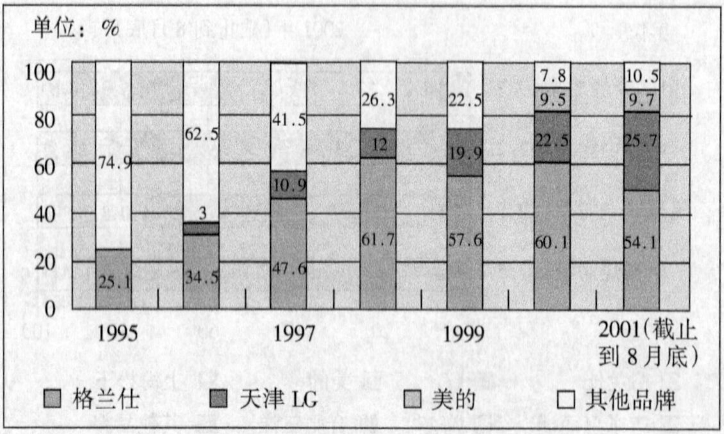

图2　1995～2001年微波炉主要品牌市场占有率动态

资料来源：赛诺市场研究公司35城市206家商场监测

从不同类型的微波炉看，机械烧烤型、机械非烧烤型和电脑烧烤型是市场上最主要的产品类型，合计的市场份额超过99%，而电脑非烧烤型的微波炉仅占市场的0.7%。在机械烧烤型、机械非烧烤型和电脑烧烤型的微波炉市场，格兰仕、LG和美的分别为市场占有率的前三位。但应该注意的是，在机械非烧烤型这一类功能简单、价格便宜的机型中，LG仅落后于格兰仕7个百分点，格兰仕已经没有明显的优势。在电脑非烧烤型市场，市场占有率靠前的主要是上海松下、广东惠而浦、合肥三洋这些合资品牌，但是这个市场目前还在培育阶段，市场规模还是非常有限。

从不同价位看，300～700元的微波炉的市场份额接近80%，说明这是微波炉市场零售量最为集中的价位区间。在不同的价位细分市场，除了900～1 200元和1 500元以上价位，格兰仕、LG和美的都是各细分市场上零售量前三位的品牌。在900～1 200元价位区间，海尔的占有率为8.6%，超过美的，位居第

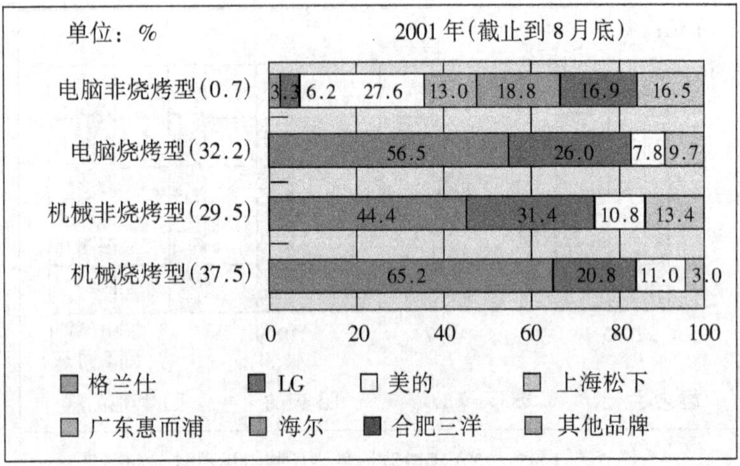

图3　不同类型微波炉主要品牌市场占有率分布

资料来源：赛诺市场研究公司35城市206家商场监测

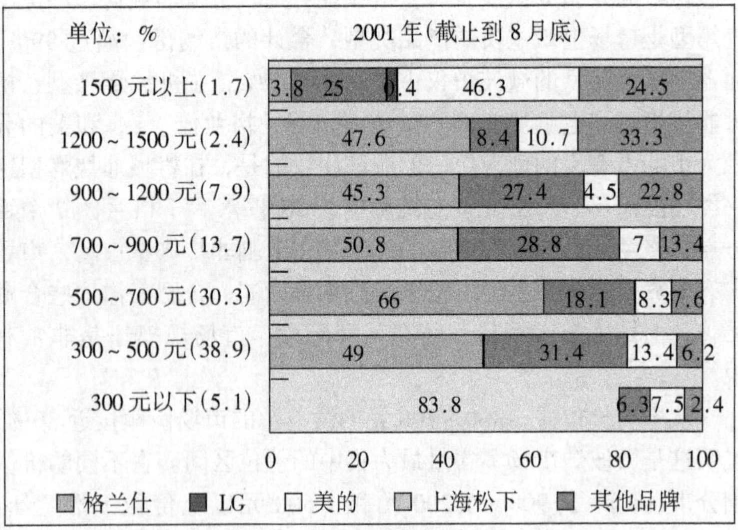

图4　不同价位微波炉主要品牌市场占有率分布

资料来源：赛诺市场研究公司对35个城市和206家商场监测

三。在 1 500 元以上市场，上海松下市场份额达到 46.3%，占有明显优势。

3. 微波炉市场价格走势

在微波炉市场，格兰仕被称为价格“屠夫”。从 1997 年起格兰仕通过 5 次连续的大幅降价，不断挤压竞争对手，这才打下了其在微波炉市场的半壁江山，整个微波炉市场的单台平均价格也由几年前的 2000 元左右，降到现在的 600 多元，其中机械非烧烤型已经降到了 350 元左右，而且市场上低于 300 元的微波炉也可以经常见到。但是微波炉进一步降价的空间已经非常有限。简单的推算：

一台微波炉价格 = 磁控管 + 变压器 + 腔体材料 + 门体材料 + 其他原材料及其设计、流通费用
= 70 + 50 + 70 + 40 + 120
= 350

可见，一台功能简单、品质正常的微波炉价位应该在 350 元左右，可以说目前微波炉的价格已经接近其成本底限。

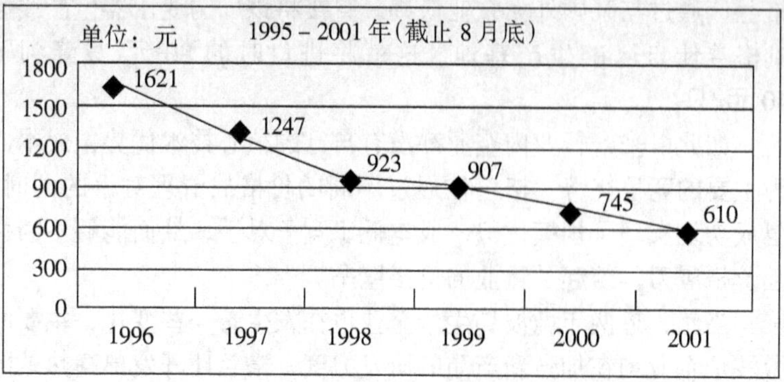

图 5　微波炉平均价格走势

资料来源：赛诺市场研究公司 35 城市 206 家商场监测

随着微波炉价格的不断下降，同时生产规模迅速扩大所带来的管理费用、财务费用、流通费用以及经营风险的不断增加，国内微波炉生产企业的利润率也在持续下降，据称目前国内主要的微波炉生产企业利润率只在6%～8%左右，整个行业已经开始进入微利时代。

4．生产技术和关键部件

作为微波炉产品，主要的部件包括磁控管和变压器。其中220伏电压经过变压器产生20000伏的高压，接上高压电的磁控管发射出微波，使炉腔内的食品中的水分子发生震荡，产生热量从而加热食品。变压器和磁控管在此过程中起关键作用。对于微波炉来说，炉腔的设计也非常重要，必须保证设计出的炉腔每个部位所接受到的辐射量是均匀分布的，否则局部过热可能导致火花现象。行业内企业的做法通常是模仿国外企业已有设计，而格兰仕当初就是模仿某跨国公司的炉腔设计。磁控管的生产需要较先进的技术、严格的工艺和质量控制，而且还有规模经济的要求。所以国内厂家都是直接进口国外产品。至于变压器的生产，格兰仕通过与某国外大企业谈判，直接将该厂的变压器生产线搬到格兰仕自己的生产基地，这就将进口时的80元/只降到了40元/只。

如此以来，行业内企业都没有自己的核心技术优势，成本成为主要的竞争优势。格兰仕通过不断的价格战清理对手的同时，也成功地实现了规模优势，成本低于竞争对手，从而能够不断举起价格屠刀，筑起了行业的价格壁垒。

当然，近两年微波炉生产企业也在发生着一些变化，主要的微波炉企业均在加强新产品的研发力度，格兰仕开发出高热效的光波微波组合炉，美的则在食品营养上下功夫，推出了“营养星系列”，同时还将变频技术应用于微波炉，生产出省电高效的变频微波炉，而海尔则是推出双面烧烤、环绕烧烤等多功能的微波炉产品……

二、进入微波炉行业和主要竞争手段

格兰仕的前身是梁庆德创立的“桂洲羽绒制品厂”，以后几易其名，但始终是以纺织业为主。1992年9月，中外合资的格兰仕电器有限公司开始试产，第一台“格兰仕”微波炉正式诞生，格兰仕由纺织行业转向电器行业。

1993年格兰仕试产微波炉1万台并投放市场。

1995年，格兰仕微波炉销售量达25万台，市场占有率为25%，第一次在国内市场占据第1位。

1996年8月，格兰仕微波炉发动第一次降价，平均降幅达40%，推动微波炉在国内的普及。当年实现产销65万台，市场占有率超过35%。

1997年10月，格兰仕微波炉第二次大幅降价，降幅在29%~40%之间，使其当年的市场占有率扩大到47.6%，产销量猛增到198万台。

1998年5月，格兰仕微波炉以“买一赠三”和抽奖等形式进行变相降价，并逐步将市场重心转移到海外。其时，微波炉年产达到450万台，是世界上最大的微波炉生产厂家之一。当年，国内市场占有率达到60%以上。

2000年6月，格兰仕微波炉第四次掀起大规模的价格大战，降幅仍高达40%，以“五朵金花”系列等中档机为主。

2000年10月，格兰仕微波炉第五次大降价利刃直指高端市场，高档黑金刚系列微波炉降幅接近40%，高档机型需求率迅猛提高。全年国内市场占有率高达76%；国际市场占有率突破30%，晋升为中国家电出口二强之一。

2001年4月，格兰仕推出300元以下微波炉，再次令淡季市场空前火爆。

2002年1月，格兰仕数码温控王系列微波炉降价30%，使“高档中价”的高档机价位直逼其他品牌中低档产品的价格，加上数码光波、太空金刚、白金刚等高新技术产品的上市及热销，格兰仕“封杀”整个微波炉市场。

2002年3月7日，“黑金刚”系列中高档微波炉价格全面下调，最高降幅超过30%，平均降幅25%左右。

不断地举起价格屠刀，不断地清理市场，年产5~10万台的企业现已基本被清除出市场，格兰仕现已成为我国微波炉市场上的霸主，全球最大的微波炉生产基地，连续5年市场占有率第一。格兰仕无形资产高达101亿元，成为中国最具影响力、最有价值的品牌之一。

三、格兰仕发展概览

1. 创业（1978~1992）

◇ 1978年9月28日，梁庆德七选厂址后锁定细窖河畔为新工业区。

◇ 1979年10月1日，“桂洲羽绒制品厂”诞生并正式投产。

◇ 1983年，桂洲羽绒厂与港商、广东省畜产进出口公司合资兴建的华南毛纺厂建成并投产。

◇ 1985年，桂洲羽绒厂更名为“桂洲畜产品工业公司”。

◇ 1986年，格兰仕合资经营毛纺厂及羽绒制品厂。

◇ 1987年，格兰仕与港商合资成立华丽服装公司、与美国公司合资成立华美实业公司，生产羽绒服装和羽绒被直接出口。

◇ 1988年，桂洲畜产品企业（集团）公司成立。

◇ 1990年，公司全面进行现代企业制度改革。

◇ 1991年，中外合资的华诚染整厂有限公司建成投产。

◇ 1992年6月，公司正式更名为“广东格兰仕企业（集团）公司”，格兰仕调整产业结构，注目家电行业。

2．战略转移（1992~1997）

◇ 1992年9月，中外合资的格兰仕电器有限公司开始试产，第一台“格兰仕”微波炉正式诞生。

◇ 1993年，格兰仕试产微波炉1万台并投放市场，迈出了从纺织业为主转向家电制造的步伐。

◇ 1994年，格兰仕面临创业以来最大的挑战：（1）从紧的宏观经济政策导致商品购买力大幅度下降；（2）珠江三角洲遇到百年来的特大洪水灾害，格兰仕厂区水深2.8米，遭受巨大损失。

◇ 1995年，格兰仕微波炉销售量达25万台，市场占有率为25%，在中国市场占据第1位，获得惊人业绩。

◇ 1996年8月，格兰仕在全国范围内打响了微波炉价格战，降价幅度平均达40%，带动中国微波炉市场从1995年的百万台增至200多万台。

◇ 1997年2月，国家统计局授予格兰仕“中国微波炉第一品牌”称号；经国家权威部门评估，“格兰仕”品牌的无形资产达38.1亿元。

3．近况（1998年起）

◇ 1998年，格兰仕微波炉年产销量达到450万台，成为全球最大规模、专业化制造商。

◇ 1999年1月，格兰仕结束最后一间毛纺厂，全面转型为家电集团；3月，格兰仕北美分公司成立，同时美国微波炉研究所成立；向市场推出新开发的品种百种，其产品融入新开发出的专有技术；聘请 Anderson 公司为集团财务顾问。市场占有率国内为67.1%，稳居第1位；在欧洲市场达到25%。

◇ 2000年9月，格兰仕携20亿进军空调制冷业，计划用3~5年时间将空调年产规模支撑到800万台，创建微波炉之后的第二个世界级生产制造中心。格兰仕空调定位于"全球最大空调专业化制造中心"，高起点快速切入市场，在第一个冷冻年度（2001年度）就实现产销50万台。2002年预计产销180万台，其中内销60万台，外销120万台。

◇ 2001年，格兰仕入选世界行业500强。

四、进入和开发微波炉市场

1992年9月，中外合资的格兰仕电器有限公司开始试产；1993年格兰仕试产微波炉1万台并投放市场；1998年，格兰仕微波炉年产销量达到450万台，成为全球最大规模的专业化制造商。

格兰仕在进入和开发微波炉市场的过程中，综合运用了各种策略和手段。

1. 选择和运用 OEM 方式

当国内企业为手里没有核心技术陷入苦恼，纷纷投巨资加大自己的研发力度时，格兰仕大胆提出要做"全球家电制造中心"，将战略目标锁定在低附加值的长线型、成熟性产业，并迅猛做大、做强。在欧美等发达国家，要生产微波炉、电饭煲、电风扇等低附加值产品，其劳动力成本是无法承受的。因此，格兰仕利用国内劳动生产力相对较低的优势，与跨国公司合作，把国外公司的生产线搬过来。用格兰仕的话说，是“用别人的生产线替别人生产”，这成为格兰仕特殊的 OEM 方式。通过做品牌和贴牌生产，公司在 1996 年达到了生产微波炉 100 万台的经济规模，以后每年以两倍于上一年的速度迅速扩大生产规模。到 2000 年底，格兰仕微波炉生产规模已经是全球第二位企业的两倍多。

2．竞争战略的选择

格兰仕选择的是总成本领先的战略，价格战只不过是表现形式。格兰仕自进入微波炉行业以来，一直专注于这一行业。为了使总成本绝对领先于竞争者，格兰仕先后卖掉年赢利上千万元的金牛型产业——羽绒厂、毛纺厂，把资金全部集中到微波炉上。中国微波炉业起步于 20 世纪 90 年代初，在格兰仕进入微波炉业的 1993 年，整个中国的市场容量仅为 20 多万台，此时的龙头老大蚬华内销规模为 12 万台，且大半市场集中在上海，连许多城市的居民也不知微波炉为何物，更不习惯于用微波炉来烹饪。即此时行业未充分发育，主要对手也很弱，只要倾全力投入，就很容易在规模上把对手远远甩在后面，单机成本亦会随之远低于竞争品牌。正在此时，美国家电巨头惠而浦收购了蚬华，并且规定 10 年内在中国不得出现这个品牌。这导致了格兰仕的迅速崛起，1993 年销量为 1 万台，1994 年 10 万台；1995 年销量达 25 万台，市场占有率为 25.1%，超过蚬华成为全国第一（蚬华为 24.8%）；1996 年销量为 60 万台，市场占有率达 34.7%；1997 年 125 万台，市场占有率达 49.6%；1998 年总产量 315 万台，内销 213 万台，市场占有率为 61.43%。

3．价格战及其效应

对于格兰仕来说，价格战是其制胜的主要法宝。对于价格战，格兰仕也打得比一般企业出色，规模每上一个台阶，就大幅下调价格。格兰仕降价的特点之一是消灭游兵散勇的目标十分明确。当自己的规模达到 125 万台时，就把出厂价定在规模为 80 万台的企业的成本价以下。此时，格兰仕还有利润，而规模低于 80 万台的企业，多生产一台就多亏一台。除非对手能形成显著的品质技术差异，在某一较细小的利基市场获得微薄赢利，但同样的技术来源又连年亏损的对手又怎么搞出差异来？当规模达到 300 万台时，格兰仕又把出厂价调到规模为 200 万台的企业的成本线以下，结果规模低于 200 万台的且技术无明显差异的企业陷入亏本的泥淖，使对手缺乏追赶上其规模的机会，在家电业创造了市场占有率达到 61.43%的纪录。

此外，格兰仕的价格战还有以下显著特点：

◇　价格下调幅度大

格兰仕的降价策略是，要么不降价，要降就大幅度地降。所以，格兰仕每次下调价格，调价幅度都在 20%以上，甚至达到 40%。1996 年 8 月，3 个型号平均降价 24.6%；1997 年 7～8 月 17 立升机型降价，降幅达 40%；1997 年 10～11 月 5 个型号降价，平均降幅为 32.3%；1998 年 7 月 17 立升机型降价，降幅为 24.3%，等等。

◇　降价策略多样化

格兰仕的降价策略，每次都有所不同，有时是全面降价，有时是只调低一个规格，有时是调低一个系列。1996 年 8 月，价格下调的是 3 个非烧烤型微波炉（WP750，WP800，WP700）；1997 年 7 月，只调低 17 立升微波炉的价格；1997 年 10 月，格兰仕价格全面下调；1998 年 8 月，只调低 17 立升的价格；2000 年 6 月，格兰仕调低的是它“五朵金花”系列微波炉（WP750S、WP750SL23、WD750S、WD750BS、WD750ASL23）的价格。

◇ 配合其他促销攻势

格兰仕的价格调整，力度大、变化多，同时配合强大的促销攻势、媒体炒作等，使其降价活动获得最大的效果。每次降价活动都配合着大量的媒体宣传，使降价事件尽人皆知。同时再加上其他促销手段，使降价效果达到最佳。今年6月，格兰仕在大幅度降价的同时，开始实施疯狂赠送行动。价格在500~850元的中档“新世纪”系列买一送八，赠品价值总计300元左右；800~950元的“黑金刚”系列买一送十四，赠品包括风扇、微波炉用品、手表、围裙等，价值总计600元左右；包含有热风对流、电子菜单、旋钮码等技术含量在内的价格在1 000元以上的高档产品则实行买一送十五的超值赠送，赠品价值总计在800元左右。此次活动将截至8月份结束，在此期间，每隔半个月将会减少一件赠品。

4. 抢占市场的四大策略

①赠送食谱，培育市场。为了微波炉市场长期的发展，想方设法提高大众对微波炉的兴趣和利用率。②联动商人，启动市场。建立全国性的营销网络，主要是与各地代理商合作，共同启动微波炉市场——简单模式。③占领市场。价格战产生效益，同时地位也提高了；坚持总成本领先战略，随时准备着应付价格战；升级规模，降低价格。④巩固市场。通过不断推出新产品，针对不同的市场区域推出合适的产品，以及提高产品服务质量和水平来巩固市场。

5. 注重新产品开发

格兰仕非常注重新产品的开发，在始终保持成本领先的同时，也不断开发出新产品，来不断适应市场要求，微波炉有WP800TL21 - 2、WG900DSL23D - K6、WP700J17 - 2 等 124

款。产品有手拉门式、下拉门式、按钮门式。从机械控制到电脑控制、遥控控制，从普通到带烧烤各式微波炉应有尽有。

五、面临的问题

1. 生产规模已接近规模经济曲线平衡点

按照经济学理论，在没有达到边际成本之前，企业生产规模越大，成本就越小，但超过边际成本后，成本上升将成为必然。根据统计分析，当微波炉产量达到 1 500 万台时，边际成本（*MC*）等于边际收益（*MR*），此时的总利润达到最大。（见图）

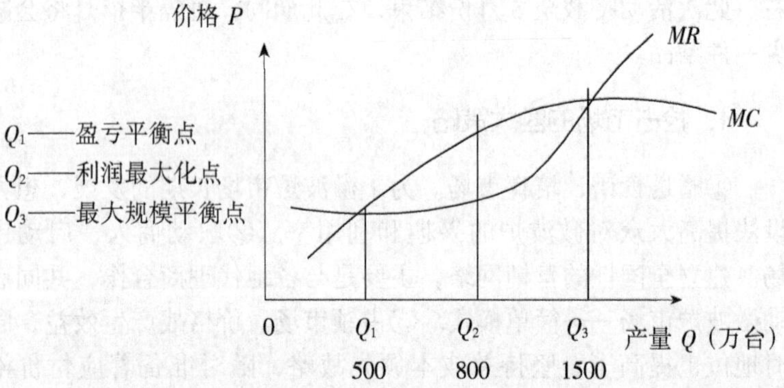

格兰仕微波炉目前的极限生产能力是 1 500 万台，年产量已接近这个数字，即接近饱和。如果再扩大生产，就将出现规模不经济，也就是说，格兰仕已将微波炉这种产品做深、做透，很难再有大的发展空间。

2. 行业竞争格局变化，竞争进一步加剧

格兰仕以年生产能力 1 500 万台的总成本领先优势高筑了行

业的进入“门槛”，使微波炉“品牌高度集中”，甚至可以说是形成了“寡头垄断”的行业：第一军团格兰仕占去市场份额的55%左右，第二军团LG占去25%左右，2000年杀出的一匹黑马美的占去10%，而排第四、第五的松下和三星都只有5%左右。成本壁垒让很多年产只有几万台、几十万台的家电企业对“微波炉生意”望而却步。在欧洲市场上，格兰仕的市场占有率高达45%（包括自有品牌和贴牌生产）。面对国内、国外名牌的压力，格兰仕处在了强势围攻的境况中。主要竞争对手的情况如下：

（1）LG。LG是一个顽强的对手，即便是格兰仕通过大幅降价清理市场的时候，LG依然能够保持10%的市场占有率，并且逐步转守为攻，2001年LG的市场份额已经达到25.7%，今年1至2月已上升到31%，无论其市场份额还是增长趋势都对格兰仕构成威胁。

LG微波炉华南区一位负责人在接受采访时透露，LG在内部已定下很高目标，今年全国市场占有率争取达到35%，2005年全国争取第一。这一决策的第一支持系统就是LG电子在2002年4月正式向外宣布，其投资额达2.3亿美元，产能为1 000万台的天津新微波炉工厂正式落成，虽然LG一再对外宣称，其新工厂主要是满足海外市场的需要，但是全球的微波炉市场容量总共才4 000万台，加上微波炉市场一直是寡头竞争，LG此举显然是直指格兰仕。

（2）美的。1999年12月美的集团投产微波炉，携1.6亿元资金，项目一期上6条生产线，产量20万台。到2000年底，资金将追加至2亿，形成10条生产线、30万台的产量，仅上马半年时间，销售量就跻身前五名。2001年美的已占据了10%的市场份额。美的生产微波炉拥有诸多优势：

◇资源优势：美的集团属下三个产品事业部（空调、家庭电器、厨具）有直接客户 1 000 家，其产品进入的网点已经超过 5 万家，除了台湾，中国各个省会都有。另外还有良好的国外营销平台。这两项资源是企业本身在产品宽度上外延的基础。

◇品牌优势：美的 1999 年的品牌价值是 46.68 亿元，它对市场的拉力和推动力是无可想象的。美的 1999 年在中国市场的销售额为 80 亿元，在广东市场超过 16 亿元。

◇合作支持：美的与世界微波炉技术的领头羊——日本东芝公司全面合作，在技术开发和质量保证方面都处于国际先进水平

◇资金后盾：企业进入新领域必须有资金做后盾，而美的作为上市公司，在融资和资金的信誉上会得到支持。

◇上游支持：在品牌大户清理市场的同时，反倒使经销商和供应商担心起来。他们不想把宝压在一个人身上，以免受控制。

（3）其他品牌。2002 年洋品牌卷土重来，其策略发生了根本性转变，由原来的只注重利润而不看重市场份额到现在奉行市场份额至上、兼顾利润的观念，本土化进程也悄然开始。通过将生产线向中国转移，既可降低其总体生产成本，提升其全球竞争能力，又可以在国内阻击格兰仕，使其失去后方支持以致难以在国际市场大展拳脚。

◇松下：松下微波炉在中国的上海工厂成立于 1994 年，当时在中国的销售目标为 50 万台。由于与中国厂商价格差距过大，到 1998 年年产量 12 万台，最后不得不改走高档路线。注重成本控制后，2001 年初，松下史无前例推出了一款最低价只有 398 元的微波炉，并一炮走红。据该公司透露，2002 年头两个月，松下微波炉销量比去年同期增长 75%，其中内销猛增 3 倍以上，出口增长 50%。今年的市场份额由去年的 2.5%升为 8%。另一方面，2001 年 5 月，松下电器正式决定，将美国的微波炉生产基地移到中国，并将产能增加到 200 万台。松下集团要将上海微波炉厂建成松下全球最大的微波炉生产基地，年产销达到 600 万台规模。

◇惠而浦：惠而浦是美国头号家电企业。虽然惠而浦微波炉20世纪90年代中期就已进入中国市场，但由于其价格过高，在国内市场销得并不好，最终不得不依靠海外市场支撑。但是2002年惠而浦微波炉也实行本土化经营策略。3月份，惠而浦在上海宣布将把其原来设在瑞典的微波炉工厂迁到顺德，并再增资600万美元，将产能扩充到300万台。

如上所述，格兰仕面临着现有的以及潜在的众多竞争对手的强力挑战，而对手大多是多元化经营的企业，可以用其他行业的赢利来支持微波炉产品，可以陪格兰仕“将价格战进行到底”。格兰仕在这种情况下又不可能将竞争对手完全清除，从而无法有效地利用垄断地位提价来保证利润。面对新的形势，格兰仕如何迎接挑战？

讨论题

1. 格兰仕为何选择进入微波炉行业？

2. 从羽绒制品转向微波炉行业，格兰仕作了什么准备？有什么启示？

3. 试评价格兰仕的价格策略。

4. 格兰仕集团如何开发微波炉市场？

5. 格兰仕集团采用了哪一种竞争战略？为什么？

6. 微波炉行业发生了哪些重大变化？将对格兰仕的未来发生什么影响？

下篇（2000.9—）

一、格兰仕进军空调行业

2000年9月，格兰仕对外界宣称，将斥资20亿进军空调制冷业，计划用3~5年时间将空调年产规模支撑到800万台，创建微波炉之后的第二个世界级生产制造中心。格兰仕空调定位于“全球最大空调专业化制造中心”，高起点快速切入市场，在第一个冷冻年度（2001年度）就实现产销50万台。2002年预计产销180万台，其中内销60万台，外销120万台。

以下是格兰仕进军空调业时该行业的状况。

1. 整体市场规模

根据《2000中国人权事业进展》政府报告的数据显示，中国每百户城镇家庭拥有空调器为30.8台，农村空调器拥有率极低。而日本在1996年时空调器每百户拥有量为166台，一户多机的比例很高，与成熟的空调器市场比较，中国空调器市场才刚刚起步，潜力巨大，另外，由于全球变暖，海外市场需求迅猛增长。有研究表明，当一个产品的价格在普通家庭全年收入的10%以内时，这一产品则完全成为普通的消费品。2000年中国市场的普通空调价格已经快接近3 000元左右，中国空调的普及期真正大踏步地走来了。

2. 年市场增长率

根据图1所示，中国空调器的销售量从1994年开始一直保持持续增长，从2000年开始，增长速度明显加快。根据亚太经

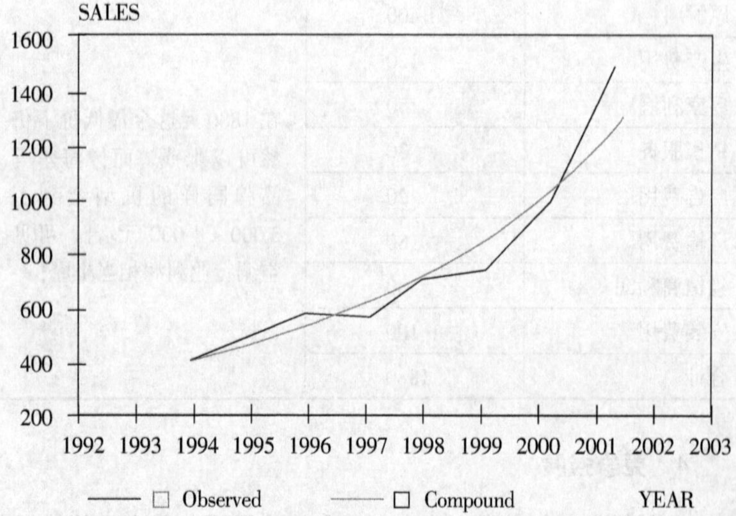

图 1

济合作组织预测，在未来 10 ~ 20 年内我国将保持 GDP 年增长 6% ~ 7%，到 2005 年我国空调器年产销量可达到 2 600 万台以上，根据时间数列分析，2000 ~ 2005 年空调的产销量增长速度将达到 20%以上。来自电视、冰箱、洗衣机等其他产品市场发展的数据也表明，空调是中国家电市场发展增幅最快的产品。

3. 行业毛利率

2000 年，空调业内人士透露，中国空调器市场的毛利率至少有 35%，而且材料供应等方面的水分相当大。广州万宝压缩机有限公司在 2001 年 7 月 10 日公布了 KF－23GW 特价机每台的成本如下：

原材料	1 400	在 1880 元这个最低价下仍然可以赚钱，而像海尔等品牌同样的机型卖到了 3 000 ~ 4 000 元/台，可见空调行业利润相当丰厚！
生产费用	120	
厂家利润	50	
销售服务	30	
广告费用	20	
运输费用	80	
经销商利润	80	
安装费用	100	
合计	1880	

4．**竞争强度**

空调行业竞争激烈，从生产厂家的数量可以看出。其他行业如彩电、冰箱等，市场中销售的牌子不过 50 个，空调行业中却达到了 300 个。但是，竞争还不至于达到残酷的地步，行业内企业很少对进入者采取有针对性和富有成效的策略行动，防御性和攻击性的行为并不多见。另外，由图 2 可以看出，空调是一个完全竞争的市场，市场集中度较低，前几名的市场占有率相差不大，实力比较接近，谁也不拥有对市场的决定权，品牌忠诚度低，产品同质化程度比较严重。图 2 是主要生产厂商及其市场占有率：

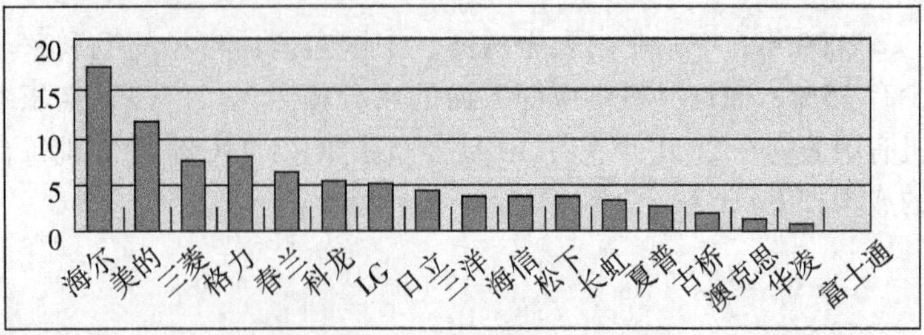

图 2

5．技术要求

对于空调行业来说，核心技术即压缩机生产技术已经被国内厂家所掌握，但空调压缩机的生产被日立、美芝、万宝、三菱电机、大金庆安、LG电子所控制，而非整机生产厂家自己控制生产。空调的外围技术国内品牌已经十分成熟，对于低技术含量的空调，一般的厂家都能够生产。因此，空调整机的生产实际上就是一种装配行为，进入壁垒不高。

二、专业化与多元化的选择

1．格兰仕的资源和能力

(1) 品牌实力。格兰仕虽然在微波炉市场上获得了巨大的成功，但这种成功是建立在规模生产导致规模经济，然后形成成本领先的基础上的，格兰仕公司并没有在提升其品牌形象上下很大的功夫（例如广告的投入），没能像海尔的品牌那样深入人心。另外，格兰仕在消费者心目中一直是生产家庭烹调设备的企业，所以，其品牌扩展到空调产品并不能对空调形成一种很好的促销作用。

通过几年的市场开发，可以说“格兰仕”这个品牌已经在中国乃至全球成为了微波炉的代名词，具有相当高的知名度。这也是格兰仕集团进行相关多元化拓展仍沿用这个品牌的原因。但是，众所周知，一个品牌包括多方面的内容，知名度只不过是其中的一项，而且不是最重要的一项，另外还包括品牌的联想、个性、形象、与消费者关系，以及品牌的美誉度和忠诚度等。“格兰仕”这个品牌是在打价格战的过程中建立起来的，行内人士对格兰仕有一个共同的称呼——价格屠夫，换言之，“格兰仕”这个品牌并没有引起有益的品牌联想。而且格兰仕集团一向奉行“总成本领先战略”，对品牌建设的投入简直可以用吝啬来形容。在这样的情况下，“格兰仕”这个品牌具有了缺乏鲜明品牌个性和具体品牌形象的先天不足。更致命的是，经历了一系列价格战的“格兰仕”品牌，品牌的忠诚度极其脆弱，维系品牌和消费者关系的是那不稳定的产品价格，从而导致品牌和消费者的关系也是不稳定的。因此，格兰仕集团多元化发展沿用“格兰仕”品牌在享受其良好的性价比带来强大市场号召力的同时，也向目标市场传播了价格仍将成为新产品最大利益诉求点这一品牌暗示。

（2）分销促销。格兰仕在微波炉市场经营了许多年，已经形成了一套完整的国内国外营销网络，但是，格兰仕长期以经营小家电为主，而小家电的经销和大家电并不完全一样，后者要增加物流配送和安装等服务，因此，格兰仕的微波炉等小家电的分销网络只有一部分可以和空调销售网络共享，空调市场的分销网络还要进行一定的开拓，短期暂不能超过前几位家电巨头。

（3）生产能力和成本。格兰仕在生产成本的控制方面能力很强，微波炉的成功便是一个很好的证明，空调部件的全球化采购和自动化生产线上的规模生产，使其空调产品成本能够大幅度降低。在生产能力方面，2001 年度能够实现生产 50 万台，预计 2002 其生产能力能达到 180 万台，两年内可以达到前几名企业的生产数量。

（4）融资能力与财务状况。格兰仕具有极强的盈利能力，毛利高达 10%以上；负债率很低，2001 年基本实现零负债；同时，格兰仕早已实现购销平衡，现金流量也非常健康，其获得的银行授信有几十亿从未动用过。格兰仕虽不是上市公司，但由于它有港资背景，所以与香港几家大银行有密切的信贷往来，其融资能力不可低估。

（5）技术与研发水平。采用世界空调业最顶尖的日本三菱电

机的空调新技术、最先进的美国 OAK 热交换器加工设备、顶尖的日本东芝大型注塑机、先进的意大利开料机以及世界先进水平的电泳涂装生产线，集成了世界顶尖的生产装备水平。一期 20 亿的投入，足以显示其志在必得的信心。

2. 创始人梁庆德（前任总裁）的观点

◇ 专业化发展还是多元化发展策略本身无优劣之分，这是由企业可支配的资源和市场环境所决定的。

◇ 我个人认为与其什么都做，但由于资源有限，什么都做不精，做不好，不如集中资源做精、做好一个产品，做出绝对的比较竞争优势。

◇ 格兰仕从跨入微波炉行业起，就确定了专业化与规模化道路……如走多元化，则不可能形成成本领先优势，产品质量和性能上的优势也可能不复存在。

◇ 我们关注的主体是企业的成长、发展、安全，是品牌的价值与影响力。

三、格兰仕的进入方式

2000 年，格兰仕宣称，将联合几家家电跨国公司和基金，一期拟投入 20 亿元人民币建设空调和冰箱生产基地，力争在3～5年时间内，形成年产 800 万台空调、500 万台冰箱的规模，构建一个世界最大的空调专业化的全球制造中心。目前国内规模最大的厂商年产量不过一百多万台。

业内知名的“价格屠夫”，格兰仕副总经理俞尧昌称，格兰仕做空调也会采用超大规模、薄利多销的做法，采取刚性策略抢占市场。并表示要在空调、冰箱领域克隆微波炉发展模式。“我们在空调冰箱领域将继续微波炉的发展道路，以产品高起点、高品质及服务优质化入市，坚持规模专业化生产和薄利多销策略。格兰仕规划将空调年生产规模支撑到800万台，冰箱年生产规模将支撑到500万台左右。”

进入后，格兰仕的运作方式如俞尧昌所言，几乎克隆了在微波炉行业的做法。

1．采取总成本领先战略

格兰仕认为，目前空调行业价格虚高，在终端铺设等环节消耗了太多的资源，而格兰仕的一贯作风就是集中资源于生产制造、研发环节和服务环节，将尽量压缩营销成本，削减过高的利润率，实现总成本领先优势。格兰仕利用在经营微波炉过程中与已有的200多家跨国公司的成功合作，和部分跨国公司在战略产业转移之机，全方位引进整合世界一流的空调生产线、技术、管理，以规模化、专业化、集约化加技术进步和薄利多销策略，整合与消化全球一流的技术、管理于制造空调产业中。

2．再举价格屠刀

进入空调领域，格兰仕公开承诺空调价格下降一半，表明价格策略上将延续微波炉产品的一贯做法，以价格来打开乃至清理市场。经过短时间的沉寂后，格兰仕开始重新举起了价格屠刀，降价行动不断推出。2001年6月，买格兰仕空调送2 888元手表的“六月风暴”，业界震惊，随后二、三线品牌纷纷跟进，价格迅速走低，年底盘点平均价格由2000年的4 500元下降到当年的3 500元左右；2002年格兰仕又发动“珠峰行动”，随后引发国美、大中等商家和奥克斯、华宝空调厂家的全线降价，2002年空调盘点，平均价格则降至2 500元左右。

3. 采用 OEM 方式获取规模经济

格兰仕新任总裁梁昭贤称：格兰仕空调将力争达一半内销、一半外销，外销方面目前绝大部分是为世界名牌空调贴牌 OEM 生产，全力以赴加快全球最大的专业化、规模化、集约化的空调制造中心的建设，目前 3 期、4 期的厂房已竣工，世界一流的专业化生产线正在不断集中于格兰仕。坚持做大、做强、做精、做深、做透空调项目的战略方针，坚持高档中价、中档低价的薄利多销策略。

四、空调行业发展的变数

从 20 世纪 90 年代初到现在，我国空调器的产量以平均每年 48.21%的增长率高速增长。考虑空调器压缩机等关键零部件的供应能力，目前国内可实现的家用空调器总生产能力估计在 2 600 ~ 3 100 万台/年（双班水平），远远超出现在的实际产量。随着产量的不断攀升，出口量也在迅猛增长，进口量则逐步萎缩。2000 年出口量达产量的 20.26%，进口量仅为出口量的 3.15%。

由于空调器产业相对较高的利润和较低的进入壁垒，引致大量企业进入。截止到 2000 年底，具有家用空调器认证资格的企业有 177 家，具有一定规模生产、产品已经投放市场的企业上百家。2000 年，以春兰、格力、海尔、美的、科龙（华宝）等为代表的空调器主导品牌的产量超过全国生产总量的 40%。日、美、韩也在我国建立了近 20 家空调器企业，产量约为总量的 20%。海信、奥克斯、澳柯玛、志高、长虹、新科、乐华、TCL 等后期介入空调器生产的企业成长迅速，产量约占总量的 15%，还有一大批规模较小的新增企业。

空调行业的发展在激烈的竞争和市场条件的变化下，仍将存在很大的变数。

1．空调器行业整体增速放缓

目前，我国空调器在城市的拥有率水平同电冰箱、洗衣机、电视机相比仍然较低，而我国居民的可支配收入不断提高，必然促进空调器的需求。广大农村空调器的拥有率水平更低，还处在起步阶段。所以，从总量上来衡量，空调器应具有一定的市场空间。但未来几年的增速将放缓。

首先，从地区分布上讲，空调器的主要销售地区以中南、华东、华北、西南为主。东北和西北地区市场需求增长虽然较快，但由于气候相对较凉爽，收入也不高，总的需求量还比较少，不会成为空调器的主要销售地区。根据其他家电产品的经验，空调器在炎热的华东、中南地区拥有水平达到70%以后，增长速度将减缓。估计2001年的华东、中南地区的拥有率水平将达到60%左右，而发达的上海、广州等大城市早在1999年就已经在80%以上，这些地区将很快进入平稳发展阶段。西南地区虽然也比较炎热，但收入水平落后于东部地区；华北地区夏季也非常炎热，但毕竟夏季持续时间较短，所以，华北和西南地区可能在达到40%～50%后，增长将趋缓，而2001年，估计这些地区的拥有率将达到30%以上。

其次，从产业发展时间上来讲，电冰箱、洗衣机行业大约用了12～15年发展到比较成熟的阶段，如果我们把1991年作为空调器行业的起步年，到2004～2007年间，我国空调器行业将进入稳步发展时期。

另外一个重要因素是在中国加入世贸之后，将面临外资企业的更激烈竞争。国内厂商将不可避免地失去一部分市场，市场集中度将进一步提高，一些竞争力低下的企业将被淘汰。

2．空调器行业的利润空间将不断减少

一个产业在走向成熟的时候，它的利润空间将逐渐缩小，前几年空调器行业发展的历程也见证了这一规律。虽然空调器行业同以前相比，利润水平已大幅度减少，但平均利润还是高于电冰箱、洗衣机行业。不过，未来几年，随着竞争的加剧，空调器行业将很难保持目前的利润水平，将呈下降趋势，可能在三至五年内，随着整个空调器行业进入平稳发展阶段而转入微利时代。

3．中国空调器产业将进入产业重组期

目前我国空调器企业数目众多，从产业的发展规律上看，伴随着产业的成熟，市场的竞争者将逐渐减少。空调器行业同电冰箱、洗衣机相比，市场的集中度相对较低，2000 年冰箱前 4 家的产量占总产量的 59%，而空调器前 4 家仅占到了 40%。电冰箱、洗衣机基本上已经形成了比较固定的市场份额格局，但空调器行业有一大批具有强劲实力的中间力量，如科龙、富士通、长虹、松下、夏普、乐金、日立、海信、奥克斯、华凌、TCL、乐华、新科等。前几年空调器行业处在快速发展期，绝大部分企业都从中获得了收益，但随着空调器行业逐渐转入平稳发展期，行业的利润水平下降，行业的重组将成为必然。

4．企业经营风险将有所增加

首先，空调器行业特点是需求弹性大，而供应弹性小，很难平衡供求关系。这几年虽然总的趋势是空调器行业在快速发展，但如果遇到经济不景气和气候异常，就可能出现需求萎缩现象，或者是增长速度减缓。如果企业基本上按照往年的发展速度安排生产计划，就可能出现供大于求的现象，企业会出现较大的库存，造成资金和实物积压，这就影响到第二年企业生产的安排和

销售。其次，空调器行业发展潜力逐渐减小使企业竞争压力增加。过几年空调器行业将逐渐结束高速发展期，步入成熟期，行业发展的空间将逐渐缩小，企业之间的竞争将会更为激烈，产业的重组是发展的必然趋势。处在产业重组期的企业的经营风险将比在产业上升期要大。第三，产业的利润空间的缩小，将降低企业抵御风险的能力。

讨论题

1. 格兰仕进入空调行业的理由是什么？
2. 试评价格兰仕进入空调行业的时机和方式。
3. 格兰仕采取相关多元化战略的经营实践说明了什么问题？
4. 试提出格兰仕发展的有关建议。

1999 年 10 月第一稿

2002 年 10 月第二稿

案例 7

直属专卖店经理的聘任

刘志超　白　静　吴小栋

2000 年 6 月 20 日，松江市永威摩托车有限公司人力资源部经理王勇仁正准备起草任命李新成为公司直属专卖店经理的决定，突然接到公司总经理张永威的电话，说刚刚收到一封关于李新成的匿名信，有人举报李新成欺上瞒下、道德败坏、伪造假学历。张总要求王勇仁在 3 天内把情况调查清楚，提出对策。

一、公司背景

永威摩托车有限公司成立于 1992 年 10 月，是国家定点摩托车生产企业和广东省重点摩托车生产企业。几年来，在政府的支持下，公司技术力量雄厚，生产规模不断壮大。与日本、台湾等世界著名摩托车企业建立了技术合作关系。目前，公司拥有固定资产 5 亿元，年产值 12 亿元，利润 6 000 万元。摩托车装配线生产能力达到 20 万辆，并有一条生产能力为 15 万台的发动机生产线。产销量位居同行业第 12 位，已成为松江市支柱型生产企业。

公司产品主要在国内销售，销售网络覆盖全国，已建成的成熟销售网点达到 1 500 多个，产品的主要市场有以广东、广西、湖南为主的华南市场，以浙江、江苏为主的华东市场和以河北、山东为主的华中市场。另外，产品出口的比例大约占内销的30%，2000年上半年，产品出口总量达到2.6万辆左右。主要出口到越南、柬埔寨、印度尼西亚等国。

公司现有员工一千多人，其中，大专以上学历占30%左右，具有良好的人才结构，并且每年都通过各种形式进行员工培训，不断提高员工的素质，对于中高层管理人员的管理知识和能力的提高，公司倍加重视。

二、公司的组织机构

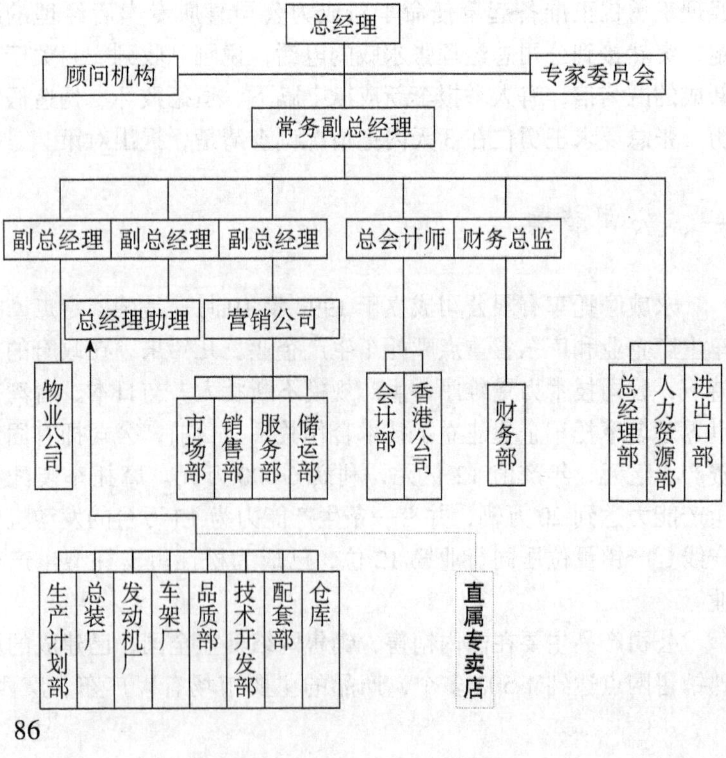

永威摩托车有限公司的组织机构如上图，公司设立了由老专家组成的专家委员会和由高校机构组成的顾问机构。总经理一名，常务副总经理一名，负责大厂生产的副总经理一名，负责营销工作的副总经理一名，还有一名负责后勤工作的副总经理。

三、公司的销售系统

永威摩托车有限公司有50多名销售人员、30多名售后服务人员和20多名市场策划、宣传推广人员，产品销售主要是通过各省的经销商以专卖店或经销店的形式销售到消费者手中。多年来，永威公司没有重视松江市本地市场的开发，尽管产品在全国的很多地区都有一定的影响，在本省的其他地区也有相当高的知名度。但是经过市场部的调查发现，永威公司的产品在松江市的市场占有率极低，还不到10%，松江市的70%的消费者不知道永威摩托车。为了尽快改变这一现状，张永威总经理决定要重点开发松江市场。具体方案有两个：一个方案是在松江市找一家比较有名气的经销商；另一个方案是设立厂家直属专卖店。在讨论这两个方案时，销售部经理与市场部经理的意见截然相反。

市场部经理张艺谋认为，设立厂家直属专卖店至少有如下3点好处：

（1）作为厂家信息的窗口，能够快速地了解市场行情，为公司的市场营销决策提供第一手资料；

（2）公司能够以比较低的价格把产品卖给消费者，实行薄利多销的政策，产品竞争力较大；

（3）公司能够做比较大的广告攻势，进行频繁的促销和售后服务活动，便于尽快地提升品牌形象。

而在松江市找一家大的经销商是比较困难的，因为在整个松江市摩托车的经销商当中，真正有实力的不多，即使是有些实力，经销商容易转换厂家，而且大经销商还经常向厂家提出一些不合理的要求，从利益和管理上看，都不如自己开设直属专卖店好。

销售部经理觉得：还是找一家经销商比较好。第一，管理容易，营销公司对经销商的管理与控制已经有了比较丰富的经验，管理难度不大；如果设立直属专卖店，在管理上没有经验，不知道如何管理。第二，本地的经销商与其他各地的经销商没有什么区别，可是如果在本地设立直属专卖店，在政策上有区别，可能会引起其他经销商的不满。

经过认真的考虑，张永威总经理决定在松江市设立直属专卖店，直属专卖店由总经理助理直接领导。并责成人力资源部经理王勇仁筹划推荐直属专卖店经理人选。

四、直属专卖店经理的聘任

王勇仁经理认为营销系统目前正缺少人手，另外专卖店的经理职责要求与公司的业务人员和营销管理人员的要求也不相同，于是决定在公司内部进行公开竞聘。竞选人的条件要求包括在公司工作一年以上，诚实，遵守公司规定，有一定的管理经验等等，为了鼓励更多的人参与，更为了选到合适的人选，没有对年龄、学历提出特别的要求。

竞选招聘通知发出后，反响非常好，有 50 多人报名参加竞聘。经过初步筛选，留下 4 名候选人，要求每位候选人准备一份详细的竞聘方案，参加 6 月 18 日举行的最后一次竞聘答辩，然后公司择日公布任命专卖店经理。

1．竞聘答辩会

答辩会由市场部经理张艺谋主持，答辩委员由公司的高层领导组成，包括公司的几位副总经理、总工程师、总会计师、财务总监、总经理助理、管理部经理和人力资源部经理。为了仔细考察4位候选人的情况，张艺谋经理还为每位答辩委员准备了一份直属专卖店负责人竞聘会备选答辩题，供答辩委员们根据候选人的演讲情况进行提问（见附录1）。

经过候选人的演讲以及答辩之后，委员们一致认为李新成的方案比较可行，与公司预想的目标接近，李新成的年龄、工作经历，在答辩中表现出的能力等都比其他3位候选人有优势，所以初步决定由李新成来担任专卖店经理，2天后就可公布任命。

2．突发事件

就在即将公布任命之时，公司总经理张永威收到了一封匿名信，打乱了原来的计划。

王勇仁经理从张总那里拿来匿名信仔细看了一遍，觉得有必要进行追查。近几年，社会风气不是太好，弄虚作假的人确实很多。以前销售部在人才市场上招聘人员，经常发现有假文凭的现象，对于持假文凭者，公司一直是发现一个开除一个，毫不留情。王勇仁先查看了一下李新成的档案，发现是有些疑点，比如有两张照片显得有些不同。王勇仁觉得问题有些复杂化了。于是先找一些李新成的同事或上级主管进行了解，有人说李新成这个人总体上看，表现是比较好的，来公司这么多年，不管干什么工作，都积极肯干，有头脑，管理能力较强，敢于负责任。也有的人说，李新成来公司几年，好像做事没方法，简单粗暴、态度强硬，欺上瞒下，不注意团结同事。

王勇仁到公安部门去调查，没有发现案底。

王勇仁又跟几位副总经理交换意见，看法也不相同。主管营销的副总经理认为，做销售工作，一个人的职业道德很重要，如果李新成真有假学历的问题，最好不用这个人。因为连学历都敢造假，那么，当他业绩上不去、压力大的时候，会不会做出对公司不利的事情？主管生产的副总经理则认为，李新成在公司一贯表现很好，即使是假学历，公司正在用人之际，完全可以使用，只要加强监督就可以了。

3．候选人名单

王勇仁又把四位候选人名单拿出来仔细分析，发现四个人当中李新成的经验、背景还是不错的。一时也不好再选到其他合适人选。下面是四名候选人的基本情况。

李新成，男，38岁，湖南衡阳市人。学历：高中。1993年4月入厂，曾经当过储运部工人，经理助理，现为总装厂第5装配班班长。管理能力较强，工作经验丰富。根据本人介绍，他现正在攻读市教育学院行政管理大专班的函授课程。

刘云辉，男，21岁，山东德州市人。学历：中专，是一年前由山东某摩托车技校毕业后应聘到公司工作的，在校期间一直担任班长，现为发动机厂工人。有一定的组织能力，但工作经历较短，管理经验不足。

钟定安，男，32岁，松江市人。学历：大学，工程师，1999年3月入厂，入厂前曾在某工程建设公司当项目经理，现为物业公司的一般干部。

王奇海，男，23岁，湖北黄石市人。学历：高中，1998年11月入厂，工人。入厂前曾在本市一家电子厂工作。本人比较喜欢挑战性的工作，有闯劲，但没有管理经验。本人也在参加广东省自学考试的学习。

4．王勇仁面对的问题

王勇仁陷入了深思之中。这时候如果不用李新成，专卖店的工作进展就会拖延，也不好选人；如果用了李新成，虽然在公司表现不错，但他是不是有假文凭的问题，名字问题又如何解释？王勇仁觉得头一次遇到这样的问题，如何解决，不知从哪里下手。

附录 1

直属专卖店负责人竞聘会备选答辩题

1．你如何理解公司开办直属专卖店的意义？

2．你对你的经营方案做过盈亏分析吗？分析的结果如何？

3．你对专卖店的选址有什么样的想法？

4．你对专卖店内部管理的思路是怎样的？例如人员、物品、财务的管理，店面的布置等等方面。

5．你对专卖店的销售区域如何界定？怎样促进周边地区的销售？

6．你准备采用什么样的广告及促销手段？

7．怎样发挥本地企业售后服务方面的优势？

8．你设定的目标销售量一年是多少？

9．你认为完成你的销售目标最重要的措施有哪些？你怎样落实这些措施？

10．怎样保证公司的财产安全？你能否交纳风险保证金？可以交多少？

11．了解你的松江同行吗？怎样在竞争中取得优势？

附录 2

匿名信

张永威总经理：您好！

我是总装厂的一名老员工，这么多年来，公司对我一直不错，我是以公司为荣的。这几天，盛传李新成将成为专卖店的经理，不知是真的还是假的消息。不管是真还是假，我暂且把它作为是真的来看待吧。

张总，我是抱着对公司的现在和未来高度负责任的态度给您写这封信的，希望能引起您的注意。我与李新成是同乡，他就住在我的隔壁村。我彻底了解这个人，如果我不把情况反映给您，公司可能错误地任命李新成为专卖店经理，其后果将是难以想象的，可能会给公司带来意想不到的损失。李新成不叫李新成，也不姓李，他姓韦，叫韦常青。韦常青入厂前是一个“烂仔”，经常打架斗殴、偷鸡摸狗，他也不是高中毕业，根本连高中都没有读过。希望公司认真追查，不要让坏人钻了空子，损害公司的形象。

案例 8

三大家电中间商圈地运动

雷　鸣

一、背景

在中国家用电器的分销商中，位于前三甲的霸主分别是南京的苏宁电器股份有限公司（简称苏宁）、北京的国美电器有限公司（简称国美）和济南的三联集团有限公司（简称三联）。三家公司的头头都姓张，分别是张近东、张志铭和张继升。2000 年，全国家电零售市场总量约为 3 000 亿元，其中这三家规模较大，江苏苏宁约占 40 亿元，北京国美约占 30 亿元，山东三联约占 30 亿元。

2000 年 11 月，国美的总经理张志铭宣布，将用 5 年时间建成全国最大的家电零售专营连锁企业，并将连锁店扩展到 250 家，同时宣布的斥资几千万元向家电厂商订购彩电的做法，引发了商家新概念——“国美模式”的讨论。同年 12 月下旬，已在全国建立了 170 家电器连锁店的中国家电零售业“大鳄”——苏宁的董事长张近东宣布，他将用 3 年时间投资 4.2 亿元在全国范围内兴建 1 500 家连锁店。。

三联的董事长张继升正准备斥 3 亿元巨资全力入主郑百文，

意图占领中原而逐鹿全国的家电市场。一场来自家电流通业的“三张圈地战”全面打响。

二、国美南下西移，欲问鼎中原

在过去两年里，除继续巩固北京市场外，国美已成功攻入天津、上海、成都和重庆市场。当国美1999年在上海开出第一家家电专业连锁商场时，上海人似乎没有感觉到它的存在。然而，仅仅一年之后，以国美为代表的家电专业连锁商场，便在上海快速发展起来。截止到2000年，国美在上海已有8家连锁分店。

2000年12月份，国美在重庆、成都两地的第一家连锁店同时开业，并以每周一家的速度在两地接连开业，且每一次新店开业在当地都吸引了成千上万的消费者哄抢售价低廉的彩电、冰箱、洗衣机，在当地形成家电销售高潮。截止到2000年，国美在成都已开设3家门店，在重庆开设了4家门店。

在开发蓉、渝市场时，国美就曾放出话来说，2001年它要开发5~6个省会级市场。国美常务副总经理何炬描述：到2003年，国美将在全国开设150~200家连锁商城，年营业额突破200亿元。

2001年春节后国美同时在西安、郑州的媒体上发布招聘启事，招收国美电器在当地的第一批员工。业内人士认为此举表明这家家电连锁企业问鼎中原之心昭然若揭。

国美电器常务副总经理何炬说，“立足北京，发展全国性家电连锁超市”是国美电器早在1998年就确定的发展战略。现在对西安和郑州市场的前期调研工作已经结束，并已初步确定了几个适合开店的店址，预计两地国美第一家门店的开业将同时进行。国美在打入西安和郑州市场的第一阶段将在两地各自集中开设3~4家门店，并分别设立一个配送中心，最终发展到6~8家的规模。

三、苏宁北上东扩，要与国美分高低

2001年的1月18日，迎着飘飞的细雪，苏宁在京的第一家综合电器连锁店——位于刘家窑的苏宁电器正式开业，苏宁副总裁孙卫民也由南京飞抵北京。此店距最近的一家国美分店不到1公里，苏宁进京公开与国美叫板。

孙卫民强调，批发曾是苏宁的主业，但这并不意味着苏宁是零售上的新手。从1995年开始，苏宁即大规模涉足零售业。过去苏宁业务有70%的批发、30%的零售。到了2000年，零售达60%，首次超过批发。苏宁之所以如此抉择，一方面是因为家电市场已由卖方市场进入买方市场，批发的利润越摊越薄；另一方面是因为家电批发的区域性限制日益明显，尚难形成全国性市场。此次刘家窑店开张，意味着苏宁今后将进一步以零售及综合家电经销为主，它与同样欲得天下的国美的冲突，也就难以避免。

苏宁集团总裁张近东表示："在新店选址上，我们希望靠近国美等同业态的家电商城，以便借力发展。"苏宁集团总裁助理蒋耕耘也曾向新闻界表示："3到5年内，我们希望在北京能和国美平分秋色。"

2001年，苏宁计划在北京开10家新店。

在上海，截止到2000年，苏宁拥有10家分店，已形成进一步连锁经营的发展基础。苏宁宣布要在3年内投资4.2亿元，在全国范围内建1 500家连锁店，最终形成一个全国性的年销售额300亿~500亿元的销售系统，占有全国家电销售市场10%~15%的份额。这个目标显然比国美的要大一些。3年后家电销售巨头中究竟国美老大，还是苏宁老大，我们不妨等着瞧。

四、三联集中兵力，各个击破

正当苏宁与国美唇枪舌剑之际，另一个重量级人物三联仿佛正在积蓄能量，又仿佛在等待时机。2001 年 1 月 6 日，三联家电的网络店在济南隆重登场。据说，这是全国第一家网、店合一的网络店，至此三联同时拥有了家电专营、电子商务、网络店等三种商业业态。三联家电总公司的负责人认为，中国商业企业还是区域性企业，其影响力主要在当地。对三联而言，山东市场非常大，仅家电就有 200 个亿，首先应把当地的市场吃透。三联认为流通企业应该稳扎稳打，目前三联进军全国市场的时机并不成熟。守住本地市场似乎是三联的稳扎稳打战略。

然而坐山观虎斗、鹬蚌相争的故事相信每个人都听说过的。想借壳上市的三联能满足于山东的天地吗？不管三联用 3 亿元资金收购“郑百文”的计划是否成功，目前，三联在全国的知名度通过“郑百文”事件早已超过了国美和苏宁，为三联在全国的扩张提供了最好的契机。

实际上，苏宁要称霸，国美要称王，第一个不答应的就是三联。三联有关负责人在苏宁和国美向社会宣布其宏伟计划的 5 天后，便在由伊莱克斯主办的中国家电营销世纪峰会上公开宣称，未来的家电营销不是多家共赢，而是赢者通吃。三联的话，让在座的各位家电营销界巨头为之一震，谁都明白，这句话的潜台词也就是：未来的家电销售市场是我的，你们谁都别想跟我争！

三联自然有它牛的理由，早在 1999 年的家电销售收入便达到 34 亿元，列全国商业百强第三位、家电交易百强第一位。与苏宁、国美一样，三联走的也是连锁经营的形式，并在山东省内开有 80 多家连锁店。然而，三联集团的董事长张继升却并不赞成苏宁通过大规模建立连锁店进行扩张的方式。他认为，一个企业对市场的辐射力是与其距离成反比的，因此，三联目前要把在山东的基业打造扎实。

不走出山东，并不意味着三联就没有窥伺全国的野心。三联不会通过不计成本的扩张来实现发展，而是要“集中优势兵力，各个（地区）击破”。三联的优势就是其背后的整个集团。

家电销售巨头“三张”的圈地运动，是中国家电市场道路上最耀眼的一出戏。但位于家电销售挑战者地位的其他中间商也同样在进行着自己的扩张。上海的永乐，北京的大中，广州的东泽、海印、松厦，年销售额均在 10 亿元以上，这些中型的家电中间商如果战略正确，或者联手合作，或者大财团资金介入，都可以与前三甲对抗。

事实上，2001 年 2 月 14 日，上海永乐家用电器有限公司和北京大中电器有限公司在京签订对等参股联手拓展市场的协议。按协议，两家公司相互对等参股后，将分别在华东和华北地区拓展家电连锁商场，双方视对方的门店为自己的门店，利益共享。业内人士认为，这是继多年的价格大战后，国内家电市场出现的“圈地运动”新形式。

讨论题

1．我国家电行业出现三张“圈地运动”的原因是什么？

2．你认为这些宏伟的计划能在 3 年内实现吗？

3．如果要完成“圈地运动”，应该采取哪些策略？

4．你认为目前在中国的“圈地运动”还有哪些企业在进行？

2001 年 10 月

案例 9

海天公司

雷 鸣

海天公司是一家拥有 100 多年历史、以生产调味品（如酱油、味精、醋、调味酱等）为核心业务的大中型企业。目前拥有固定资产上亿元，年销售额超过 6 亿元，企业设备先进，技术领先，管理良好，职工凝聚力强。特别是最近几年来，海天公司导入 CIS 系统，采用了合理的广告策略、公关宣传攻势，一改过去陈旧落后、鲜为人知的小型企业的形象，成功地树立了开放进取、质量上乘、服务良好的新形象。目前市场占有率迅速扩大，成为国内调味品行业的领头羊，海天酱油全国销量第一。

然而，调味品行业虽有一定的技术含量，但传统的生产方式仍使该行业处于劳动密集型状态。调味品是人们日常生活的必需品，这种与人们日常生活密切相关、地方品牌比比皆是的市场状况，使得该产品难以采用高价策略。在调味品市场，一方面由于境外品牌的入侵、各地区的地方保护主义和人们长期形成的消费本地产品的习惯，使得调味品的市场竞争十分激烈，各分散的市场区域需要海天公司提供更多销售人员，由销售人员对经销商提供更多的服务。而另一方面，经销商多为个体经营者，各经销商尚处于春秋战国的混战之中，公司的资金回收速度较慢，销售利润也十分薄。这无疑对公司在实行资本经营、扩大生产规模和向更高层次发展等方面形成了阻碍。

为了改变这种状况，公司决定加大对经销商（批发商）的开发，完善对经销商的管理和指导，采用了较宽的选择式分销策略，以利用众多经销商的资源来加大市场开发的力度。另外，随着海天实力的增强和信誉的提高，公司改变了过去免费铺市和代理销售的做法，价格策略在对经销商的信贷支持方面降低了，力争采用现款现货的经销方式，以加快货币资金回笼的速度。然而，新的政策导致了分销渠道开发与管理过程中的冲突有增无减。

首先是公司营销部门人力资源供给和市场需求的冲突。市场的扩大和较宽的选择式分销策略的实施，要求公司一大批素质较高、经验较丰富、懂得分销管理的营销人员。目前，公司销售人员虽具有丰富的推销经验，但在分销管理上尚缺乏系统的知识和经验。

其次，公司销售部门与经销商的冲突主要体现在两个方面：一是利益冲突。经销商开发市场希望海天能在当地多做些广告宣传，而同时又不希望将经销商的利润减少。作为成本支出，广告投入必然会造成公司让给经销商的利润下降，“名利难以两全”矛盾十分突出。二是支付条件的冲突。公司的“现款现货”的做法在一些地区惹怒了不少经销商，“人家都能够给我代销，你们为什么不行?!什么名牌？名牌有什么了不起，老子还是卖本地货算了!”

第三，经销商之间的冲突。这方面的冲突也主要体现在两个方面：一是不遵守游戏规则，经销商之间互相渗透，进行跨区域销售。二是不按公司规定的指导批发价，为抢占市场压价销售，形成一定程度的恶性竞争。

第四，经销商（批发商）与零售商之间的冲突，主要也体现在利益分配、结算方式等方面。除此，大型超市还有所谓进场费的要求，这也引起了冲突，而经销商往往会把这种冲突向后转移至公司，要求公司解决（如要求公司出进场费）。

第五，海天公司业务员与经销商之间的冲突。业务员的职责应该是帮助经销商开拓市场，但有的业务员为了扩大自己的业绩，背着经销商直接将产品卖给一些客户，如大公司的饭堂和餐厅酒楼等。

讨论题

1. 在以上情景中，哪些冲突是分销渠道的纵向冲突？哪些是分销渠道的横向冲突？哪些是交叉冲突？请分别列出。

2. 针对这些冲突，应该如何处理？请给出处理办法或方案。

3. 假设公司要求你在某地区开发6个以上的中间商，你经过艰辛的努力，寻找到了几十个有意销售的经销商，可是只有3家愿意按照公司“现款现货”的政策进行经销，其余的都要求代销。而愿意经销的3家公司的实力非常一般，各自都无法成为海天公司独家经销对象。在这种情况下，为保证公司在该地区的销售额和利润率，完成经销商开发任务，你将如何处理这些冲突？

1999年10月

案例 10

区域性空调销售公司

李　业　王宏伟　庞晓玲

一、背景

作为中国家用电器普及率最低的产品，较高的价格和极低的资金、技术门槛，使空调行业达到 20% ~ 30% 的利润率，远超过家电业 10% 的平均利润率，被称为中国家电业的“最后一块肥肉”。高利润刺激了新资本的进入。目前，国内空调企业已有 400 多家，其中 90% 是“新入者”——90% 来自浙东和珠江三角洲。2001 年市场的极限容量约为 1 500 万台，而相关企业的产能已经超过 2 500 万台。

空调行业产能过剩，供大于求，市场竞争日趋激烈。虽然空调业百家混战，但是品牌集中度不高，从产销量上可划分为三个世界。年产销量 100 万套以上的被称为一线品牌。美的、海尔、格力市场占有率都超过 10%，已是当然的“三甲”，三者的产量超过 800 万台，市场份额之和为 40%。另外科龙近两年增长很快，去年突破百万大关，这四家企业被称为空调业的“四大天王”；二线品牌是年产销量在 80 万到 20 万套之间，主要有春兰、华凌、澳柯玛、古桥等十几家；由于零部件专业化程度高、配套环境好，空调行业有一批“螺丝刀工厂”，这批年产销 5 000 到 5 万套之间的“三线”品牌的厂家，总数已过 250 家，并且还在增加。

表 1 2001 年中国空调业产量及市场份额分布

	总量	一线品牌	二线品牌	三线品牌
产量（万台）	2 500	1 300	900	300
市场份额	100%	52%	36%	12%

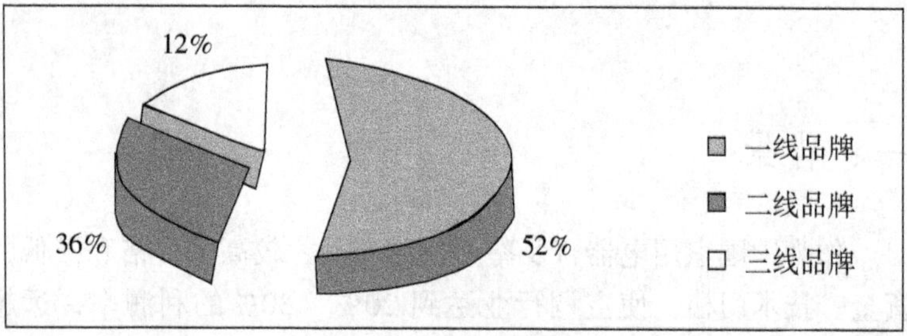

图 1 空调市场品牌构成情况

近年来，空调行业的价格战连连不断。价格战虽然可以为消费者带来实惠，促进行业内企业优胜劣汰，但在中国这种特定的市场竞争环境下，这一手段的功能目前并没有发挥出来，反而暴露了许许多多问题。特别是随着行业生产规模的不断扩大，产量远大于销量已成为现实，以至于空调价格战愈演愈烈。而且由于家电流通领域竞争日趋激烈，各级经销商出于生存与扩大发展考虑，肯定也会乘机煽风点火，形成了“厂商点起降价火，商家火上添油”的局面。很多销售点都在突出以出厂价作为零售价的热卖活动，使经销商之间降价竞销更趋激烈，市场呈现一种无序混乱的状态，使产品的品牌形象受到损害。2002 年 8 月 26 日，中国家用电器协会发布了上半年家电行业经济运行形势。数据显示，2002年1~6月，前5家主要空调生产企业产量779万台，占全国比重36.9%，销量755万台，占全国总量的比重38.2%，较去年底的49%大幅下降了10个百分点。2002年热季来得晚，来得短，且全国天气普遍较凉爽，而空调的降价战没有大规模打起来，这样一来空调的销量没有增加，平均价格降低，带来的结果必然是利润大幅下降。

在不少空调企业身陷其中不能自拔之时，珠海格力电器股份有限公司显示了它的实力。该公司近年来凭借其独特的区域销售公司营销模式，不仅一举超越了低层次的价格竞争，而且在业内率先规范商家之间的竞争，规范了整个销售市场，保证了经销商和消费者的利益，使企业取得了良好的经济效益和社会效益，连续多年来保持了行业的领头羊地位。

二、建立空调区域性销售公司的构思

在品牌竞争、价格竞争已被国内家电企业熟练把玩之后，渠道竞争成了焦点话题。从我国空调行业现状来看，市场容量远未饱和，值得厂家重视的是如何构建新的厂商关系来开拓市场。大户、代理、经销、专卖、连锁等传统的销售渠道模式使得同区域、同级别的经销商之间的竞争异常残酷激烈，价格战频频上演，经销商之间出于利益关系，为争夺客户和网络，不断相互压价竞争，并向其他区域实行侵蚀、窜货销售，不仅使自身元气大伤，同时使二、三级经销商的利益无法保证，而且由于经销商沉迷于价格竞争，售后服务跟不上，损害了消费者的利益，这些都严重地扰乱了其他市场的经营秩序，破坏了空调市场的发展。

在这种形势下，格力公司做出了“把大家捆绑在一起”的决策，探索一条商家参股、规范市场、厂商共赢的路子——建立空调区域性销售公司。格力公司当时是根据企业的内外部环境做出这个战略性决策的。格力公司在销售模式上一开始走的是大户政策，厂里一共就只有 20 几个营业员做全国的市场。而当时很多厂家都是设立庞大的销售公司，若要实现像格力这样的转变，就面临着一大帮人的裁员问题，而这些人已经掌握了公司的渠道，减员是非常不易的。而当大户销售方式的弊端显现后，格力的做法不是抛弃大户，而是把他们整合起来，让大户们自己管理自己。

在国内市场，空调行业还存在较大的利润空间。格力因为只做空调，很单纯，相对其他家电企业好做，可避免将各种产品利润相互影响的麻烦。而且格力空调品牌号召力强，对经销商有较大的凝聚力。此外，对销售公司能否控制好，关键是厂商本身的管理水平。成立区域性销售公司，在管理上必须很到位。格力具有很强的控制力，在大户竞争混乱的早几年，格力空调销量依然多年保持全国第一，在所有厂家中效益是最好的，所以它实施了这种模式。

空调区域性销售公司属于通路创新中的一种类型——厂商合作的表现形式。它并未改变传统的通路结构，但本质上却由松散的、利益相对独立的关系变为紧密的、利益融为一体的关系，简单地说，即由“你”和“我”的关系变为“我们”的关系。这种公司式的合伙关系可以消除厂家与商家为追求各自利益而造成的冲突，厂家与商家结成利益共同体，共同致力于提高市场营销网络的运行效率，由于优势互补，减少重复服务而增加经营利润。这一项目的基本思路是：以资产为纽带，以品牌为旗帜，由厂方牵头指引，把一个区域内的多家经销大户捏合在一起，共同出资成立一家专营格力这一单一品牌的股份制销售公司，统一渠道，统一网络，统一管理，厂方在该区域的一切市场开拓、管理和服务工作均通过该销售公司来实现，销售公司通过服务经销商和消费者取得合理的收入，各股东按出资比例分红，最后达到企业、商家双赢的目的。

三、试点

这种营销模式首先在湖北进行试点。1997年底前，当时珠海格力电器股份有限公司在湖北地区共有四个一级批发大户，俗称“四大家族”。由于市场竞争异常激烈，这四大一级经销商之间常常为了自身的利益进行价格战或实行窜货销售，影响了格力空调市场的健康发展。

1997年12月，由湖北四大格力空调经销大户出资组建的湖北格力空调销售有限公司在武汉正式成立，标志着格力空调区域性销售公司的营销模式迈出了探索的第一步。在格力公司的大力工作下，四个经销大户抛弃前嫌，经过几个月的调整磨合期，整合网络、渠道、管理与服务，逐渐使湖北省格力空调的销售走上了正轨，并逐渐显示了这一模式的优越性，当年该公司便实现了赢利，第二年该公司的销售量和销售额均翻了一番，而且湖北空调销售市场空前稳定，商家的利益得到了切实的保证。

自此，该销售模式的优越性被全国各地经销商纷纷看好，各地纷纷要求移植这一营销模式，成立类似的销售公司。自1998年起，重庆、湖南、江西等地在格力公司的全面领导下，纷纷成立了类似湖北模式的格力销售公司，并取得了成功。到2000年下半年，全国各省市均成立了销售公司，格力这一区域性营销模式在全国范围得到了推广应用。目前，格力公司在全国共有区域性销售公司28个。

格力公司这种区域性销售模式的最大特点是：格力公司在每个省（或几个省）召集当地主要经销商一同以参股性质合资建立了区域性销售公司，使各经销商之间化敌为友，并通过格力公司的全面监控和强化管理，区域性销售公司实行“以控价为主线，坚持区域自治原则，确保各级经销商合理利润”的管理模式，规范整个销售市场。同时由各地市级的经销商成立了合资销售分公司，由这些合资销售分公司负责格力空调的销售工作。厂家以统一价格对各区域销售公司发货，当地所有一级经销商只能从区域性销售公司进货，严禁跨省市或地区窜货销售。格力总部给产品价格划定一条标准线，各销售公司在批发给下一级经销商时结合当地实际情况“有节制地上下浮动”。

这种模式与其他营销模式的根本性的区别在于：由格力公司牵头召集各地经销商自己来建立一个地区性的合资销售公司，以这个公司来充当格力空调的分公司管理当地市场。各区域销售公司董事长、总经理按参股经销商的出资数目共同推举产生，各股东年终按股本结构分红，入股经销商形成一个利益联盟。对入股经销商的基本要求是当地空调大户，并且格力产品占其经营业务的 90%以上。

在这种模式的分销网络中，原来互为竞争对手的大批发商都作为股东加入合资公司，各自的销售网络也合并在一起执行统一的价格政策，批发商的利润来源不再是批零差价，而是合资公司税后利润分红，入股的经销商会全力推广，促使销售量迅速上升。

四、实施效果

格力这种营销模式是一种超越竞争的模式。首先，它成功地解决了一个区域内大户之间，和不同区域大户之间随时可能爆发的价格乃至渠道竞争的混乱局面。每个产品在当地都是由几家来共同经营，所以竞争是必然的。通常厂家不仅要与其他品牌竞争，自身品牌的经销商之间往往也一样互相压价。所以，对很多厂家而言，价格失控是无法解决的问题。但是格力却利用这种新型营销模式有效地解决了该问题。格力组织几个经销大户成立股份制性质的销售公司，大家把钱放在股份公司，按照固定的价格在市场上分销，除了销售直接赚钱外，到年终，股份公司赚的钱股东还要按股份分红，使得每一家入股的人都来维护价格体系，最终会从中拿到钱。各公司自然不会自己拿出钱去打价格战。即使你卖得多，你拿的利润也并不一定是最高的，你拿到的只是一部分差价，还有很大一部分差价在分红这一块上。所以，格力有效地解决了协调内部竞争所消耗的精力，有效地解决了大家最终共同利益问题，通过这种模式找到了结合点。

其次，由于成功捆绑，原先各大户的网络得到了有效的保护和利用。不仅如此，以公司的形式对各大股东原先的网络进行整合利用后，充分发挥区域性规范管理作用，实际上等于巩固了已有的营销网络，提升了区域性营销网络管理的质量，增强了销售公司的实力，促进了市场的全面发展。

第三，区域销售公司成立后，由于各股东的目标在本质上是完全一致的，加上专营格力这一品牌以及“格力品牌”对各股东具有较长期的价值（获利潜力），使得区域销售公司做到专心致志做格力的同时，敢于为这一品牌的未来进行投资，即当它确认了格力在本区域内属于自己的专利时，销售公司便自觉与不自觉地在广告宣传和售后服务方面立足于打持久战。仅此一点便是“大户模式”所不可能具备的，因为在“大户模式”中，经销商普遍不能确认自己今年做格力，明年是否还做格力，基于此，大家各自抱着投机心理也是很自然的现象了。这种新营销模式就可避免经销商的这种投机心理，促进市场健康、稳健地发展。

第四，由于区域销售公司是其所属区域内惟一的货源出口及政策的制定和控制者，并且确认了自己只要努力经销，取得更大的成果，那块利益便会长期属于自己。于是各区域销售公司想尽办法（包括吸纳一些二级经销商为股东）扩充网络、扩大销售，这就有利于提升格力品牌在当地的销售量。

第五，专业化的区域性销售公司，大打服务牌，形成了“快速反应部队”。虽然服务牌早已被各大厂家打了很多回，但事实证明格力在建立统一的区域性销售公司的时候出牌是成功的，消费者也以稳定的市场占有率给予了充分的肯定。

第六，有利于促进行业的规范、良性竞争。作为空调行业的领头羊，格力公司这一营销模式对行业的发展无疑具有示范和表率作用，在引导商家进行规范有序竞争的同时，对行业也产生了积极的影响，为行业的发展探索出一条健康的营销之路。

这一营销模式的创建为格力电器的销售模式开创了新纪元，使格力电器产品自 1997 年以来保持销量、销售收入、市场占有率等指标在全行业中雄居首位。2001 年度，在空调市场竞争激烈、价格战此起彼伏、许多家电企业纷纷陷入困境、不少一线空调品牌销量下滑的恶劣形势下，格力空调依靠这种独创的营销模式，不仅市场没有受到影响，反而保持了稳步的增长。2001 年全年销售 236 万台空调，比上一年增长 22%，实现销售收入 72.9 亿元，比上一年增长 14.93%，实现净利润 3.15 亿元，比上年增长 8.28%，净资产收益率达 16.65%，取得了良好的经济效益和社会效益，继续保持行业的领头地位。

格力公司这种营销模式是垂直营销系统概念和中国销售市场实际情况相结合的具体应用。这种分销模式从根本上解决了批发商销售渠道、管理混乱、相互压价和市场不规范等问题。所以，格力这种以经销商入股性质成立的区域性销售公司是我国家电行业营销模式的创新。格力的营销成本因此大幅降低，从原来的近 100 人的庞大的销售队伍减少为不到 5 人的销售队伍，大大降低人工成本、管理成本和销售成本。此外，空调区域性公司销售模式，不仅使格力公司一举在销售上超越了竞争对手，而且给行业带来了规范、良性竞争的理念，使格力成为业内首家倡导规范良性竞争的企业，促进了空调行业和销售市场的健康发展。

讨论题

1．格力公司组建空调区域性公司的意图是什么？与总代理制有何不同？

2．商家作为独立的利益主体，在什么情况下愿意参加区域性公司？

3．空调区域性公司的营销模式能否运用于家电其他行业？

4．试评价区域性销售公司的作用，成功运用这种模式应具备什么条件？

5．2002年，格力公司在湖北、安徽的几个大户被撤销了，原因就是最初没有控制好。那么，在区域性公司营销模式中，厂商怎么样才能对区域性公司进行有效的控制？

6．在区域性公司营销模式下，消费者能得到什么实惠？

案例 11

济南三株公司

龚　振　石冬冬

一、三株口服液的问世与销售

提起“三株口服液”，恐怕国内很少有人不知道。三株口服液是由三株公司生产的，该公司的前身是济南大陆拓销有限公司，成立于1992年12月28日。1994年8月8日，三株公司成立。1997年，三株集团成立。该集团是从事医药、保健品、化妆品生产和销售的民营企业。三株口服液是三株公司的起家产品。其研制则始于1993年5月8日，并于1993年12月29日通过山东省科委组织的科技鉴定。1994年实现规模生产。

三株口服液进入市场时，保健品市场整体萎缩，但竞争却很激烈。仅与三株类似的保健品就有十几个知名品牌，但没有一个产品像三株口服液一样在短短几年内创造出至今无人超越的销售奇迹。从经济发达的都市，到偏僻闭塞的山村，“三株”一路走俏，不少农村青年将其作为送给对象父母的必备礼品。在其鼎盛的1996年，一些城市的人们因买“三株”排起了长龙，二三十元一瓶的价格曾被哄抬到七八十元，人称“卖疯了”。具体数据如下：

1994年，三株口服液销售额就达到1.25亿元；1995年则猛增至23亿元；1996年达到惊人的80亿元，增长速度达到400%。1993年，三株注册资本仅30万元，而到1997年，净资产达到了48亿元，扩充1 600倍。规划中，1997年销售增长速度为200%，1998年放缓到100%，1999年放缓到50%。按此速度，预计到20世纪末，可以完成900亿到1 000亿的年销售额。

传媒一度把这一奇迹追捧为“三株神话”。

二、三株公司的渠道建设与营销组织

根据有关资料，支撑“三株神话”这个销售奇迹的有两大因素，一是“农村包围城市”的经营理念，二是三株覆盖全国的营销渠道。有人评论说，三株因“渠道”而成功。

三株公司的总裁吴炳新有医药方面的专业知识和经验，三株口服液就是他研制的产品。吴炳新不仅是公司的创办人，而且具有绝对的权威。此外，吴炳新对中国的市场也有自己的认识和理解。从国内外企业的营销案例来看，日本的“综合商社”、美国的“西尔斯”、国内的“沈阳飞龙”等，都曾依靠自建网络的方式而取得了巨大成功。但是，三株并未完全照搬上述企业的做法，公司先后聘请了两所著名高等院校的企业管理研究所的专家为其反复论证，糅合日本和美国企业销售网络建设的经验，专门设计了一种“矩阵式管理结构”。

三株公司的营销渠道是基于地理区域划分和人口密度建立的，密集地分布在整个中国（西藏、台湾除外）。采用“四级公司、六级管理”制度，即：在省一级建立营销指挥部，市、地级设营销公司，区、县级设办事处，乡镇及城市区内设工作站；按层次分有总公司、产品营销中心、战区指挥部、子公司、分公司、工作站等六级组织。各市、地级营销公司是三株营销网络中的骨干主体，市场部又是营销公司的中心。截至 1997 年年底，公司在全国各省会城市和绝大部分地级市共注册了 600 个子公司，在县、乡（镇）有 2 000 个办事处，共吸纳了 15 万名销售人员。其中大约 80% 为直接销售人员，其余则是兼职推销员。其总裁吴炳新说：“除了邮政网以外，在国内我还不知道谁的网络比我的大。”从某种意义上讲，三株的营销网络是他最宝贵的财富。

三株营销公司的营销组织的框架具体如下：

营销公司设总经理、副总经理、人事部、终端部、财务部、市场部。

总经理——主持全面工作，着重外联、检查、广告业务。

副总经理——负责公司的日常运作。

人事部——分管人事，包括各部门和检查大队人员招聘、考核等。

终端部（企划部）——负责公司市场营销和广告宣传整体的企划，审批具体的广告宣传方案。广告部作为具体的广告运作部门，负责诸如广告文案的设计、专题片的拍摄等工作。

财务部——设财务科（货款结算）、财务管理科（下属各单位财务人员的管理、监督）。

市场部——公司具体营销运作单位。

市场部根据终端部的企划提出营销计划，制定具体的保证措施，细分到各办事处。各级、各部门的每个人要在月底根据营销方案制定个人下个月的工作计划。计划包括下个月的目标、时间安排、地点选定、具体内容、实现目标的措施、活动预算、突发事件如何处理等等。市场部一般根据所辖地区又分若干部。例如，济南分三部及一个单列区。一部：负责市区；二部：负责郊区；三部：负责周围五县。还有一个单列区：因为此地有钢厂、炼油厂、发电厂等效益较好的企业。部以下所辖县、区再设若干个办事处；每个县、区的办事处下设若干个工作站负责乡镇或街道办事处的宣传。市场部负责10件以上产品的批发。

办事处只能负责10件以下产品的零售以及报纸投递宣传、收集典型病例等工作。作为基层经销单位，办事处要详细登记购买者的情况，反馈给工作站，以此调整宣传侧重点。工作站的主要任务就是报纸投递、组织义诊等宣传工作。

三株公司的终端部除负责整体的营销企划策划和广告宣传外，还有众多的二级企划员分别负责单一媒介、形式的企划工作，如报纸、活动、电视专题片、市场调研等。同时三株在市场部、办事处及工作站都设有企划员和宣传员，企划员的工作内容之一就是计划本辖区内的报纸如何派发，收集典型病例上报终端部。

义诊及其他的促销宣传活动也是三株营销公司、市场部、办事处经常性的日常工作。在城市，根据季节几乎每个月都举行义诊、病人回访活动，结合街道办事处举办流行病、常见病讲座，病人联谊会等。在农村乡镇以赶大集的形式开展义诊、现场咨询等。如春季战役中的春节送福、大地回春现场咨询、红三月大型义诊活动等等。

工作站作为三株营销网络中最基层的一级机构，并不负责三株口服液的销售，主要工作就是投递报纸、组织义诊等宣传工作。工作站配有专职企划员、宣传员，专门调查辖区内有多少居委会、自然村，有多少住家户，一年中要确保报纸覆盖若干次。企划员要随时搜集成功的病历上报。

在三株公司，市场部、各办事处的财务人员及工作站的实物管理员受财务部管理科分配、领导。人员由总部培训、下派，除主管全部财务工作外，还负有监督主要领导者的重任，一旦本部门负责人违反财经纪律，财务人员必须上报。

检查大队是三株公司的特设机构，在公司内有两大任务：①违纪、违规的检查，充当“宪兵”的角色。三株强调检查大队有权检查所有人的工作。②日常工作是检查营销计划的实施，在基层设有检查站负责报纸投递的检查。在工作中，三株的各级组织每天要开晚会总结评比，宣传员填写反馈单，检查员填写检查单。每阶段要进行评比，评比结果与奖惩挂钩。

整个三株公司结构是以销售为主体的组织形式。三株的销售人员达十几万，这些销售人员的工作并不是单纯的产品搬运或将产品移交给经销商，然后再催款，而三株的营销网络本身就有销售功能，同时还具有明确的宣传广告功能。工作站作为三株公司最基层的组织，实际就是一个宣传站，主要任务就是派送报纸并负责报纸的有效覆盖率。在一个城市或乡村，三株的宣传品基本上进入了每一个家庭，总人口的覆盖率能保持在 96% 以上。三株营销网络在宣传广告方面发挥了很大的威力。

从理论上来说，自建渠道属公司所有，是所有营销渠道关系中最紧密、最能体现团队力量的一种形式，同时也是控制力最强的形式。在实际运作中，三株公司采取了“步步为营”的渠道拓展战略，使得这一渠道关系根基比较牢固，有利于全方位、大范围开展大兵团作战。早期入市突围的力度和终端营销的效果均体现了三株自建渠道的巨大能量。

三株公司的营销组织采用了“矩阵式管理结构”，配合以有明显中国特色的三株“战术”（人海战术）和广告轰炸攻略（1997 年有一个月的广告曾高达 1.4 亿元），从而使三株口服液迅速进入市场，销售量节节上升。然而，随着公司规模的不断扩大，一些问题逐渐暴露出来了。面对在“前线作战”的数千个大大小小的指挥部，总部感到鞭长莫及，下面各市、县的子公司和营销公司越来越指挥不动。种种夸大功效、无中生有、诋毁对手的广告事件频频发生，仅在 1997 年上半年，就因“虚假广告”等原因而遭到 10 余次起诉，严重地影响了三株的声誉。1997 年开始，三株口服液的销售额急剧下滑，比 1996 年减少了 10 亿元。

三、突发事件

1998年3月31日，湖南常德市中级人民法院作出一审判决：因为消费者陈伯顺喝了三株口服液后导致死亡，由三株公司向死者家属赔偿29.8万元，并没收三株公司非法所得1 000万元。一时间，各种媒体纷纷予以报道。“8瓶三株喝死一老汉”、“谁来终结‘三株’?”、“三株红旗还能打多久?”等爆炸性“新闻”，不时出现在200多家报纸、杂志上。面对这一突发性意外事件，三株公司措手不及、匆忙应对，但效果不佳。4月份，三株口服液销售额就从上年的月销售额2亿元下降至几百万元，15万人的营销大军，被迫大幅裁员至不足2万人，生产与销售陷入停顿，总裁吴炳新坐立不安，到处救火，疲惫不堪。据三株公司介绍，官司给三株造成的直接经济损失达40多亿元，国家税收损失了6亿元。

这场官司对三株公司的冲击很大。令总裁吴炳新意想不到的是，有的子公司、营销公司负责人在这紧急关头竟然趁机销毁账目、携款潜逃，营销队伍涣散，大量产品积压。更为严重的是，消费者对三株公司和三株口服液失去了信心。

四、总裁的自我剖析

面对失败，总裁吴炳新闭门思过，进行了深刻的自我剖析。他总结了三株十五条失误，其中关于渠道管理的有：

（1）营销管理体制出现严重不适应。集权与分权关系没有处理好。1997年初，尝试放权，但许多子公司不会用权或者滥用权力现象严重。

（2）大企业“恐龙症”严重，机构臃肿。各体系、各中心画地为牢,演变为“诸侯割据”的局面,总部的经营战略无法有效贯彻。一些子公司欺上瞒下,谎报业绩,使信息沟通发生严重偏差。

(3) 创新精神殆尽。放权以后，总部对子公司的控制减弱，部分干部工作懈怠，贪图享受。有的经历一年下来，没有下过几次市场。

(4) 浪费现象极为严重。缺少效果分析，许多广告都“打了水漂”：子公司巧立名目，从总部套取广告费，然后有的用来低价冲货，有的用来发奖金，广告费没有真正发挥出作用；吃回扣现象很普遍；人员膨胀，业务费用做劳务费，且内耗严重；行政费用惊人。

(5) 财务管理失控，财务与营销脱节。尤其在总部，企划中心只知道各公司的销售量，对其综合经营状况、盈亏情况一无所知；子公司呆账严重，“亏总部，富个人”现象很普遍。

(6) 市场监控不力。子公司缺乏核算意识，不计成本投入；冲货现象严重；广告制作的品味、档次、质量不高，可信度下降，随着夸大产品疗效，引起消费者反感；为宣传而宣传，对市场需求变化不做研究，这是最大的失误。

讨论题

1. 试评价三株公司自建销售网络的利弊。

2. 你认为三株公司销售网络的理论设计是否合理？实际运作为什么会出现问题？按照你的意见应当如何进行渠道管理？

3. 有人说，三株公司的失败是因为突发事件引起的，你同意这个观点吗？为什么？

4. 以这个案例的材料为基础，试提出企业危机管理的基本思路和对策。

2001 年 12 月

案例 12

永威摩托车有限公司

刘志超　黄　驰

2000年3月15日，松江市永威摩托车有限公司召开了营销工作会议。会议的中心议题是2000年营销工作落实产品细化、市场细化和网络细化问题。根据市场的发展和竞争的需要，永威决定在2000年加快网络建设的步伐。营销网络建设的目标是，加速经销网点的开发工作，在一年内使公司的销售网点达到800个。使公司的营销网络更好地适应摩托车市场的变化。集团公司要求营销公司要认真做好规划和部署，把工作具体化。

一、公司简介

松江永威摩托车有限公司是一家中外合资企业，是广东省重点摩托车生产企业之一。公司创办于1992年10月，1993年2月经国家批准立项，同年7月经广东省政府批准，与美国、台湾等外资企业合资成立了永威摩托车有限公司。1994年7月经国家主管部门批准，建立了和台湾光阳工业股份有限公司的技术合作关系。目前，公司产量在全国同行业居第22位；1997年被广东省统计局列入独立核算工业企业产值最大前50名；1998年12月通过了ISO 9002国际、国内双认证，同年被国家统计局列为

《中外合资企业500强》第181位。目前，公司拥有固定资产1亿元，年产值12亿元，利润6 000万元。

公司产品多次荣获“消费者最喜爱产品”等称号。技术是发展的保障，人才是发展的基础。公司现有员工一千余人，其中大专以上学历占30%，具有良好的人才基础。公司还与大学合办MBA班，以提高中高层管理人员素质，各类专业培训也已规范化、制度化。

公司贯彻“管理以人为本，质量以严为纲，以质量创品牌，以品牌占市场”的质量方针，树立“目标、责任、实干、绩效”的企业精神，以质量、服务赢得市场，以管理和培训增强实力。立足长远、展望未来，在公司2000～2004年五年计划中，永威摩托车有限公司将拥有员工1 500人以上，届时产量将达到30万辆，发动机20万台，产值30亿元，税利6.2亿元，固定资产7亿元。成为具有国际先进水平，集开发、生产、经营为一体的一流摩托车制造企业。

目前，公司正积极开展工作，准备在海外上市。

台湾光阳工业股份有限公司实力雄厚，其中低排量摩托车的生产和销售居于国际前列。并且，光阳机车的主流车型与核心技术十分适合中国内地市场。而永威摩托车公司正是光阳公司在中国内地的首家合作企业。

通过与光阳公司建立技贸合作关系，永威公司不断引进适合国内市场的先进车型、生产技术和管理方法，迅速在国内摩托车生产行业中占据一席之地。产品销往全国各地，特别在摩托车消费较旺的广东、浙江、湖南、山东等省份均占有一定的市场份额，而广东更是其最为主要的销售市场。

二、中国的摩托车市场

1. 市场概述

中国的摩托车工业自1978年国家实行对外开放政策以来，得到迅速的发展。特别是在90年代中前期，更是摩托车行业的高速发展阶段。1991～1995年，摩托车产量年平均增长速度超过50%，并于1993年超过日本，成为世界瞩目的摩托车产量第一大国，到1997年，年产总量突破千万辆，占世界当年产量的43%。截止至1999年底，全国累计产量6 631万辆。

目前，我国摩托车社会保有量为5 100万～5 200万辆，尽管总量很大，但与巨大的人口相比，千人保有率仅有42.5～43.5，这个水平，即使在发展中国家中也是比较低的。据专家预测，今后10年内国内摩托车保有量将达到1.1亿～1.2亿，再考虑每年的旧车更新、产品出口等，在今后10年内，每年约有接近1 000万辆的市场需求空间，潜力十分巨大。

在市场的地域分布上，有一个明显的特点，就是分布不均衡，中国的摩托车市场发源于大中城市，扩展于沿海先富起来的省区，因此在保有量分布上和内陆地区有很大的差异。据市场调查，广东、浙江、苏沪、山东、福建、川渝地区的摩托车约占全国总量的一半，而其他地区加起来也只是占到一半。随着国家对中西部地区经济开发的政策倾斜以及摩托车市场逐步由城市向农村转移，1997年以来，华北地区市场以及河南、辽宁等地区需求日趋旺盛。这些地区地处平原地带，有良好的摩托车驾驶地理环境，市场前景十分乐观。根据这一趋势，预计未来几年市场将以8 000元以下的中低排量摩托车为主流。

2．市场的竞争格局

巨大的市场吸引了众多的厂家纷纷进入摩托车生产行业，到1999年底，在国家监管部门正式登记载入目录的摩托车生产企业达到160多家，此外，还有数以百计没有列入目录但仍在进行生产的大大小小的厂家。

长期以来，中国的摩托车生产行业以大型国有企业为主导，主要有济南轻骑、洛阳嘉陵、重庆建设等国有大厂。这些大厂多是由军工企业转产民用产品，生产规模大，拥有比较强大的技术队伍，而且很早就进入到摩托车行业，在早期的发展中占着绝对主导的地位，也带动起国内整个摩托车行业的兴旺。但是，这些大厂尽管规模庞大，有丰富的生产经验和强大的技术队伍，但由于机制比较呆板，市场意识不强，很少投入精力进行新产品的研发工作，生产车型单一，以低排量摩托车为主。直到80年代后期，一方面，许多合资企业、民营企业进入到摩托车生产行业中来，使市场的竞争程度大幅提升；另一方面，人民生活水平不断提高，消费需求日趋多元化，国有大厂受到比较大的冲击。这也促使这些国有大厂开始调整思路，或是转变自身的市场策略，或是与国外的著名品牌进行各种形式的合作。这些调整使国有大厂得以进一步的发展，但总体发展速度仍然滞后于行业的平均发展水平，市场份额不断被合资企业和民营企业占去，特别是1995年以后，摩托车市场由卖方市场转为买方市场，国有企业多数出现负增长。但尽管如此，济南轻骑、洛阳嘉陵这两家老牌大厂仍占据着行业产量的前两位，而浙江钱江摩托的持续增长，更昭示着国有企业也可能在市场的风浪中前进。应该说，国有企业目前仍在中国摩托车生产行业中占有举足轻重的地位。

国有大厂，在长期的发展中建立起庞大的销售服务网络，网点建设十分齐全，在全国各地均有实力比较强的代理经销商。近几年，又发展了品牌专卖店形式，结合配套的销售服务点，在销售渠道环节占有比较大的优势。不过，随着合资企业、民营企业逐步建立起自身的销售网络，国有大厂的优势在一些地区有所削弱。

摩托车合资生产企业，是80年代末90年代初才开始出现的一股力量，主要是日本的本田、雅马哈、铃木，台湾的光阳、三阳等品牌在中国的合资合作企业。其凭借国外品牌先进的工业技术、造车理念与国内低廉的生产成本、优惠政策相结合，迅速地在中国摩托车生产行业占据了相当的市场份额，特别是在中高档车市场上占有绝对优势。合资企业拥有卓越的品牌、强大的产品研究开发能力、良好的质量控制生产体系以及成熟的市场营销运作方式，这些都决定了合资企业在未来的市场中具有相当强的竞争力。

但是，合资企业产品定位相对高档，而国内由于越来越多的城市对摩托车采取“限牌”、“禁牌”政策，市场重点逐渐向中小城市及农村市场转移，消费者的消费能力与其定位有一定的差距。更为严重的是，由于当前国内法制体系尚未健全，摩托车行业仿冒成风，合资企业花巨资开发或者引进的新车型，往往一投放市场就被大大小小的其他厂家仿冒抄袭。尽管近年来政府与企业屡屡联手打击仿冒，保护知识产权，但成效仍不明显。此外，合资企业也存在自身的不足和相互之间的竞争。如日本合资企业款式推陈出新比较慢，日方在商标和知识产权上的收费十分昂贵，在一定程度上削弱了其合资企业的竞争力。而台湾合资企业则由于市场投放过滥，使其品牌迅速平民化，降低了品牌的附加值和市场信赖力。而且，往往是同一品牌的不同合资厂家因为产品、技术、设备等方面十分接近，存在着更为激烈的市场竞争。这些都是合资企业所必须面对的严峻问题。

合资企业的销售渠道建设大都采取专卖店和区域总经销两种

形式，这些企业营销手法比较成熟，在经销商选择、店面布置、产品陈列、广告投放以及促销活动等方面均比较配套，网点的销售成绩一般比较好。但由于建设成本相对较高，网点内分布的广度和深度还不够，特别是随着摩托车市场向农村转移，如何把产品卖到地域分散的农村市场，将是合资企业面临的一大难题。

私营企业很早就在摩托车生产行业中出现，但一直停留在简单作坊式的生产，形成不了规模，但由于厂家数量众多，分布分散，在各地的低价位摩托车市场上也占有一定份额。近几年，以重庆地区的力帆摩托、宗申摩托为代表的一批私营企业迅速崛起，成为行业中极为引人注目的一股力量。这些私营企业有灵活的机制，领导人知人善用，经营理念先进，营销方式多样化，在市场上四面出击，表现出旺盛的生命力和巨大的发展潜力。另一方面，许许多多的小型私营企业，则将目标专注于某些局部市场，特别是大厂家无暇顾及的城乡结合部和村镇，用价格低廉的产品蚕食这一部分市场。不过，由于过于追求价格低廉，这些私营企业产品质量往往没有很严格的控制标准，而且，在车型以及生产技术上，也往往仿冒其他厂家，这也是造成当前国内摩托车生产行业混乱竞争的主要原因。因此，对私营企业的规范管理，将是进一步规范国内摩托车生产行业的重要方面。

众多的生产厂家，构成了中国摩托车生产相对混乱的竞争格局，市场上没有绝对的领先者，各个品牌在不同的地区有不同的市场占有率。而根据有关部门的调查显示，生产集中度还在不断地弱化（如表 1 所示），这一情况反映出一批原来的中小企业发展较快而大企业却裹步不前。

表 1　行业生产集中度（同产量级生产厂家数目）比较表

	100 万辆	80 万辆	60 万辆	50 万辆	40 万辆	30 万辆	20 万辆	10 万辆
1997 年	2 家		4 家		7 家	9 家	14 家	22 家
1998 年		1 家	2 家	4 家	5 家	9 家	13 家	21 家
1999 年		2 家	4 家	5 家	8 家	13 家	17 家	30 家

3．市场的发展趋势

中国摩托车市场容量巨大，前景诱人，但由于市场厂家众多，目前行业的生产能力明显过剩，进入买方市场。大大小小的生产厂家在生产上的竞争趋于白热化。而且由于一直以来，除了少数比较规范的合资企业自己引进或者开发新产品外，绝大多数的生产厂家都互相仿冒。这使得生产厂家难以在产品上确立自身的独特优势，纷纷把降价作为竞争的重要手段，整个摩托车行业陷于混乱的价格战之中，而多数生产厂家也处于微利和亏损的边缘。面对这一严峻形势，许多生产厂家开始采取措施调整策略，使市场的发展出现新的趋势：

生产企业之间的竞争在规模价格大战的基础上开始展开新一轮的比品牌、质量、价格、售后服务及销售方式等方面的综合竞争。许多生产厂家，大的像济南轻骑、重庆建设，中的像海南新大洲、珠峰摩托以及众多的小厂，纷纷通过完善销售网络、开展公关促销活动等各种方式提升自己品牌的竞争力。

摩托车的主要市场转移到农村和中小县镇地区。随着农民收入增加，既是交通工具又是生产工具的摩托车将成为新的消费热点，农村市场将成为摩托车行业新的增长点。自 1999 年以来，农村市场摩托车一直旺销正是这一趋势最好的例证。

随着摩托车消费市场由大都市向小城市、县城和农村市场的转移，消费者购买的地点也发生了较大的变化。过去的摩托车销售主要集中在大城市、比较有名的摩托车集散地，现在转向县城、乡镇，有的地区辐射到乡镇之下的管理区。销售网点的多少已是衡量一个企业销售能力的重要指标。此外，随着摩托车企业对营销网络的重视，生产企业也加强了对摩托车销售网点的指导、促销规划工作，如售卖点的广告、企业形象墙、联合促销等等。

销售点销售人员的推荐、介绍对摩托车的销售有很大的影响。有些消费者初次购买摩托车，由于对摩托车知识了解不多，购买时要请已经购买摩托车的朋友帮忙选购，也有的消费者请摩托车维修店的师傅前来帮助选购。

加入 WTO 后，国家监管部门加强对知识产权的保护力度，不断促使行业的规范化发展。如 2001 年在行业内有一定知名度的上海飞羚、广东鸿新就因为侵犯了其他公司的知识产权而受到法律的制裁。而在去年年末的北京国际摩托车展览会上，更有企业因为侵权而被撤走展车。这些现象都证明，国家规范行业竞争法则，保护知识产权的决心相当大，行业内的仿冒风气将得到扭转。

三、永威摩托的产品和营销状况

1. 永威摩托的产品情况

永威摩托公司目前已上国家摩托车目录的产品有 39 种，其产品定位中高档，价格从 6 000 元到 15 000 元不等。产品主要集中于市场需求最为旺盛的 125mL 和 100mL 两种排量的摩托车(见表 2)。除了生产整车以外，公司还将产品线向前延伸，市场摩托车的主要配件，如发动机、车架等。已开发的 12 种新车型

2000 年内将通过国家鉴定，另有 6 种型号的发动机取得了生产许可证。

表 2　近年摩托车排量所占比重统计表

类别	1996 年	1997 年	1998 年	1999 年	2000 年一季度
总产量（辆）	9 205 185	10 037 403	8 789 427	11 497 554	2 638 888
100mL 所占比重（%）	24.23	27.00	29.45	29.31	29.26
125mL 所占比重（%）	19.84	23.34	30.15	39.51	43.76
合计（%）	44.07	50.34	59.60	68.82	73.02

永威摩托公司一直十分注重产品质量，秉持“以质取胜”的经营理念，树立永威摩托的品牌。一方面，公司内部生产严格贯彻执行质量管理标准，并于 1998 年通过了 ISO 9002 国际国内双认证。另一方面，公司还严把配套厂家的质量关。永威人深知占生产成本 95%的配套件对产品质量有着举足轻重的影响，光有良好的内部质量管理，而没有高质量保证的配套件的话，一样无法生产出优质的产品。因此，永威摩托公司建立了配套厂家电脑档案，全方位考察其生产能力、技术水平、工艺方法、人才结构、信用程度，经过公司确认之后，再由台湾光阳的专家把关考核合格才能成为配套厂家。而每一批配套件从定货、入货到上生产线装配，更是经过一系列严格的抽检和全检，形成了一套完备的质量试验检测体系。

为了确保产品质量，永威摩托公司投入大量的资金，进行生产条件和人才队伍的建设。公司创立几年来，永威公司一直致力于发展完善生产条件，建起了占地几十万平方米的现代化厂房，生产线的年生产能力达到整车 20 万辆、发动机 15 万台、车架 15 万套，新引进的具有国内先进水平的塑料件成型和涂装生产线即将投入使用，各种先进的计量测试仪器配备到位，此外，覆盖公司各部门的电脑网络也已建设完成。另一方面，在人才队伍的建设上，公司更是在人员培训上投入巨大。全公司 1 000 多名员工每年接受各类培训平均达到 4.9 次。另外，公司还与华南理工大学合办了高级 MBA 研修班，目前已有 16 名中层以上干部修读完成，第二批 MBA 研修班正在进行。

内部软硬件的建设确保了永威摩托公司的产品质量达到较高水平，产品一次下线合格率保持在 95% 以上，各项技术指标与台湾光阳的原装进口产品不相上下。产品质量成为永威摩托的核心竞争优势。但是，长期以来内部建设的巨大投入也占去了公司资金的相当大部分，使公司在其他方面的资金调配都比较紧张。此外，由于永威公司对产品质量要求相当高，因此，在新产品的开发上也采取保守稳健的做法，每一款新车都必须经过严格的技术检验和道路试骑合格之后才能投放市场。这一做法一方面保证了永威摩托的质量水平；另一方面，也使得永威公司推出新车型的周期比较长，相较于其他厂家层出不穷的新款车型，显得有些款式单调、过时。

2. 永威摩托的品牌策略

永威摩托公司作为台湾光阳公司在内地的首家合作企业，其产品有很大一部分是台湾光阳的进口件组装车。因此，永威摩托一直以“永威—光阳”的联合品牌向市场推广，由于光阳机车是比较早进入中国内地市场的进口品牌之一，消费者对其产品的质量性能等各方面均比较认可，“光阳”品牌在消费者中有比较高的知名度和美誉度，因此，采用“永威—光阳”联合品牌对永威摩托早期顺利进入市场起到很大的作用。不过，因为消费者普遍比较注重产品的“光阳”牌子，所以经销商在向消费者推介“永威—光阳”摩托车时，也就着重强调其“光阳”部分而有意无意地弱化“永威”这一厂家的自身品牌。甚至在有些地区，消费者认为永威就是光阳，买车就买光阳车。由于这一做法在早期确实对永威摩托车的销售有帮助，因此厂家也就一直没有要求经销商对“永威”的自身品牌进行宣传。

但是，随着台湾光阳公司在大陆先后又设立了三家合资、合作企业，加上大量投放发动机及其他零配件，使很多大大小小的组装厂家也打着“光阳”的旗号推出产品。这些摩托车质量性能水平参差，产地迥异，但都以“光阳”牌子作为卖点，消费者难以区分，这使“光阳”的品牌形象及附加值大大打了折扣，而永威摩托尽管产品质量上乘，但由于一直没有强调自身品牌，无法与其他厂家有效区分，也只能陷入混乱的市场竞争中。这一问题，也普遍存在于台湾品牌（光阳、大阳等）的合资企业中，而相比较，日本品牌（本田、雅马哈、铃木等）的合资企业就更注重自身品牌的宣传，如广东的“五羊—本田”，重庆的“建设—雅马哈”等联合品牌，就既有效地利用了进口品牌的知名度，又确立了自身品牌，在市场竞争中逐步确立自己的品牌优势。

除了“永威—光阳”摩托车之外，永威公司还在 1999 年运用光阳技术，独立研制开发了“永威”品牌系列摩托车。这一品牌系列产品定位中档，沿袭永威一贯的高质量标准，以相对较低的价格推出市场。这一新的品牌系列摩托车将作为公司面向农村市场的主要产品。

3．永威公司的销售网络

永威摩托公司采用区域总经销制，建设自身的销售网络。刚刚将重点开发的省区市场，如广东、浙江、山东、湖南等地区划分成数十个区域，在各个区域设立区域性销售机构，每个区域均有专门的销售人员负责筹建新网点、管理老网点，与经销商沟通、调配资源以及售后服务等工作。在经济发达地区，如广东省东莞市，每个镇都有一家永威摩托销售点。目前，公司已建立了30多个区域性销售机构，拥有400多个销售网点及与台湾光阳合作的300多家特约维修站。

在网点建设上，永威公司贯彻销售、市场、服务“三位一体”的策略。由区域销售人员采点，在区域内已有网点覆盖不到的盲点中选择市场空间大的作为备选点，再由市场部进行综合调查，最后确定设点，并选择当地实力较强的经销商作为代理销售商，同时市场部制作形象广告，销售部确保产品到位，服务部保证零配件到位，落实维修服务人员。

除了设立销售网点，永威公司还十分注重售后服务同步到位。永威人认为，售后服务质量是产品质量的延伸，因此，永威公司与光阳公司合作，组建培训了一支技术过硬、吃苦耐劳的维修服务队伍，分派到各地的特约维修点，确保产品销售与服务相配套。

在激烈的市场竞争面前，营销网络的建设已是各个厂家争夺市场、提升自己的竞争能力的一个重要途径。实力强大的厂家都在竭尽全力抢夺销售网点，规划对销售网点采取的激励和控制措施，准备制胜在网络终端。尽管永威公司在销售网络的建设上花了很多功夫，取得了一定的成绩，但是与永威的地位还很不相称，网点的数量还远远不能满足要求。还有不少地方不尽如人意。首先是永威公司新网点的建设周期比较长，所以销售网络的铺开速度往往滞后于市场的发展，与其他竞争对手相比也有差距。销售网点数量少，已经严重影响了产品在市场上的推广速度；其次是区域销售人员全面负责该地区的网点管理服务工作，其个人能力就成为永威产品销售的重要因素，往往一个销售人员工作不力，就会导致一片区域产品销路不旺；此外，由于在各地采用的都是独家经销制，一个地区选择一家经销商销售永威的产品，而各地的经销商有大有小，很多中小型的经销商由于资金的限制，只经销几个品种的永威摩托，从数量上、品种上都不能满足消费者和厂家的要求。这些问题，都是永威公司进一步完善销售网络所需要考虑的问题。有鉴于这种情况，永威摩托公司已经下决心加快网络建设，在今年底之前建成800个销售点。

四、永威摩托的机遇与挑战

经过几年的发展，永威摩托公司已经积累了一定的实力，而且发展的方向也是正确的。现在，永威摩托公司在生产条件、人才队伍上已经打下了比较扎实的基础，在一些市场开发比较早的区域，消费者对永威摩托的质量也比较认可，开始树立起一定的品牌知名度。但是，仅仅停留在现有的程度是远远不够的，行业的竞争日趋规范化，但其激烈程度却在不断上升。新一轮的竞争将使行业更集中于少数实力超群的大企业，永威公司，只有不断地提升自身的综合实力，才能在竞争中获得优势，跻身行业的前列。

永威的高层管理者们对未来充满着憧憬，但他们也时刻感受到身上的沉重压力，他们觉得永威摩托公司还要面对很多问题，并且要采取有效的办法迅速加以解决。

讨论题

1．你觉得他们要解决哪些问题，轻重次序如何？

2．如何实现建设800个销售网点的目标？需要哪些配套措施？

3．提出你的整套解决方案。

案例13

伊利集团的分销与库存系统改造

李　业　王宏伟

一、伊利集团概况

伊利集团是全国乳品行业龙头企业之一，也是国家经贸委评定的全国520家重点工业企业和国家八部委确定的全国151家农业产业化龙头企业之一。1993年2月16日，伊利集团前身呼市回民奶食品总厂进行股份制改造，正式成立内蒙古伊利实业股份有限公司。1996年3月，伊利股票在上海证券交易所挂牌交易，同年7月被上海证券交易所评为"30"指数样本股和"中证·亚商中国最具发展潜力上市公司50强"。1997年2月，伊利公司对内蒙古青山乳业公司进行控股，正式成立内蒙古伊利集团。公司地处内蒙古大草原，主要产品为乳制品深加工产品，包括雪糕、冰淇淋、奶粉、无菌牛奶以及各种鲜牛奶和牛奶饮料。近年来，为了拓展业务，又增加了速冻食品、面食和矿泉水等产品。伊利集团自成立以来，一直保持着经济效益的稳步增长，2001年，伊利股份主营业务收入达27亿多元，利税总额达3.4亿元。伊利股票每股收益为0.82元，在全国1175家上市公司中排名第8位。2002年上半年，公司完成主营业务收入20多亿元，比去年同期增长了54%，每股收益达0.48元。为进一步提高企业核心竞争能力，伊利集团通过收购、兼并、资产重组、托管等方式先后在内蒙古中西部地区和北京、上海、黑龙江、河北等地建立了自己的生产基地，初步完成“中国伊利”的战略布局，先后组建了扎兰屯伊利乳业有限责任公司、杜尔伯特伊利乳业有限责任公司、伊利实业集团股份有限公司北京乳品厂和廊坊伊利乳品有限责任公司等。伊利集团面对经济全球化的挑战，提出“用全球的资源，做中国的市场”，2001年3月，伊利集团引进丹麦海耶公司国际最先进的全自动冰淇淋生产流水线项目投产。同年5月，伊利集团与德国历史最悠久的婴儿食品生产商——托菲尔（Topfer）公司共同组建中德合资伊利婴儿乳品有限公司。

伊利有着精干的领导层，它的高层管理班子只有4个人：总裁、副总裁、党委副书记、监事会主席，这使得伊利集团的决策快速而高效。另一个体现管理特色的是伊利的20条对内部职工制定的规定，每条规定的头两个字几乎都是“不许”，而且严格按照制度进行处罚，员工称其为“天条”。正是在这种精干的领导层领导下的特色管理，伊利保持着高速的发展。然而，市场接近饱和，整个行业开始进入平台期。随着市场竞争日趋激烈，企业规模的快速扩大，管理的难度也越来越大。面对新的挑战。伊利集团真正感觉到了通过现代管理手段提高营销、库存、生产管理能力和水平的必要。

二、MRPⅡ演习

1996年那次“MRPⅡ演习”给伊利人（特别是管理层）以深刻的“教训”。自此，伊利的管理层开始认真地思考：企业进行科学高效管理的切入点在哪里？适合的方式又是什么？

1992～1996年期间，伊利的产品以雪糕为主，雪糕的生产占到整个集团业务的85%。因为雪糕这种商品具有十分明显的季节性，淡季和旺季分明，所以在这段时间，伊利是一个不具备“缓冲力”的企业。这也充分暴露了伊利集团产品线单一、企业缺乏抗风险能力的弱点。为此，伊利于1996年投资建设了当时全国最大的冷饮生产线，开始迅速扩大企业规模。

随着伊利集团业务的增长和企业规模的扩大，伊利集团已有三种产品：液态奶、奶粉和冷冻产品，因此也就有了三个事业部，并且是相互独立经营运作、独立经济结算的。然而，制作雪糕、冷饮并没有太多的技术含量，所以，伊利想要提高自身的竞争力，就必须通过整合企业资源、避免资源浪费来降低生产成本。于是，1996年，伊利投资200万元引进并安装了一套MRPⅡ系统。然而，这套系统虽然解决了一些原料进货和库存的问题(例如由于乳制品报废的损失降低了近10倍)，但它并没有完全达到预期的目标，一直都存在着问题。

据伊利集团的有关领导分析，实施MRPⅡ系统的一个主要问题是缺乏数据的支持。有这样一个例子能清晰地反映出这一问题：在伊利中层领导开会讨论关于下一季度或年度的生产和销售计划的时候，最常见的事情就是底气不足、论据不充分。因为有的人认为应该计划增加40%，有的人又认为应该计划增加50%……当再详细探听理由时，基本上又都是以“去年或上个季度的销售情况不错，看发展态势也不错，总应该比去年或上个季度要强吧”为由。可见，没有确实的数据支持，缺乏对自身业务数据的分析，结果使一些关键的决策（如生产计划、销售计划等）没有遵循科学的流程，更别说了解市场、分析市场，乃至采取各种手段应付市场的变化了。

为解决上述问题，伊利高层管理者于1998年到南方考察了一圈。回来以后，便开始讨论企业内部信息化建设的问题：如何搭建企业内部的信息化平台、实施监控企业生产销售过程中的数据、分析竞争对手、电子化业务流程、提高工作效率等等。实际上，这个时候才是伊利真正开始从信息化建设的高度来考虑改造企业的业务流程和管理模式。所以可以说，MRPⅡ系统的实施是一场伊利信息化建设的演习，而这场演习着实让伊利人花钱买到了“教训”。

三、建立基于 Internet 的管理信息系统

像很多大的企业的发展史一样，伊利也是从产品经营阶段走向资本运营阶段，再到现在的品牌经营阶段，这样一步一步走过来的。规模扩大、业务繁多，信息技术就成为重要的手段。伊利从自身的业务特点出发，选择了从分销及库存管理环节入手，开始整合销售业务流程，拟建立一个面向全国的、基于 Internet 的集中式管理信息系统，从而将各事业部、分子公司、经销商、各级代理、各个商品仓库、各个生产厂的产成品库存有机地、畅通地衔接起来，以达到与市场的“绝对亲密接触”。

于是，伊利集团从 2000 年底开始进行信息系统改造和建设。该由谁来做呢？对于一个传统产业的企业来说，要想自己独立完成开发、实施、应用这样的系统所要面对的难题实在是太多，人才、时间就是其中最关键的两个难题。目前，伊利集团的信息技术方面的人才也只有不到 30 人，而且相对而言，他们的专门作业能力并不强。其次，伊利一直是以“领跑战术”作为主要竞争手段，不论是从产品上还是从技术设备上都要走在行业内的最前线。因此，时间上的领跑一定程度上决定了竞争优势。于是，伊利决定选择外包的方式，采用伟库网提供的 ASP 平台产品及服务，实施并运用分销系统及库存管理系统。

当然，在实施这套系统的时候，传统业务流程显然在很多方面与现代的业务流程存在差异。在处理这些差异的时候，伊利采

取了“尽量改变”的态度，逐渐改变过去，多联传票的传递，代之以信息流的传递，使业务的处理速度加快，流程变得更加清晰，在此基础上将有可能改变现有的部分手工处理流程。当然这并不就意味着伊利要大动干戈了，而是系统的整体思路仍然按照伊利的管理特点来量身定制，只是在某些具体的业务环节上有所完善和补漏。用友伟库网与伊利人通过密切的合作，根据伊利内部的一些传统的流程、习惯等反复修改，成功开发出了现行的分销与库存系统，它的界面和最开始界面相比，70%多都不一样了。

四、销售业务流程的整合

目前，伊利集团在全国有三大业务事业部，然后按照地区的分布又分为几个大区，在全国共有近百家分支机构和销售办事处，生产厂有近 30 家，而要面对的各种代理商和经销商也达到了 5000 家左右。面对如此庞大的销售渠道体系，没有好的管理手段就只能走向混乱，进而也就会影响到企业的生产经营等各方面。

伊利将这套系统应用在有效地管理其供应链中的下游方。首先，伊利集团各大区事业部将直接面对其所有的排名 TOP 的大客户、分销商、分子公司。譬如，这些大客户的定单直接下到大区事业部。然后又从区总部根据定单的内容决定应该分配到具体的相应的分子公司，并且根据各分子公司各地的库存情况来调配。然后再由这些具体的分子公司实现为客户配送和服务等环节。例如，通过业务流程的改变，在实现了新的系统的应用之后，北京奶粉的郊区业务、市区业务的定单都将通过区域经理审批，并报送大区经理批准后发送到总部；而在过去，大区经理无法做到审批。首先是因为双方在不同的区域；再者是因为没有可以实时的各种库存、销售、应收等各类数据的参考。

这套系统的实施在一定程度上解决了如下几个问题：其一，随时有单随时处理，不受时空限制，完全避免了人为因素可能造成的延误等后果；其二，避免了以前客户需要和不同的伊利的事业部的分子公司打交道的比较混乱的局面，而中间的各种环节也自然相对简单明了了；其三，从资金上，解决了三个独立的事业部为应收款如何收的问题而"争斗"的问题，从系统中自然很清楚地标明了每家应收的具体数字。

五、库存管理

目前伊利集团在全国共有大约 60 个仓库。由于不同事业部经营的产品的特性不同，因此对仓库的要求自然也不同。实时网络化库存管理系统可以保证产品运行周期大大缩短，尤其是保证牛奶这种特殊产品的新鲜。譬如说，液态奶由于保质期只有两天，基本上在从产品下线后就不进入企业的生产仓库，而直接进入物流配送中的仓库或在非常短的储存后就进入到流通领域。而且，由于伊利的冷饮及液态奶产品有很明显的淡、旺季之分，因而能在旺季来临前有足够数量的产品的储备以及淡季有合理的储备量就都显得非常重要。因此，对于物流配送中的库存管理的要求非常严格。

通过这套系统的建立，伊利希望能建造一个全国性的一体化仓库，将全国仓库统一管理，并实现仓储商品的合理调配。目前一般的较为有效的库存管理方法是 ABC 分类，未来系统将能实现仓库群单体和整体的存量 ABC 分类。为此，伊利集团最近还招标购进了 300 台电脑，准备放置在全国的各个分仓，使每个分仓都能在这套系统上运作，并实现实时的数据监控。目前伊利的管理者能从系统中看到全国各个事业部库存的总金额和各个商品数量分布（以便商品调配），各个地区每种商品的存量 ABC 分类，全国每种商品存量 ABC 分类，每种商品安全存量以及每种商品批次的保质期管理等。

企业对于信息技术的需求应该切实地从企业业务需求出发，然后带动起其他环节的发展和完善。这样的作用不是“推动”而是“拉动”，效果显然会不同。伊利就希望通过对销售系统和物流系统有科学化的管理，以实现对市场的紧密跟踪，紧紧抓住市场的脉搏。

讨论题

1. 伊利集团为什么要改造分销与库存系统？
2. 分销与库存系统改造的难点是什么？
3. 试讨论企业营销管理与信息化建设之间的关系。
4. 伊利集团的分销与库存管理系统还有什么功能可以开发？

2002 年 8 月

案例 14

温氏猪肉如何开拓广州市场

刘志超 陈 艳

楔子

“温氏的发展，需要向更为广阔的市场进军！”在年初的高层决策会议上，温氏食品集团的副总裁温志芬说道，“集团自创办至今，一直能够保持稳定高速的增长势头，这归功于温氏在发展中形成了具有自己特色的卓有成效的经营模式，确保了我们的产品在市场上有较大的质量水平和成本优势。但是，到了目前这一规模，我们如果仍然停留在产量的递增，将难以再适应集团发展的需要了。我们必须找到更为广阔的生产空间，提高我们产品的附加值，才有可能把温氏集团带到更高层次的发展平台！”

温志芬，这位温氏集团的第二代领导者，毕业于华南农业大学动物科学系，在集团中分管科研开发工作，几年来苦心经营，并通过与母校合作，创造性地将高校的科研力量与企业实际运营完美结合，为温氏食品集团打造出科研领先的核心竞争优势。现在，随着集团的不断发展壮大，温志芬也不断地充实提升自己的经营管理水平，利用周末攻读华南理工大学工商管理学院的EMBA学位。通过理论与实践的相互印证，温志芬不断思索着集团进一步发展的方向。经过深思熟虑，他在这次会议上提出了自己的见解。

一、温氏食品集团简介

位于广东省新兴县山区的温氏食品集团有限公司成立于1983年，经过两代领导人及全体员工十几年的努力，公司由最初的7户农民8 000元创办的勒竹鸡场发展成为广东省最大的肉鸡生产基地，也是全国最大的三黄鸡、竹丝鸡饲养集团，先后在广东、广西、福建、江苏、河南、湖北、湖南等省（区）以合资的方式设立了多个一体化的分公司。如今的温氏集团已是一个以养鸡业、养猪业为主导，兼营水产养殖、肉品加工、动物保健药品生产等多元化、跨行业、跨地区的大型企业集团，位列全国农业企业150强，在广东省排在第一位。2000年，温氏的主导产品，肉鸡和肉猪的年产量分别达到了1.38亿只和13.4万只，肉鸡更是占据了广东市场份额的15%～20%。

温氏集团之所以能够获得如此迅猛的发展，归功于温氏人在经营中摸索出来的一套卓有成效的“温氏模式”。

1. 科技先导

十几年来，温氏人深知科技力量对于企业发展的决定性作用，始终坚持以科技为第一要素。集团的三位副总裁中，更有科班出身的温志芬专门负责科技研发。并且通过与华南农业大学动物科学系的合作，温氏集团充分利用高校的研发优势作为自身发展的推动力，以科技为先导，形成了企业在种苗培殖、病害防治、养殖技术等方面的领先优势。目前，温氏集团以华农大派驻到企业的技术专家为核心，培养了一支过硬的技术研发队伍，有效地确保了企业发展的强大后劲。温氏集团的“科技先导”意识不单体现在核心的生产技术方面，在经营管理的其他方面也是如此。例如，温氏很早就在企业内部建设互联网，实现资源共享，提高了管理效率。

2．全员股份制

温氏集团成立之初，就是以股份的形式，有效地团结了一班创业骨干，齐心协力，共谋发展。随着温氏的不断成长，股份制也不断规范成熟，形成了完善的企业内部全员股份制。在温氏集团内部，每一名员工按照职位等级不同，每年都可以认购配送相应的股份，并且允许股票在企业内部流通。由于企业经营业绩稳步上升，温氏集团的股票达到20%～30%的年收益率，员工都非常愿意持有公司的股份。并且在工作中尽心尽力，真正地成为企业的主人翁。而在与华农大的合作中，双方也是在股份制的基础上建立的，由华农大以技术参股。全员股份制的实施，使温氏集团上下一心，形成强大的企业凝聚力，为企业的发展奠定了良好的基础。

3．“企业＋农户”经营模式

养殖行业从产到销一般有种苗培植，饲料生产，产品养殖，产品销售四个环节。一般的企业只是经营其中的一至两个环节，而温氏则是全套经营。但温氏并非简单的纵向一体化，而是有针对性地根据自身的核心竞争优势，掌握关键环节，利用一切可利用的资源，创造了“企业＋农户”的经营模式。即温氏集团利用自身的科技力量和规模经济，将质优价廉的种苗提供给农户养殖，在养殖过程当中温氏对农户进行管理，为农户提供技术支持和出售饲料，进行严格的质量监控，并向农户回购合格的产品。由于这一模式使农户降低了经营的难度和风险，并保证了其稳定的利润，受到了农户的普遍欢迎。

“企业＋农户”的经营模式不但使温氏集团牢牢地控制住产销的各个环节，节省了中间费用，更充分地利用了农户自身的场地和人力资源，大大节省了生产成本和管理费用，使温氏的生产规模得以高速扩张。并且，在种苗和饲料的出售上，还保证了温氏集团稳定的两项利润来源。

“温氏模式”的成功，使温氏集团在产品生产和内部管理方面确立了自身的竞争优势，企业不断发展壮大。但是，由于长期以来，企业的产品都是以初级产品为主，对市场基本上都是被动的反应，很少有主动的营销策略。而随着市场竞争的日趋激烈，省外产品不断冲击温氏的现有市场，加上WTO即将到来，国外农产品转瞬即至。温氏要想获得进一步的发展，就必然需要更加主动地开拓新的市场空间。

二、进军广州市场

随着企业的不断发展壮大，企业领导人开始不满足于单纯的活鸡活猪的销售，转而将眼光投向了附加值较高的农产品加工工业领域。根据这一思路，集团领导一方面继续扩大生产规模，使产量稳步增长，保持规模化经济带来的低成本和高效益；另一方面着手质变，即以科技为后盾，积极探索农产品深加工的路子，实现企业经营战略转变的企业发展方针。其中，质变这一经营方向更受到了集团上下的重视。作为广东省最大、知名度最高、人口最多、消费能力最强的城市，广州理所当然地成为了温氏开拓农产品深加工市场的第一站。

古语云：“知己知彼，百战不殆。”集团领导深谙“不打无准备之仗”的道理，专门抽调人员对广州的鸡肉和猪肉市场进行了认真的摸底调查和细致的分析研究。

1. 禽肉市场

养鸡业是我国养殖业中的支柱产业之一，其利润之高也是世界养殖业中较为少见的。我国目前的禽肉价格高于国际市场价格，一旦中国加入 WTO，面对国外优质洋鸡的冲击，本土鸡的日子将不再安逸，因此也就使得优质禽产品开发生产成为了当前家禽产业的热点。

随着我国经济的发展和人民生活水平、生活质量的提高，在崇尚返朴归真、回归自然，吃出健康、吃出营养的理念下，消费者的消费目标已经由温饱型向美味营养保健型转变。尤其是在广州这样的国际化大都市，这一消费理念已为人们所普遍接受。这种消费趋势的形成使得越来越多原来只重视生产的企业日益关注禽肉产品加工工业。

但是，到目前为止，我国的禽肉消费市场却一直难以扩大，究其原因，主要是由于产品传统化。家禽上市仍以活禽为主，鲜蛋则是全壳蛋。因此，开发加工家禽产品，不仅可以丰富市民的菜篮子，而且还可以提高产品的附加值。现时市面上试销的家禽加工产品，很受消费者的欢迎。例如，广州力康公司批量生产的富硒、富锌保健鸡蛋，甚至供不应求。潮州的茶香鸡、广州的腊鸽、三水的烤乳鸭等，都取得了良好的经济效果。

由于进入禽肉市场的壁垒几乎为零，其中的利润率又比较高，因此，不少企业对此虎视眈眈，也有几家已经有了一定的实力和规模，并有了自己的优势和特色产品。温氏集团在此市场上的主要优势在于：①有稳定的活禽来源，“公司 + 农户”的双赢模式保证了温氏无后顾之忧；②有强大的技术支持，与华南农业大学长期友好的合作使得温氏的产品从饲料、活禽到禽肉产品的品质均有严格的控制和很高的保证；③有自己专门化的肉鸡屠宰分割生产线，设备相当先进，日处理能力可达 20 000 只。

但相应的困难也不容忽视。公司在引进屠宰设备之初就曾经遇见过这样的情况：客户对已经屠宰分割好了的鸡肉不放心，认为其中很有可能掺杂了死鸡、病鸡，结果销售情况并不理想，反而是活鸡的销售情况一直都非常令人满意，温氏的品牌在农户和客户中都已经有了相当的知名度。现在，温氏要进军禽肉加工这一行业，毫无疑问地要利用现有的设备和资源，但是也就必然将要重新面临客户对由温氏自己进行屠宰和加工的产品的信心问题。

2．猪肉市场

虽然当今人们的饮食结构在调整，饮食习惯在变化，饮食观念在更新，饮食取向趋向多元化，但是，猪肉作为最基本的肉类食品之一，为最普遍的大众所接受。庞大的人口基数支撑起来的猪肉消费量是惊人的。仅广州每日供应上市的猪肉，日平均就达8 000头左右。巨大的消费额、丰厚的利润率使得这个市场中存在的绝不仅仅是买肉、卖肉那样简单的交易。其中最突出的就是私宰问题。广州市民每消费掉的8 000头猪里面就有差不多5 000头是私宰猪。这些私宰猪肉经肉贩流入市场，品质极难控制，其中不乏死猪、病猪、注水猪等等，使市民无法吃到真正的“放心肉”。

作为广东省5家入选全国151家重点农业企业的集团公司之一，温氏集团领导人本着“企业也应担负一定的社会道德”的经营理念，决心以自身的实力来填补这一市场空白，实现经济效益与社会效益的“双赢”。但在温氏面前的路并不是阳关大道，至少有四大拦路虎拖住了温氏实施“放心肉”工程的脚步。

首先就是私宰肉的冲击。由于不在定点的屠宰场进行生猪屠宰，这些私宰肉比从正规渠道进入市场的猪肉在价格上要便宜，而且私宰肉获利相对更丰厚，也使得它成为了大多数肉贩的选择。其次是省外猪的冲击。因为外省在劳力、原料、饲料等各个环节上都占有成本上的优势。再次是市场关系的固化，围绕着猪肉市场所产生的各利益集团之间已经形成了相对稳定的固化关系，这也使得进入市场的壁垒越来越高。最后是肉贩之间的利益争夺，这种争夺有时候甚至带有黑社会的性质，令一般人不敢轻易涉足猪肉市场。

困难的存在是现实，但困难之外也并非没有机会。令温氏在猪肉市场上跃跃欲试的有利因素同样也有不少。一方面是政府的支持。私宰猪的屡禁不止、市场关系的固化以及肉贩间的利益争夺，归根结底是由于管理的法制、法规滞后或者不完善。如今广东省政府已出台了一系列的政策和措施，积极推动养猪产业化经营，规范猪肉市场秩序，降低人为的进入壁垒，为经营者提供公平的销售渠道，有利的大环境为温氏进入猪肉市场提供了契机；另一方面是温氏自身的实力，规模化的生产、稳定的活猪来源、长期的技术支持、严格的品质保证、雄厚的资金后盾，这些重量级的筹码使温氏绝对有能力在市场上放手一搏。

在对市场情况、自身优劣进行了综合的分析之后，两种思路逐渐在集团领导人的脑海中成形。

三、市场策略初探

1. 打造“温氏”品牌，直接面向消费市场

温氏集团发展至今，已形成较大的生产规模和资金实力，但由于长期以来都只是面向农户和中间批发商，企业并没有刻意地营造自身的品牌，在城市消费者中名气并不大，但是，由于温氏集团的产品质优价廉，其品牌价值已逐渐凸现，比如在市场上，就有酒店以供货商“广东温氏”的招牌为卖点招徕顾客。受此启

发，温氏人慢慢意识到自身品牌的含金量。并且，随着温氏集团的发展，需要进一步确立竞争优势和开拓新的市场空间，明确打出“温氏”品牌的必要性也日趋明显。

根据这一思路，结合集团产品“深加工、高附加值”的发展方向，温氏人初步拟订了两套方案：

(1) 开设“温氏”品牌肉类产品连锁店，以产促销。充分发挥温氏产品“质优价廉”的优势，直接面向消费者。并且，以连锁店为突破口，在肉类深加工方面不断拓展，逐步推出各种不同类型的产品，如营养配餐、熟肉制品以及各种分割肉制品，满足城市消费者的多种需求。

(2) 专注“温氏”肉制品生产，在销售环节与城市的各大超市合作，采取“‘温氏’食品进超市”策略，将企业的生产优势和超市强大的销售能力强强联合。

2. 发挥生产基地优势，与较有实力的当地企业结成战略同盟或是契约合作，联手经营，优势互补

由于温氏长期以来专注于产品生产，在市场开拓方面经验并不多，加上肉制品生产上现有的竞争已经十分激烈，特别是猪肉市场，进入壁垒比较高。如果贸然进入，风险比较大。而通过与当地市场原有的在生产网络或是屠宰加工方面有较强实力的企业合作，既可形成优势互补，减少市场进入的阻力，又能使温氏专注于自身的核心业务，充分发挥核心竞争力。目前，温氏集团就正在与广州市一家实力很强的肉食品加工公司商洽合作事宜，为温氏产品进军广州市场筹划。

尽管温氏集团已经有了比较明确的发展思路，但是，具体的市场营销方案仍未确定下来，这将是产品开发、品牌塑造、广告促销、销售渠道的一整套系统工程。现在，就请你为温氏集团出谋划策！

附录　相关网站、网页

1．hppt://www.wens.com.cn

2．http://www.yf163.com/qysw/wen's

案例 15

番禺香江野生动物世界的整合营销传播

陈　明　王润生

一、引子

香江野生动物世界位于广州市番禺区大石镇，是番禺香江实业有限公司为开发珠江三角洲旅游资源，发展三高农业经济，促进环保事业而投资经营的综合项目。它集动植物保护、研究、养殖、旅游观赏、科普教育为一体，是经国家林业部批准立项，中国惟一由私营企业投资管理的大型国家级野生动物园。首期开发面积 2 000 亩，总投资超过人民币 3 亿元。园区主要分为乘车游览区和步行游览区两大游览区域。目前动物种类达 300 多种，动物总数 15 000 多只。

香江野生动物世界于 1995 年底正式立项，首个项目 1996 年 8 月正式动工，开发土地 133 公顷。1997 年底正式对公众开放。

香江野生动物世界正式对公众开放之时，正值东南亚金融风暴对我国经济冲击影响加大，市场疲软，形势不容乐观。然而，它在开业的第一年创造了几项旅游界的奇迹：首创日接待游客 8 万人次和春游学生 3 万人次的两项中国同类旅游点第一；首次实现开业仅一年就接待游客超过 300 万人次的纪录。

二、背景与问题

香江野生动物世界的投资建设和运营是在这样的背景下进行的：

(1) 广东省社会经济持续发展，人民生活水平不断提高。

(2) 1998年，广东省将旅游列为增创广东发展新优势的支柱产业，重点加以扶持，特别是将“广东人游广东”作为扩大内需、激活市场的一项重要内容来抓。

然而，这个大型项目面临的问题是：

在全国范围内，各大城市都有动物园，与香江野生动物世界距离十多公里就有历史悠久的广州动物园。大多数消费者都有参观游览动物园的经历。如何在众多的竞争对手中脱颖而出？如何吸引消费者？这就需要决策者进行准确的市场定位，开发有特色的游览项目，并通过有效的营销传播来传递信息、激发消费者的购买欲望。

将潜在市场转变为现实市场。

三、项目策划与建设

根据以上简略分析，香江野生动物世界的决策者认为，消费需求是有的，关键是如何激发、引导和创造需求。根据游客追求“新、奇、特、趣”的心理，香江野生动物世界必须有别于其他动物园，必须具有鲜明的特色。因此，香江野生动物世界的建设具有如下特点：

(1) 高起点、高标准建设。以大规模鳄鱼养殖观赏为龙头，以动物大种群自然散放为特色，结合丰富多彩的动物表演以及风味餐饮，形成有别于其他人造景点的独特风格。

（2）突出回归自然的主题，最大限度地缩短人与动物，人与自然的距离，以“野”煽情。

（3）注意环境园林化，使动植物融为浑然一体的大自然景观。

（4）突破传统动物园单调的展览模式，充分发挥现代旅游景点的综合娱乐和服务功能。配套设置了鹦鹉、大象、猛兽表演场，以及在世界上富有吸引力的鳄鱼表演场。

经过精心策划和施工，香江野生动物世界在游览项目、园区规划、综合娱乐和服务设施等方面形成了自己的特色。

走进“香江”，你不但可观赏到各种珍稀动物，还可见到花开满园、果缀枝头、瓜挂棚架。让长年居住在钢筋混凝土中的都市人真正领略到大自然的“野趣”，这正是设计者在窥探了现代人的心理后想要达到的目的。每一处不经意的天然风情，都凝聚着设计者的匠心独具：游览区内均为原野风格的平房建筑，亭台水榭，抱拥泉林，草木扶疏，景色幽雅。园区内在保持果园风貌的同时，重点投资园林绿化，体现动物、树木、花果融为一体的大自然景观。园区绿化面积超过90%，当人们步入这绿树婆娑、田园瓜果、竹影兰香的世界，能不流连忘返吗？

消费者需要什么，我们就提供什么。根据这一思路，香江人还挖掘了消费者的潜在需求。在现代娱乐和服务上，充分发挥现代旅游景点的功能：园内五个动物表演场每天为游人轮番演出，鹦鹉、大象、猛兽、白虎、鳄鱼，让人大开眼界，整个动物园又多了一项马戏团的功能；风格各异的快餐厅、风味食街、甜品廊，以及中国惟一的鳄鱼餐厅……分布在园内各区；二十台美国进口的电瓶车和三台小火车穿梭园区，为游客提供便捷的交通；园内近三千张桌椅使游人随时随地驻足休息；由瑞典引进的全套儿童游乐设备和大型游艺机中心，更是增添乐趣；园内设有派出所和医护室，全天候为有需要的游客服务。“香江”突出星级服务，对商业网点实行统一经营管理，杜绝盲目对外承包造成的服务质量参差问题。如此体贴周到的服务意识，让游客又平添了一份物超所值的欣喜。

四、巧借传媒，制造焦点

一个好东西产生了，如何让大家知道并记住它呢？现代社会广告活动日新月异：促销、公关、直销、CI、包装、媒体不一而足。无论何种广告手段想要达到让消费者认可、接受的目的，都是一笔巨大的投入。一方面，香江野生动物世界的经营者自己做广告，请广告公司为其度身订造广告宣传，开业期间在广东电视台和珠江电视台播放电视广告片，从小小的一张园区门票到全省最大的户外立柱广告牌，都充分地用来体现动物世界的特色。另一方面，借用传媒替我做广告。他们善于捕捉广告的“黄金时机”，发挥舆论的强大攻势，借势生辉。在此过程中，处处体现了策划者敏锐的洞察力和过人的胆识。地处番禺大石镇的香江动物世界何以有这样大的魅力，能牵动大众的视线呢？对此，舆论起了不可估量的作用。一系列活动不时成为了传媒的焦点。

“香江”本身就是个惹人注目的焦点。它有很多的第一：中国惟一由私营企业投资管理的大型国家级野生动物园；中国惟一实行大规模动物种群自由放养的野生动物园；国内惟一的白虎、白狮展览场；世界最大的鳄鱼养殖场；拥有两条三米多长、世界最大的鳄鱼。如此众多的第一引起媒介的广泛重视。

1997年底，“香江”即将正式开放之时，迎来了国际华裔小姐竞选，外景拍摄就选在园内。华裔小姐在动物世界的操练、表演和生活情趣通过亚视等多家电视台转播，给东南亚、港澳、广东地区观众留下深刻印象。番禺香江野生动物世界也因此一鸣惊人。

营销研究表明，锁定焦点可以带来较高的广告效果。现代人处在一个瞬息万变的信息环境中，想要使消费者对所有信息都过目不忘，是不可能的。因此，能否引起注意是广告营销成功与否的第一关键，也是广告创作的第一原则。野生动物园的营销策划者们深知这一原则，提出“只说一件事”的营销主张。于是，惹人注目的白虎成了香江动物世界的代言人。园内动物品种达 300 多个，而“国宝级”、“世界级”的珍禽异兽也有好几十种，甚至，由日本引进的白狮的珍稀程度更胜于白虎。如果把所有信息都传达给消费者，诉求力就会大打折扣。选择白虎也是经过精心构思的，白虎珍稀自不用说，它在中国传统文化中，还是吉瑞的象征，在异国的宗教传统中，虎都作为神圣和威武的象征。更令人称奇的是，繁殖能力低的白虎在香江动物园创下一年内生三胎，有一次产六仔的世界纪录。从 1998 年 4 月 10 日到 1998 年底，白虎的每一次分娩都引来人们热切的关注，小白虎的冠名活动，引起媒介争先报道。1999 年元旦前夕，从美国引进的白虎表演团更使得香江动物世界门庭若市，这其中更有多方的媒介参与，把信息传播得更广更远。至此，白虎形象已深入人心，让人们一说起白虎就想到香江动物世界。门票以及创全省最大的户外立柱广告牌都以白虎为主角，真可谓“借虎生辉亦风流”。

国际儿童节举办的“孩子们眼中的动物世界”绘画比赛和 1998 年初的摄影比赛，更是把教育、艺术和美完美地结合起来，媒介对这些活动也是好评如潮，不由得人们不去关注它。绘画比赛培养了和孩子这一消费群体的亲切感，同时把动物塑造为“孩子们的好朋友”这一可亲可爱的形象。摄影比赛更是具一石双鸟之功——既收“证人”、“证据”之效，又取得了一批精彩的作品，为日后的广告活动作好了照片储备。

五、注重社会效益　树立良好形象

一个优秀的企业，不仅要追求短期的效益，更要有长远的打算。近一世纪以来，营销观念发生了深刻的变化，使营销走向更长远的目标。人们日益重视生态环境平衡、环境保护等一系列社会环境问题，“绿色营销”意识越来越受到现代企业的重视。一个企业如果能在人类共同关心的问题上宣扬一种风气，树立一种意识则必然能表达消费者的心声，引起消费者的共鸣，能在整个战略部署上高人一筹。

香江野生动物世界集“天然、野趣”为一体，突出“动物与环境”、“动物与人”的回归自然主题，以“保护野生动物，保护自然环境”为宗旨，充分体现了“绿色营销”的观念。园内集中了动物保护、研究、养殖、科普教育等项目。为此配备了许多科技人员、邀请国内外专家、营建动物学堂，让来参观的人们在游乐之余对生态平衡多一点了解，对生存环境多一些思考。香江动物世界在高起点上树立自身长远形象，公众形象，通过关注公益赢得消费者。

一年多的时间里，香江野生动物世界依靠长远的眼光、过人的胆识和成功的营销策划，在旅游界创造了一个奇迹。第二期工程已在实施中，届时在动物数量、种类、园区面积上都将有大突破，更会有惊人手笔在此显现。香江的成功为我们提示了一种营销观念：要成为“受众焦点”而非以“产品为焦点”。

讨论题

1. 大型游览项目的投资大、风险大。香江野生动物世界是如何定位的？

2．香江野生动物世界是如何选择市场切入点和卖点的？

3．香江野生动物世界的营销传播采用了哪些手段？有哪些成功的经验？

1999年3月

案例 16

雅邦牌可视门铃的营销方案设计

刘志超　白静　黄驰　蒙海云

在 2000 年 7 月的厂内会议上，佳和电子厂厂长谢洲云先生正在和市场部、销售部的人员研究如何开发可视门铃市场，探讨可视门铃市场的营销方案和营销计划问题。谢洲云充满信心地对他的一班得力助手说，“进军卡拉 OK 点歌器市场，我们成功了，不但解决了厂子的生存问题，还成为行业的领先者，市场占有率达到了 70%；开发监视器我们也成功了，不但使我们有了一定的发展底气，还积累了丰富的市场竞争经验，有了成功的信心。我们的企业为什么能发展，就是因为我们找准了自己的定位，找到了适合自己发展的领域。中国人有句老话‘人怕出名猪怕壮’，都知道佳和厂赚钱了，竞争者就涌进来，生产利润就会下降，所以我们不需要名声远扬，风风光光，我们只需要在自己的行业里面扎扎实实地下功夫，用优质的产品、高效的服务确立自己的竞争优势，‘少点虚名，多赚实惠’。现在可视门铃是一个新的机遇，我们还是要保持一贯的作风，高效低调，抓住这个发展机遇，把佳和厂推上一个新台阶！”停顿了一下，谢厂长又说：“我希望在可视门铃的市场上，第一年挤入市场，第二年进军前八，第三年进入三甲。”

一、背景

广州佳和电子厂是地处广州的一家生产监控器材的私营企业，它的厂房坐落于老市区的一个不起眼的角落，1 000 平方米的生产车间里有 3 条生产线，60 多个工人在进行生产。在车间的一角隔出两个小房子，一个是厂长办公室，另外一个就是接待室兼产品陈列室。就是在这样简陋的条件下，佳和电子厂的年产值超过两千万元，人均产值达到 34 万元。在珠江三角洲，像这样的小厂不计其数。但就是这样的小厂，构筑起广东经济，乃至中国经济里面极具生命力和创造性的一股力量，而很多叱咤风云的大企业，像科龙、美的，它们的第一桶金，也都是在这样的小厂里面积攒起来的。

厂长谢洲云先生的年纪刚刚三十出头，大学毕业后他就自己创业，成立佳和电子厂，白手起家。佳和厂从无到有，从艰难求存到发展壮大，倾注了他的无限心血。而谢洲云本人扎实的技术功底和敏锐的市场触觉，更是佳和厂几次产品转型成功的关键。可以说，佳和厂的今天，与谢洲云多年来的苦心经营密不可分，不过，随着佳和厂不断发展，谢洲云也意识到不能光吃老本经营，个人素质也应随着工厂的发展同步提升。因此，他攻读了华南理工大学的管理学研究生班，为自己进一步“充电”。他还礼聘华工的专家教授作为顾问，帮佳和厂改进生产流程，进行人员培训，使佳和厂的生产运营不断向规范化、科学化的方向发展。佳和厂未来发展的道路如何走，将是摆在这位年轻的厂长面前首要的问题。就当前来说，如何进军可视门铃市场，制订什么样的营销方案，是需要进行认真的研究和探讨的。

二、佳和电子厂的发展历程

1. 佳和电子厂的第一次成功转型

1993年，佳和电子厂刚刚成立，正是家庭电子游戏机盛行的时候，佳和厂专门生产游戏机的配件——激光射击枪。当时这类产品正处于全盛期，利润很可观，订单量也比较大。由于进入的时机很好，佳和厂很快地站稳脚跟，并积累了一定的原始资本。但是，这类产品的技术含量比较低，生产的厂家又多是一些小厂，难以对新进入者设置什么壁垒。所以，行业的高利润很快吸引了大批的新进入者，供应量大幅上升。进入1994年，市场的竞争更为激烈。佳和厂尽管加强技术投入，在确保产品质量的基础上增加了各种新的功能，但由于整个行业处于一种无序竞争的状态，大小厂家的产品充斥市场，佳和厂的措施效果并不理想。更为严重的是，由于供大于求，行业内的欠账风气很盛，生产厂家的资金很难回收，财务风险上升。面对这种不利局面，佳和厂开始筹划产品的第一次转型。

产品转型是建立在自身实力的基础上的，以佳和厂当时的资金和技术实力，可供选择的余地并不大。但谢洲云敏锐地把握了两个原则：一是要在产品的成长期就进入，因为从上一次的经验总结，只有越早喝到“头啖汤”的厂家，才有赚钱的空间；二是要寻找市场空隙，找到经济规模与自身实力相吻合的产品，这样大企业不屑吃，刚进入的小企业又吃不到。在这样的思路指引下，佳和厂在充分认识市场和自身情况之后，选择了卡拉OK点歌器这一产品。做出这一选择的原因有以下几个方面：

（1）卡拉OK开始成为市场的新热点，大大小小的厂家都上马生产卡拉OK音响设备，点歌器作为配套设施，是卡拉OK娱乐场所必备的，是必需附属的产品，这样的产品一定是有市场的，这就如同在美国西部淘金热潮中，淘金的不一定赚到钱，而卖牛仔裤的却一定赚到钱的道理相同，点歌器大有可为；

(2) 点歌器目前虽然有十多家厂家在生产，但多数未成气候，比较有实力的只有两家，而就佳和厂的状况来说，在技术上有一定的储备，与那些小企业相比，具有技术上的优势，进入后可迅速形成三足鼎立的竞争局面，成功的把握性比较大；

(3) 广州的电器市场是全国卡拉 OK 点歌器的集散地，产品可以迅速辐射到全国各地，市场空间很大；

(4) 佳和厂的资金和技术，以及过往的生产销售经验，都与新产品的要求比较吻合。

在充分考虑了可行性之后，谢洲云当机立断，拍板决定转型生产卡拉 OK 点歌器。

事实证明，转型的决策是正确的。游戏机配件的市场日渐萎缩，而卡拉 OK 点歌器的市场却不断成长成熟。正如计划中的，佳和厂很快就成为三家主要生产厂家中的一家。但佳和人并没有就此满足，谢洲云的目标是“隐藏的冠军”。当然，从三强到行业老大，这一步迈得并不轻松。

首先是要抢占技术的制高点，确保佳和厂的产品在质量和功能上都能比竞争对手领先一步。除了自己不断摸索之外，谢洲云还聘请“外脑”，从专业大厂挖来行业的权威、高级工程师，使企业在很短的时间内就掌握了点歌器的核心技术，并培养了能够及时根据市场需求开发新功能的研发队伍。

其次是抢占市场份额。由于技术过硬，佳和厂产品的生产成本比竞争对手要低，但佳和人并没有以此作为获得超额利润的资本，而是着眼于长期目标，先要市场后要利润，采用价格渗透策略，以相同或者低于竞争对手产品的价格，把高质量、多功能的产品推向市场，迅速扩大自身的市场份额（如表 1)。

表 1　（1994～1996）佳和电子厂的产量和市场占有率

	佳和厂产量(台)	市场总销量(台)	市场占有率(%)
1994 年 11 月	1 500	12 000	12.5
1995 年 5 月	4 000	17 000	23.5
1996 年 6 月	10 000	13 000	77

第三是进一步拓展销售渠道。通过对产品的宣传，新增功能不加价，与经销商的密切沟通等措施，进一步确立优势，到 1996 年中，佳和厂的产量占到市场销售总量的 70% 多，成为真正的行业老大。

2．佳和电子厂的第二次产品转型

如果说由游戏机的配套产品转向卡拉 OK 点歌器是一种精心策划的成功，那么佳和厂由点歌器向监视器的转型就属于当机立断。1998 年，当时的监视器有很大一部分是作为卡拉 OK 点歌器的配套产品。由于佳和厂是点歌器的行业老大，许多客户在定货的同时也要求配套监视器。开始佳和电子厂只是接受订单通过委托订做。但是，委托订做可控性很差，经常会出现质量或者批量方面的问题。与此同时，卡拉 OK 点歌器市场也趋于饱和，市场总量较全盛时期有所下降。因此，佳和人在市场需求的推动下，开始考虑兼产监视器。当时还有两个有利因素促成这一决定：一是一家监视器的生产厂家由于经营不善，濒临倒闭，愿意将全套生产设备低价出让；二是另一家主要的生产厂家内部出现劳资矛盾，整条生产线的工人要求跳槽到佳和厂。在内外的有利因素驱动下，佳和电子厂迅速投入生产监视器，而且在头两个月就达到月产 6 000 台的产量，形式十分喜人。

但是，成功并不是来得这么容易，就在监视器产量不断上升的时候，由于生产增长太快，相关技术来不及消化，质量控制没有跟上，销售出去的产品出现比较严重的质量问题，客户纷纷要求退货。面对这一危机，佳和厂处理十分冷静。一方面组织力量加强生产技术投入，严把质量关，在一个月的时间内把产品质量提上去；另一方面，佳和厂以对客户高度负责的态度，确保全部有质量问题的产品一律退换，对损失比较大的经销商加以适当的赔偿，并派出所有的销售人员，向经销商道歉，作保证，有效地消除了经销商的不满情绪，使事故对销售渠道的破坏减至最小程度。

经过危机洗礼的佳和厂步伐迈得更为扎实稳健，谢洲云秉持其一贯的宗旨，向着行业中“隐藏的冠军”的目标奋斗。不断加强技术投入，提高产品质量，开发新产品。由于销售渠道有保障，质量过硬，佳和厂逐渐抛离竞争对手，成为监视器的行业冠军，并不再局限于卡拉 OK 点歌器的配套设施，更进一步拓展到楼宇安全防范等新领域。而且，随着卡拉 OK 点歌器生产逐渐饱和，目前，监视器已经取代点歌器成为佳和厂的最为主要的产品。

三、佳和电子厂的品牌策略

佳和电子厂生产的卡拉 OK 点歌器和监视器系列产品，都是采用“雅邦”牌注册商标。这种对所有产品都采用同一品牌的统一品牌策略，有利于充分发挥老产品的品牌价值，使新产品较易为消费者所接受，形成整体的品牌识别，可以节省宣传开支，对小型企业比较适合。而坚定地贯彻这一策略，更是佳和人在经验教训中的实证总结。

20 世纪 90 年代初期，小型的电器生产厂家，通常都是注重产品生产而忽视销售的。大多是被动地根据供销商的订单确定自己的生产。而对于产品品牌，更是无暇顾及，至多也就是随便地安上个名字，“品牌策略”根本无从谈起。佳和电子厂起步之初，也不例外。但是，随着佳和厂的卡拉 OK 点歌器逐渐在市场上打响名气，成为行业老大，佳和人开始认识到自身品牌的价值，也意识到要确立自身的优势，就必须有良好的品牌区分度。因此，佳和人注册了“雅邦”商标作为点歌器的品牌，在面向行业内的专业杂志上刊登广告，加大宣传力度，使这一品牌在市场上越做越响。

但是，由于市场的法制法规建设仍不配套，加上小型电器市场厂家往往很多很杂，而且规模都比较小，所以国家行政机关进行管理的难度很大。因此，市场上的竞争往往相对无序，厂家多数都是自发性地根据市场利益的驱动组织生产销售。这就导致了这样一种情况：当某一品牌的产品销售良好，市场上就会同时出现许许多多由不同厂家生产的打着该商标的产品。就像佳和厂的“雅邦”牌点歌器，就经常成为其他厂家仿冒的牌子。

1998 年初，市场上开始出现电视式点歌器，佳和厂也很快作出反应，推出同类产品。当时市场上竞争对手的产品很畅销，供销商要求佳和厂的产品也打上对方的商标。对此，厂里有两方面的意见：一是依照市场的要求，利用对方商标的知名度，在短期内迅速将新产品推向市场，获得即期利益。这样做还有一个好处就是由于这是新产品的初次投产，不采用自己原有的老牌子，就算有什么问题，也比较好处理。另一种意见是佳和厂本身是市场的领先者，应坚持采用原有的“雅邦”商标，形成集团优势。在争论中前者的意见占了上风，因此产品出厂的时候打上了竞争者的商标。而销售情况果然良好，佳和厂再接再厉，又生产了几批产品，市场反应都很踊跃。当佳和厂觉得时机成熟，准备重点推出以“雅邦”为商标的新型产品的时候，才发觉市场上已经对竞争对手的品牌十分认同，而这在很大程度上是由于佳和厂前几批产品形成的良好口碑。这种局面是佳和人所没有预料到的。正是这一品牌决策的失误，使佳和厂在新型电视式点歌器市场上处于一种十分尴尬的境地：继续打竞争对手的品牌始终不是长远之策，也是有着长远发展目标的佳和人感情上难以接受的；而采用自己的“雅邦”商标推销产品又困难重重，花费巨大而收效甚微。这一失误使佳和厂在电视式点歌器这一新兴产品的生产销售上一直难以达到预期的目标。

失误的惨痛教训使佳和人痛定思痛，决定坚决贯彻自身的品牌策略，把“雅邦”的牌子打响打好。以后推出的各种新产品，佳和厂都打上自己的老牌子，以过硬的质量、良好的服务树立起“雅邦”的品牌信誉。目前，“雅邦”品牌系列的产品在市场上已经被广泛地接受和认可，成为高质量优服务产品的代名词，这也使得佳和厂的发展道路越走越宽。

四、佳和电子厂面对的新挑战

尽管佳和厂的产值和利润节节上升，发展势头良好，以谢洲云为核心的佳和人并没有沉迷于成功中沾沾自喜，而是居安思危，密切关注行业的发展态势，审视潜在问题，寻找发展的新机遇。

1. 佳和厂现有产品情况

目前佳和厂主要生产卡拉 OK 点歌器和监视器两大系列 26 种型号的产品。

卡拉 OK 点歌器

佳和厂生产的“雅邦”牌系列卡拉 OK 点歌器是卡拉 OK 娱乐场所的点歌配套设施，产品用途局限性比较大，拓展的空间很窄。而且近几年来卡拉 OK 热潮逐渐消退，新开张的卡拉 OK 歌厅甚少，产品主要用于原有设施的更新。也就是说，该市场已处于饱和状态，并开始逐渐萎缩。从销售的数字看，1998 年市场上总共销售点歌器 10 万多台，其中佳和厂生产的占去 70%，产品利润率约为 20%；1999 年市场上总共销售 8 万多台，佳和厂占去 75%，利润率约为 17%。而且，目前点歌器市场已进入技术更新换代期，新型的电视式点歌器有逐步取代旧式点歌器的趋势，而由于上文提到过的佳和厂在电视式点歌器产品品牌策略上的失误，目前在该产品的竞争中并不占有多大优势。因此，工厂的进一步发展，光依靠点歌器是难以实现的。在确保旧式点歌器领先地位，争夺新型电视式点歌器竞争优势的基础上，还应开发新产品、新市场以期获得新一轮的竞争优势。

监视器

佳和厂生产的监视器原来是作为卡拉 OK 点歌器的配套产品，也是用于卡拉 OK 娱乐场所，但随着技术的不断发展成熟，加上卡拉 OK 歌厅需求不足，目前已开始转向面向企事业单位、高层楼宇的安全防护系统。楼宇安全监控产品市场前景诱人，潜力巨大，佳和厂出产的产品质量过关，价格合理，销售渠道完善，在中低端市场占据前列。而中高端市场利润更高，虽然佳和厂也已掌握这类高水平生产技术，但由于长期以来消费者对国外品牌的消费惯性，市场仍然基本上由国外品牌如松下、惠而浦等垄断，本土品牌在一定时期内还比较难以进入。不过，由于佳和厂已经在中低端市场占有比较明显的优势，新的竞争者很难撼动其地位，实力强大的大企业又缺乏足够的利润驱动，因此，在相当一段时间内，现有监视器产品的收入将是佳和厂稳定而可观的利润来源。

新产品的探索

小企业的发展战略，可供选择的余地并不大，往往是在原有生产的基础上，根据市场的需求动向加以调整，佳和电子厂也不例外。

在卡拉OK点歌器系列产品上，新型的电视式点歌器逐渐取代旧式点歌器已经是一个比较明显的趋势，而在电视式点歌器上，作为行业老大的佳和厂并不是领先者，而是由另一家竞争对手率先推出并迅速打开市场。面对这一情况，佳和厂也很快作出反应，调配资源组织生产新型点歌器，并很快推出在质量、外观等方面均有过之而无不及的产品。但由于在品牌策略上的失误，贪图短期利益，当其意识到问题的严重性，重新推出自身品牌的产品时，消费者对竞争对手的品牌已十分认可。因此，目前这一新产品的市场销售形势并不乐观。

监视器方面，除了原来面向事业单位的产品之外，有一个潜力巨大的发展方向就是向民用发展，如可视门铃就是一项具有巨大发展前景的产品。佳和厂也一直关注该产品市场的发展状况，并已经作好资金、人力和技术上的准备，等待合适时机介入。

目前可视门铃开始由开发期进入成熟期，产品概念开始为消费者所接受。市场上，本土品牌与进口品牌各占一半。进口品牌占据中高端市场，基础十分扎实，很难撼动；本土品牌占据中低端市场，普遍市场规模不大，仍处于混战阶段。可以说，佳和厂进入可视门铃的时机基本成熟。

2. 可视门铃的市场前景

可视门铃作为一种新型产品，目前虽然尚未被广大消费者所认识，但是随着人民生活水平不断提高，安全防护意识不断增强，可视门铃，作为一种全新概念的安全防护设施，将逐渐为消费者接受。如在1999年8月的全国楼宇配套设施及相关产品展览会上，一反以往监控系统占主导地位的常例，可视对讲系统反而唱了主角。这从侧面揭示了可视门铃正受到越来越多的关注。

国内的楼宇，目前已装配有可视门铃的还比较少，主要集中于别墅区和高尚住宅区，如广州的番禺祈福新村，就为别墅住户装配了可视门铃，但这毕竟是很少数。因此，目前市场的需求量并不大。然而，一些有眼光的房地产开发商已开始认识到可视门铃对楼宇销售的潜在价值，在一些新开发的中高档楼盘中，也将可视门铃作为楼宇安全的新概念加以宣传。这预示着，可视门铃逐渐从高档别墅配套设施的定位向中高档的住宅、写字楼配套设施的定位扩展，其市场需求量，将以几何级数递增，这对国内的生产厂商来说，不啻是一个绝好的商业机会。

在价格方面，单门独户的可视门铃确实成本比较高，普通消费者难以承受。但是，以整幢楼宇为单位的可视对讲系统，分摊到每户用户的成本就低了很多，其价格也就可能被接受。而且，由于目前国内可视门铃生产尚处于开发阶段，市场的需求量很少，导致厂商的生产成本比较高，而一旦市场成熟，厂家产量上升，达到经济规模，产品的成本就可能大幅下降，从而获得更大的市场。

3．可视门铃的竞争状况

尽管目前国内的可视门铃市场才刚刚起步，但是已经有不少的厂家在生产这一产品，主要可分为本土厂家和国外品牌的国内生产工厂两大类。

本土厂家

本土厂家规模普遍不大，产品质量参差，多数是兼营生产，或是国外品牌的配套厂商，基本上都未成气候。其中只有两三家具有较强的实力，特别是深圳市视得安科技实业集团，实力比较雄厚。这家企业从 1993 年建厂以来就专业从事楼宇可视对讲系统的生产，目前已发展至月可生产可视对讲系统 6 000 台，产品品种和型号都相当齐全，是国内楼宇对讲系统最大规模的生产厂家。而且，白兰电子还很注重对可视门铃生产的开发和推动，投入了相当多的资金和人力进行可视门铃产品概念的宣传和推广，充当这行业领袖的角色。在销售渠道方面，白兰电子在全国各地开设销售分公司，直接面对客户，着眼于全国市场。随着市场的逐渐升温，白兰电子也迅速成长，一跃成为深圳电子行业百强之列，实力相当强大。

国外品牌

有不少的国外著名品牌如日本松下等都在中国设有工厂生产可视门铃及其他安全防护监控的系列产品。这些厂家资金雄厚，市场运作方法成熟，而且本身具有强大的技术研发力量和丰富的生产经验，产品质量稳定，性能优越。虽然由于他们认为国内目前可视门铃的市场还未成型，并没有将精力投到本地市场上，而是主要将产品销售到国外市场。但是，一旦他们发现国内市场达到一定规模，有利可图的时候，他们一定会毫不犹豫地进入本土市场，这将给本土品牌的生产厂家带来巨大的冲击。不过，这些国外名牌产品普遍定位比较高，其产品的功能多是根据国外生产需求设计的，不一定适合国内市场，而且在价格方面也比较高。

4. 佳和电子厂的竞争优势

佳和电子厂作为可视门铃市场的新进入者，具有其自身的竞争优势：

新旧产品的相关性

可视门铃主要由显示部分和智能化监控两部分构成，而显示部分的核心技术与佳和厂原来的监视器的生产相类似，智能化控制方面又与点歌器的生产工艺类似。而在目前国内可视门铃的生产厂家中，同时掌握这两部分技术的只有两三家，以佳和厂目前的技术实力，一旦进入该领域，在技术方面占有绝对优势。另外，目前很多可视门铃的生产厂家都是按订单生产，有单就开工，没单就停工，所以，工艺的改进和资本的积累都很少，生产效率相当低，质量控制技术也很有限，基本上把发展的希望寄托在增加生产设备上，盲目购置昂贵的进口仪器，导致生产成本相当高。而佳和厂，由于有原来生产点歌器和监视器的基础，只需在已有的生产线上加以少许改造就可以进行生产，而长期积累的提高生产效率和产品质量控制技术，更是为可视门铃的生产提供了有力的保证。

原有产品稳定的利润收入为新产品的开发提供了有保障的资金支持

佳和厂现有的卡拉 OK 点歌器和监视器两大主要产品均是所在行业里面的领先者，有十分稳定的利润来源，如表 2。

表 2 佳和电子厂产品销售收入和利润情况 （单位：万元）

	卡拉 OK 点歌器		监视器	
	销售收入	营业利润	销售收入	营业利润
1998 年	800	75	1 450	150
1999 年	700	70	1 600	190

而且，预计在未来三年内均可保持相当的稳定性，再加上原来的资金积累，佳和厂在可视门铃项目上可调配的资金相对宽裕。谢洲云打算前期投入 300 万元，用于生产设备的购买和改造，以及产品的前期宣传，然后在从原有产品的利润中划出相当部分作为逐期追加费用。

过硬的技术队伍和熟练的生产工人

谢洲云厂长本身就是技术出身，多年来在实践中不断学习摸索，技术水平相当成熟，并且还带出了一支实战能力很强的技术人员队伍，像原来的卡拉 OK 点歌器和监视器，许多新功能就是他们自己在行业中首先开发出来，并推向市场的。此外，佳和厂还外聘了电子研究所的几位专家作为顾问，指导协助技术攻关。

在生产工人方面，佳和厂的工人数量虽然不多，但都是有多年相关生产经验的熟练工人，工作效率相当高。而且，去年谢洲云还专门聘请了华南理工大学的专家对生产流程进行改进，对工人进行生产管理和质量管理的专门培训。可以说，这一班熟练的技术工人是佳和厂一笔宝贵的财富。

完善的销售网络和业务能力过硬的销售人员

佳和厂目前在全国设有 8 个省级办事处，专门负责产品销售，由 4 名销售经理分管，与全国各主要电器市场的供销商均保持良好的关系，销售网络十分完善。尽管现在佳和厂的电子门铃还未投放市场，就已经有好几家经销商主动提出定货愿望，一旦可视门铃推出市场，这些销售机构将会发挥出巨大的推进作用。另外，佳和厂的一帮销售人员都是有着丰富的电器销售经验的业务好手，多年来走南闯北，打下佳和厂的响亮名号。加上前段时间，华南理工大学的营销专家给这批销售人员进行了 80 多学时的有关营销知识和推销能力的系统培训，实践的经验加上理论的深化，更使得销售队伍的业务能力有了质的提升。

5. 佳和电子厂的不利方面

产品复杂程度的变化

佳和厂原来的产品卡拉 OK 点歌器和监视器技术都相对比较简单，生产工艺也不太复杂，核心技术较易掌握，而可视门铃乃至可视对讲系统的系列产品，技术相对复杂，种类和型号也比较多，资金的投入需要量也比较大，这对佳和这样的小厂来说，是一个相当大的挑战。

竞争对手实力的变化

佳和厂原来的竞争对手，多数是实力相当的小厂，生产的产品都比较单一，经营者素质普遍不高，而现在进入可视门铃市场，除了与众多的小厂进行不规范的竞争之外，还将直接与一些中型企业、大型企业，乃至跨国公司进行竞争，这对佳和厂和谢洲云本人都是第一次，对其实力和经验是一个严峻的考验。

产品销售方式的变化

佳和厂原来的产品，都是通过电器批发市场的中间商进行销售，而且使用对象也多是单位用户，可视门铃的销售，不单是通过批发市场的供销商，还有相当一部分销售是通过工程招标之类的形式直接与房地产开发商接触。并且，可视门铃作为一种家庭配套电器，与个人消费者的关系也更为密切，这就要求佳和厂的销售人员应调整自身的工作方法和习惯，以适应新的销售特点。此外，还应注重与个人消费者的沟通，将市场的信息迅速反馈到产品生产和新产品的开发上。能否尽快适应这些新的变化，是可视门铃能否成功的关键所在。

面对这样的新挑战，佳和电子厂应如何应对呢？试从产品定位，到广告宣传，再到销售渠道建设，以及相关的资金、人力等各种资源调配提出一套整体营销方案。

附录　相关网站、网页

1. http://www.anzhong.com/prd/keshi.htm
2. http://www.gzcss.gov.cn/dongsheng/1.htm
3. http://www.shidean.net
4. http://www.tjwuzhou.com/commax.htm
5. http://www.ja88.com
6. www.jsp-cn.com
7. http://www.dwlucky.com

案例 17

佛山赛纳陶瓷有限公司

雷　鸣

2001 年 5 月，各地经销商向佛山赛纳陶瓷有限公司频频报来令人沮丧的消息：投资高达 5000 多万元的新产品——赛纳奔腾坐便器在推出市场一年后的今天销售量始终停留在一个低水平状况，与预期年销售额达 1 个亿的目标相差甚远。总经理霍锡流召开企业高层管理人员和销售部的紧急会议，分析产品滞销的原因，对今后的营销策略进行重新策划。

一、公司背景

赛纳陶瓷有限公司位于中国建材陶瓷重镇的佛山市石湾镇，是隶属于广东佛陶集团的一家大型国有陶瓷生产企业，于 1995 年由当时的佛山工业陶瓷厂、佛山建筑陶瓷厂和佛山第五日用陶瓷厂合并而成。产品包括地砖、内墙砖、外墙砖和卫生洁具等多种品种。全公司员工有 4 000 多人，其中有 1 000 多退休员工。年销售额在最辉煌的年代曾高达 5 亿元人民币。但最近几年来，由于国有企业的机制不灵活，企业包袱重，在陶瓷市场竞争中似乎已经筋疲力尽，年销售额也在逐年下降，新加入陶瓷行业的企业给赛纳公司带来极大的竞争压力。赛纳人为了自己的生存与发展，为了适应当今市场激烈竞争的环境，经过对市场的观察，决心在陶瓷抽水马桶方面闯出一条新路，今天似乎也的确找到了一种全新的陶瓷坐便器（抽水马桶）的市场出路。这个产品的名称是“赛纳（SAINA）奔腾坐便器”。其中原由还得从当年江泽民总书记来佛陶集团视察时谈起。

二、江主席的重托

1994年，江泽民主席来到佛陶集团视察工作。当主席看到琳琅满目的坐便器时，他语重心长地指出：一只马桶看似小事一桩，但与国计民生以及千家万户的日常生活息息相关，而国产马桶经常漏水、一次性冲污力不够、耗水量大的问题一直没有得到有效解决。江主席郑重地嘱托：“如果你们解决了这些难题，我代表全国人民感谢你们。”佛陶集团对江主席的重托十分重视，吩咐属下企业对我国的抽水马桶进行攻关，突破去污、节水、不漏水等方面的难题。然而几年下来，进展似乎不尽如人意。

当今世界缺水问题突出，水荒困扰着许多国家和地区。中国是世界上主要缺水国家之一，资料表明：中国城市生活用水供应量每年约175.7亿吨，其中用于冲刷厕所的水量高达35.14亿吨，而这个惊人的数量仅仅是按中国城市所有公厕来推算的，还不包括家庭抽水马桶正常耗水量，也不包括马桶漏水、耗水量过大而造成的浪费。小小马桶的创新改造已经不再是一件小事了，而是一件关系国计民生的大事。

三、奔腾抽水马桶的问世

1998年12月，赛纳公司把马桶的攻关作为重要的科技创新课题来抓，组织了专门的攻关小组。经过反反复复的试验，没日没夜的工作，攻关小组终于找到了症结所在。旧式马桶虽然款式很多，但冲污原理基本一致，即依靠水的自身重力形成旋涡，通过缸吸力冲洗马桶，其主要构造只有排污管和水箱，在排污时往往由于缸吸力不够，造成水的回流，旋涡产生的离心力容易使污物残留在马桶边沿或浮在水面上，常常造成管道堵塞。而且旧式马桶尽管用水量大，但因冲力不够，排污不净，有时还得冲上两到三次。

症结虽然找到，但实验进展并不顺利，因为要解决这些问题，涉及到多方面的知识，如流体力学、动力学、陶瓷工艺学、计算机模拟等等，每一个环节都要经过反复的试验。在霍锡流总经理的带动下，参加攻关的人放弃了节假日，夜以继日地工作，有的长期带病坚持。一次次试验，一次次失败，期间有过彷徨，也有过沮丧，但赛纳人坚持住了。经过30万次的试验，30万次失败，卧薪尝胆、励精图治、赤诚为炉、汗水铸剑，工夫不负有心人，2000年4月，赛纳人终于大功告成，一种全新的节水抽水马桶诞生了！

按照国家标准，马桶内放进100个试验用塑料小球，一次冲走75个为合格，而“奔腾”一次就能将300个小球冲得干干净净，排污能力大大超过国家标准。用水量仅需3.5~5L，是传统马桶水量的1/3~1/2。由于选用了高效密封材料，经过电动破坏性试验，连续冲污10万次不漏一滴水。“奔腾”已通过省级新产品技术鉴定，填补了国内空白。2000年6月，正式取得国家专利。

赛纳奔腾的坐便器与传统的马桶不同，它设计独特，大胆创新，增加了压力式喷射管道，将供水系统的自由压力储存起来，利用压力流水快速地从喷射口射出，在上有压力、下有吸力的作用下，将污物彻底清除。2000年8月，经国家轻工局、建材局组织国家级质量检测机构及专家严格检测鉴定，认定奔腾抽水马桶具有高节水、强排污、密封好等优异功能，这项高科技成果不仅属国内首创，而且达到国外同类产品先进水平，可替代进口产品。中共中央政治局委员、广东省委书记李长春同志在参观“奔腾”节水坐便器时高兴地说：“你们攻克了坐便器三大难题，为人民群众办了一件大好事，利国、利民、利企业。这么好的项目，我支持你们!”广东各大媒体对赛纳奔腾坐便器纷纷进行报道。赛纳全体员工无不为此感到欢欣鼓舞。

四、行业背景

当今中国的陶瓷行业强手如林，市场竞争残酷，其激烈程度几乎到了白热化的地步。尤其是由于历史的原因，20 世纪 90 年代中期，中国陶瓷工业发展速度过快，似乎走入了一个误区。1994 年至今就新增生产厂家 2000 家。由于盲目发展，导致产量过剩。以陶瓷地砖为例，目前全国年产量高达 15 ~ 18 亿平方米，而实际社会需求量仅为 12 亿平方米左右。陶瓷抽水马桶市场同样大大过剩。在这种情况下，同行竞争十分残酷，无序竞争和价格大战更是给国有企业带来巨大冲击。

霍总经理委托华南理工大学和广东工业大学的师生组成了专门的课题小组，对广州市场的卫生洁具进行了广泛的调查。调查结果表明，目前在广州地区的市场上，充斥着大量的各种品牌的抽水马桶。本次调查了解到的有一定知名度的抽水马桶品牌共有 21 种。国外或合资品牌有：TOTO、科勒、美标、住建（松下）、英陶、COTTO、乔登、阿联酋、和成、庄北头等；国内的品牌有：鹰牌、东鹏、四维、赛纳、惠达（唐陶）、钻石、荣乐、箭牌、新中源、蒙娜丽莎、阿波罗等；另外还有许多杂牌。具体情况见表 1（栏内的数字为经营该品牌的经销商数目）。

表 1　经销商经营抽水马桶品牌情况统计表

（基数 = 所有被访经销商（99），栏中经销商总数超过了 99，是因为有一家代理多家产品之故）

抽水马桶品牌	经销商数目	抽水马桶品牌	经销商数目	抽水马桶品牌	经销商数目
TOTO	31	钻石	12	英陶	5
鹰牌	27	四维	12	和成	4
美标	26	唐陶	8	松下	2
科勒	21	乔登	8	庄北头	1
东鹏	19	阿波罗	8	其他	45
COTTO	15	赛纳	6		

表 1 资料来源：根据调查结果统计

五、来自市场的反映

好产品应该有好的销路。然而，赛纳奔腾抽水马桶卖得并不好。调查结果告诉我们，主要原因是消费者（用户）、经销商、装修商对该产品卖点之一的节水性能并不太感兴趣（参见图 1、图 2、图 3）。环保意识不强是阻碍产品销售的一个重要的原因。霍总经理指出："国家目前大力提倡环保与节水，有些城市还提出了限量供水、超量加收水费的政策。这本应对赛纳奔腾坐便器的销售提供一个良好的外部环境，但消费者节水意识的淡薄，使我们不得不考虑作为卖点之一的节水性是否合理？"

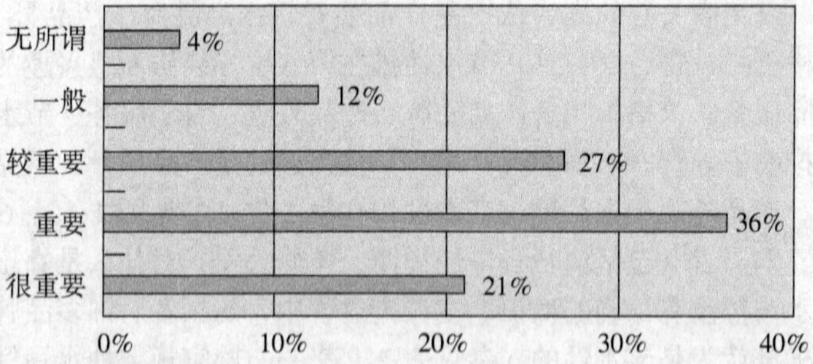

图 1　洁具的节水功能对于家庭的重要度基数 = 所有被访家庭(323)

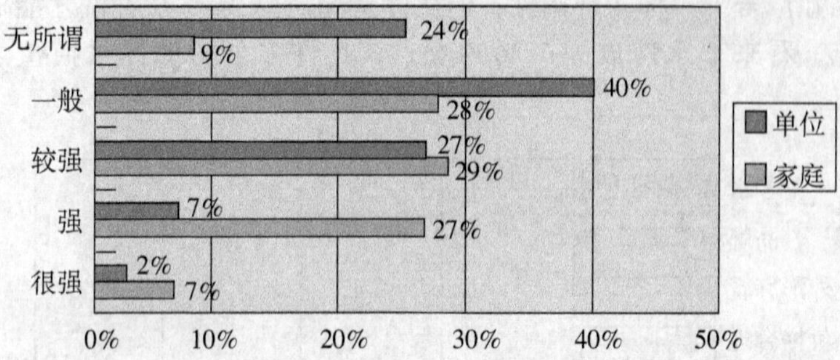

图 2　经销商对家庭和单位的节水意识的评价基数 = 所有被访经销商(99)

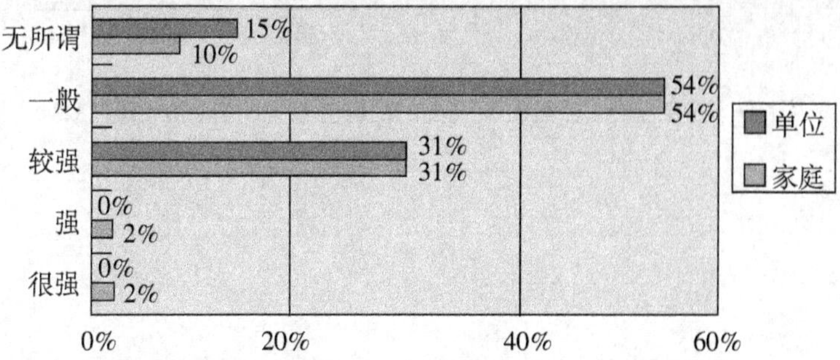

图 3　装修公司对家庭和单位节水意识的评价基数 = 所有被访装修公司(53)

图 1、图 2、图 3 资料来源：根据调查结果统计

经销商关心的内容依次是产品质量、产品品牌、产品外观、价格折扣、售后服务等，节水性排在第6位。装修商感兴趣的是产品质量、价格折扣、产品品牌、产品外观、售后服务，节水性也排在第6位。而消费者（用户）感兴趣的是产品质量、产品价格、产品外观、去污性，节水性排在第5位（参见图4、5、6）。

购买者（包括消费者、经销商、装修公司）对什么是真正的节水马桶没有正确的认识。在调查过程中，购买者对许多品牌的马桶都认为是节水性的（参见表2、表3）。国家规定抽水马桶必须达到每次用水低于6L以下，才具有节水性。有一家公司的产品在广告中声称4升搞掂，但实际情况需要2~3次冲洗才能搞掂。看来节水性成为产品的卖点，是许多公司的浑水摸鱼之举。

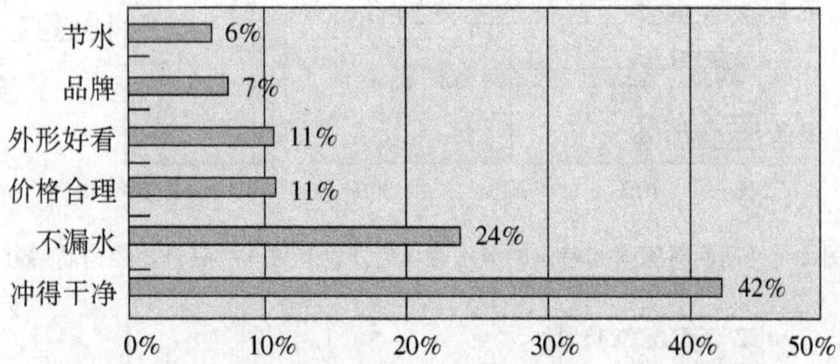

图4 消费者购买洁具时最关心的问题基数=所有被访家庭(323)

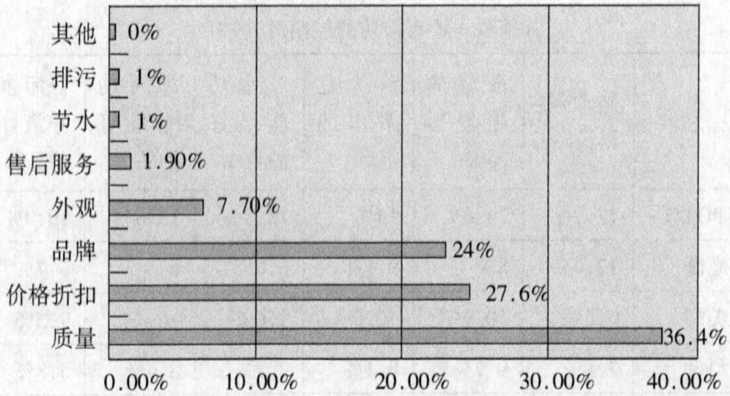

图 5　装修公司使用洁具时所考虑的因素

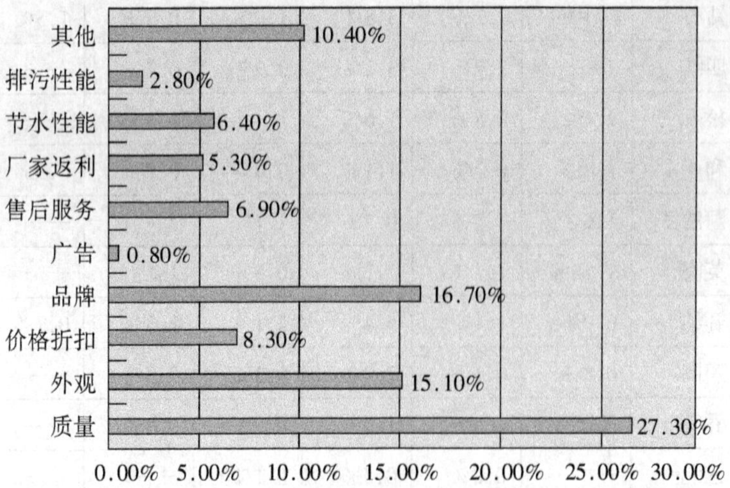

图 6　经销商经营洁具时主要考虑因素基数＝所有被访的经销商(99)

图 4、图 5、图 6 资料来源：根据调查结果统计

表 2　经销商对坐便器品牌的总体评价

（基数 = 所有被访的经销商（99））

	坐便器销量	最好的坐便器品牌	认为是节水的品牌	节水功能最好的品牌	排污功能最好的品牌	售后服务最好的品牌
TOTO	12.7%	14.6%	14%	13.8%	13.8%	10.9%
鹰牌	12.4%	8%	9.1%	6.6%	6.5%	6.7%
美标	9.8%	10.9%	10.8%	9.6%	10.4%	9.5%
科勒	7.8%	9.7%	8.1%	7.7%	8.4%	5.8%
东鹏	6.3%	4.2%	10.2%	5.1%	3.6%	3.5%
COTTO	3.4%	6.6%	7%	4%	4.8%	——
钻石	3.4%	2.1%	3.8%	1.9%	0.3%	1.5%
四维	3%	1.7%	3.2%	0.9%	0.7%	——
松下	2.4%	0.8%	1.6%	1.4%	1.4%	——
和成	1.8%	0.3%	1.1%	0.4%	0.9%	0.9%
阿波罗	1.6%	1.7%	0.5%	1.7%	2%	——
英陶	1.25%	1.1%	2.7%	0.5%	1%	——
赛纳	0.9%	1.1%	5.4%	3.1%	2.3%	0.7%
唐陶	0.8%	0.1%	2.7%	0.3%	0.3%	——
乔登	0.05%	1.6%	1.6%	0.9%	0.8%	——
庄北头	——	0.2%	0.5%	0.1%	——	——
其他	32.4%	35.3%	17.7%	42%	42.8%	60.5%

表 2 资料来源：根据调查结果统计

表 3　装修公司对各品牌洁具的总体评价

（基数 = 所有被访的装修公司（53））

	最好的洁具品牌	使用过的洁具品牌排序	认为是节水的品牌	节水功能最好的品牌	排污功能最好的品牌	售后服务最好的品牌
TOTO	36.1%	18%	14%	23.3%	31.8%	28.7%
鹰牌	8.7%	17%	19%	12.3%	9%	10.4%
美标	26.9%	17%	16%	21.4%	21.6%	26.7%
钻石	6.3%	9%	12%	14.2%	7.6%	6.2%
东鹏	3%	8%	14%	3.2%	3.8%	7.8%
科勒	10.4%	7%	8%	11.6%	14.2%	13.1%
和成	2%	3%	——	——	——	——
COTTO	——	2%	3%	——	1.6%	——
赛纳	——	2%	8%	4.6%	2.2%	0.6%
唐陶	——	1%	1%	1.6%	1.6%	0.9%
阿波罗	——	1%	1%	——	——	——
其他	6.6%	15%	4%	7.8%	6.6%	5.6%

表 3 资料来源：根据调查结果统计

调查结果还表明购买者对产品质量、价格和品牌最感兴趣。赛纳奔腾抽水马桶质量好，为其营销打下了基础。作为定价则值得斟酌了。目前赛纳奔腾坐便器每套的价格从 1 800 元 ~ 3 000元不等，属中高档的定价。市场用户定位为节水意识强的中高收入家庭和宾馆、商场、写字楼。其中一款主打产品的零售价定为 2 600元。然而，消费者购买的马桶要么买 1 000 元以下低档的，如惠达、唐陶、钻石等品牌；要么买 3 000 元以上高档的，如科勒、TOTO、美标等；要么买知名度高的产品，如东鹏、鹰牌等。虽然高档名牌产品只是非节水型的普通抽水马桶，但人们节水意识淡薄，宁愿花高价钱买一个名牌以满足心理需求。

霍总经理要求企业营销决策者重新思考：众多企业都打节水牌，作为真正节水的赛纳奔腾坐便器是否还是一个卖点？其市场价格定位是否合理？赛纳品牌知名度该如何提高？调查中对受众介绍赛纳奔腾坐便器的特点之后，消费者对其价格接受程度如图7所示。大多数人认为只有1 000～2 000元的单价才能接受。

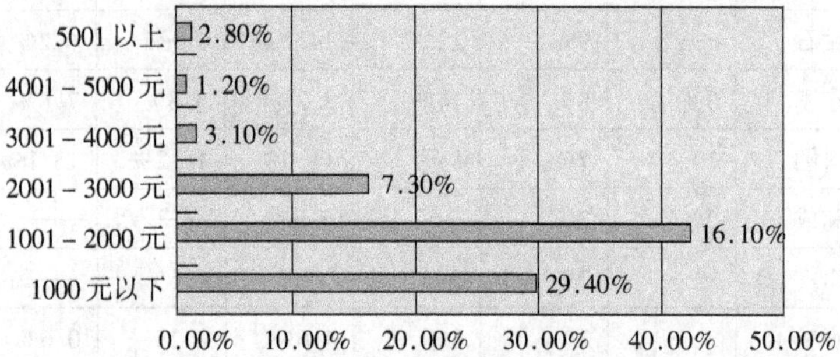

图7　消费者对SAINA奔腾洁具的价位评定基数＝所有被访家庭(323)

六、多品牌的困扰

由于赛纳公司是由多家陶瓷厂合并而成，遗留下来许多陶瓷产品的品牌，如石湾牌、蝴蝶牌、彩蝶牌、建陶牌。1995年成立赛纳公司后，又增加了一个赛纳牌。光是抽水马桶就有石湾和塞纳两个品牌（注：“赛纳奔腾坐便器”中的“奔腾”属于二级品牌）。该公司的营销顾问曾多次提出取消原有的老品牌，集中力量树立赛纳单一品牌，但由于原有品牌的资产价值和老顾客对原有品牌的需求，赛纳公司迟迟未能做出取消原有品牌的决策。

然而，原有品牌的产品销量逐年下降，新品牌赛纳的知名度低(参见图 7)，导致赛纳的奔腾抽水马桶销量无法在较短时间内迅速提升。

要树立品牌，需要大量的资金投入，多品牌的企业对资金投入的要求更高。由于销售不力，赛纳的资金困窘，无法进行大量的广告投入。采用单一品牌策略还是坚持多品牌策略，一直困扰着企业的高层管理者。正如总经理所说："砍掉老品牌，我担心会失去原有的老顾客，保留老品牌，我的赛纳品牌又无法建立起来，真是进退两难。"

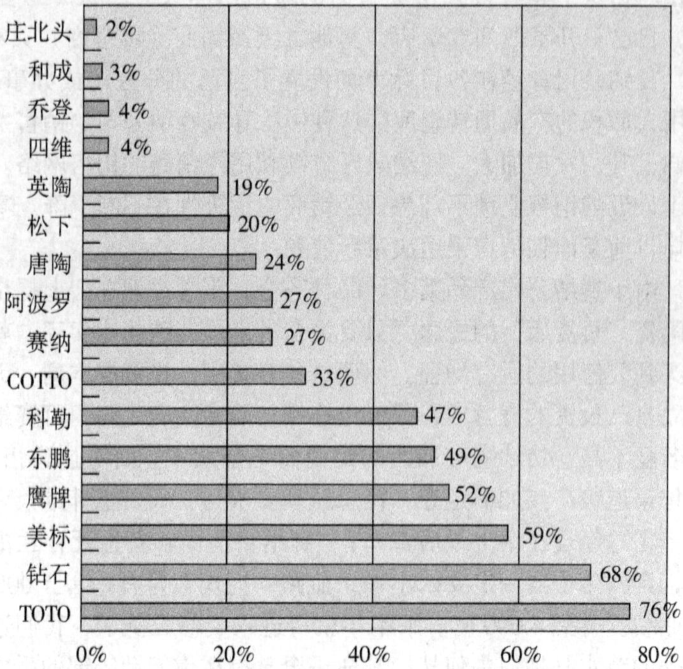

图 8　洁具品牌知名度排位基数 = 所有被访家庭(332)

图 7、图 8 资料来源：根据调查结果统计

七、销售渠道的问题

要实现赛纳奔腾抽水马桶销量的提升，必须建立合理的销售渠道，完善企业的销售网络。目前赛纳的渠道策略主要依靠经销商分销制度，自己只是在佛山设了两个带展示厅的专卖店。在全国各地的经销商目前有200多家，主要分布在广东、河北、山东、浙江、江苏、广西、福建等地，多数都是当地中小型的中间商，实力一般，而在一些中心城市更难找到有实力的经销商。比如在广州这个具有极大市场潜力的城市居然只有一家一级经销商，自己只开了两间专卖店，其他二级经销商（零售商）只有4家。赛纳公司曾经在各目标市场设立了自己的分公司或办事处，租用大面积的产品周转仓库。这种做法导致赛纳公司的销售费用急剧上升，亏损加大。赛纳只好继续利用经销商的销售网络。但由于最近的销售业绩不理想，经销商的积极性在不断下降。赛纳公司目前又面临销售渠道决策新课题。

由于赛纳公司产品繁多，品种齐全，霍总经理在会上提出赛纳陶瓷“百货店”的概念，只要消费者走进赛纳的专卖店，就可以买到装修用的所有陶瓷。然而这种专卖店的投资成本高，无法设立自己投资的直营店，只能走连锁加盟专卖店之路。可赛纳的知名度不高，估计响应加盟的经销商不会太多。面对这种情况，销售渠道策略该如何定夺？霍总经理要求与会人员献计献策。

霍总经理在会上最后宣布：“赛纳目前面临着生死存亡的抉择，奔腾坐便器一定要杀出一条血路，把现在每月销售1 000套的业绩提升到4 000套。下半年就将进入装修旺季了，我们这么优秀的节水马桶何去何从，其命运全掌握在你们销售部的手中！”

讨论题

针对目前赛纳奔腾坐便器滞销的状况，需要为赛纳公司的营销策略做何种调整：

1．你认为该产品的目标顾客群是何种用户？为什么？

2．针对你所拟定的目标顾客，该产品的价格定位应在何种水平？为什么？

3．为实现赛纳公司的销售目标，是否需要采用单一品牌策略？为什么？

4．赛纳公司的资金有限，目前只能在做品牌和做销售渠道方面二选其一，你认为应该先做品牌还是先整合销售渠道？为什么？

5．如果你是赛纳公司销售部的经理，要将现在的1 000套/月销量的业绩在短短的3个月内提高到4000套/月，你有什么高招？(可作为一个课外作业布置)

6．就有关专卖店进行讨论，如直营专卖店与联盟专卖店的优劣比较，对于缺乏资金公司如何进行专卖店建设。(可作为一个课外作业布置)

7．分析赛纳公司目前的SWOT状况，为赛纳策划一个整合营销的方案。(可作为一个课外作业布置)

2000年10月

案例 18

金花茶的市场营销

刘志超　朱娟　牟俊生

2002 年 3 月 28 日上午 9:00，广州市金花茶饮料有限公司的营销经理吴伟明在召集了广州的几家广告公司、策划公司的负责人在公司的会议室召开紧急会议，宣布了一项金花茶的市场营销策划方案的招标计划。要求各个公司要在 4 月 13 日之前把各自的方案提交给公司市场部，到时举行投标发表会。由公司的 6 位董事进行裁决，选出一个方案，争取在 5 月份开始进入广州市场。

植物界的“大熊猫”——金花茶

山茶花是我国特产的传统名花，也是世界性的名贵观赏植物。据统计，总数约有 220 种。而经自然杂交及人工培育的品种当在数千种以上。但以前，人们没有见到过花色金黄的种类。1960 年，我国科学工作者首次在广西南宁一带发现了一种金黄色的山茶花，被命名为金花茶。

金花茶的发现轰动了全世界的园艺界，受到国内外园艺学家的高度重视。认为它是培育金黄色山茶花品种的优良原始材料。

金花茶属于山茶科山茶属，与茶、山茶、南山茶、油茶、茶梅等为孪生姐妹。金花茶为常绿灌木或小乔木，高约 2～5 米，其枝条疏松，树皮淡灰黄色，叶深绿色，如皮革般厚实，狭长圆形。先端尾状渐尖或急尖，叶边缘微微向背面翻卷，有细细的质硬的锯齿。金花茶的花金黄色，耀眼夺目，仿佛涂着一层蜡，晶莹而油润，似有半透明之感。金花茶单生于叶腋，花开时，有杯状的、壶状的或碗状的，娇艳多姿，秀丽雅致。金花茶果实为蒴果，内藏 6～8 粒种子，种皮黑褐色，金花茶 4～5 月叶芽开始萌，2～3 年以后脱落。11 月开始开花，花期很长，可延续至翌年 3 月。

金花茶喜欢温暖湿润的气候，多生长在土壤疏松、排水良好的阴坡溪沟处，常常和买麻藤、藤金合欢、刺果藤、楠木、鹅掌楸等植物共同生活在一起。由于它的自然分布范围极其狭窄，只生长在广西南宁市的邕宁县海拔 100～200 米的低缓丘陵，数量很有限，所以被列为我国一级保护植物。为了使这一国宝繁衍生息，我国科学工作者正在通力合作进行杂交选育试验，以培育出更加优良的品种。近年来，我国昆明、杭州、上海等地已有引种栽培。

金花茶属于国家一级保护的珍稀药用植物，被称为植物界"大熊猫"、"茶族皇后"。茶花黄色，金瓣玉蕊，鲜丽俏艳，风姿绰约，极具观赏价值。金茶花富含黄酮类、多酚类、多种微量元素、18 种氨基酸，具有抗癌、抗病变、增强机体免疫力、降血脂、降血压、降胆固醇、抗衰老、抗动脉硬化等生物学功能。

金花茶还有较高的经济价值。其花除作观赏外，尚可入药，可治便血和妇女月经过多，也可作食用染料。叶除泡茶作饮料外，也有药用价值，可治痢疾和用于外洗烂疮；其木材质地坚硬，结构致密，可雕刻精美的工艺品及其他器具。此外，其种子尚可榨油、食用或工业上用作润滑油及其他溶剂的原料。

据专家研究，金花茶的保健作用主要有：

1．抗癌作用

Se：它能阻止游离基的形成。它能破坏致癌物在体内形成的环氧化物。Na_2SeO_3 能抑制鼠肝癌细胞 DNA 的合成，并使人体直肠腺癌细胞系 HR_{8348}DNA 的合成减少。Se 还能选择性地作用于肿瘤细胞的许多生化代谢而达到抗癌作用。

Ge：已知人体各器官都有它固定的电位。癌细胞的电位既高又剧烈地变动。Ge 可能通过脱氢作用，控制并抑低癌细胞的电位。

Mn：它有抗化学致癌——苯并（α）芘的致癌作用。

茶多酚：日本癌学会专家认为它能控制癌细胞的增殖。

2．降低胆固醇与 B 脂蛋白的作用

V：它与脂类及胆固醇的代谢有关。它可促进造血机能，显著降低血浆胆固醇。缺 V 动物血清甘油三脂增多，胆固醇含量增加。

Mn：它能改善动脉粥样硬化病人脂质代谢，防止实验性动脉粥样硬化。

用金花茶做出的饮料口感极好，略带甜味，是纯天然绿色健康饮品。总的来说，金花茶的药理作用可以表现为如下三个方面的功能作用：

医学方面——杀菌消毒，通经健胃，消热抗炎，抗衰老降血糖，抗溃疡等多种药理作用。

保健方面——金花茶富含多种营养物质，我国曾对全国野生植物进行研究，结论认为金花茶对人体保健功能可谓是十分难得，被誉为 21 世纪最佳保健品。

美容方面——金花茶含有多种天然的营养成分，对减少皮肤水分流失、恢复皮肤弹性、保持皮肤光滑润泽等具有很大作用。

广州市金花茶饮料有限公司

广州市金花茶饮料有限公司是一家刚刚注册成立不久的股份合作公司，董事长吴万江是台湾商人，资金实力相对比较雄厚，公司准备前期在这个项目上投入一千多万元的流动资金用作广告宣传等费用。几个高层管理者都是股东。公司现有十几名员工，其中包括 4 名销售人员。销售部经理在饮料行业有多年的销售经验，对广州的饮料经销商比较熟悉，有一定的社会关系。由吴董事长参股投资的广西浦佳金花茶有限公司总经销金花茶浓缩液，主要销售到香港、台湾地区。虽然浓缩液的价格比较高，每小瓶（100mL）的零售价为 198 元（人民币），但在港台地区仍然很受欢迎，除了港台地区的消费水平较高外，产品的功效受到广泛认可是比较重要的。吴董事长经过对内地饮料市场的竞争状况以及人们的消费趋势进行分析之后，认为把金花茶由浓缩液再加工为普通的金花茶饮料，它的市场前景是非常广阔的，于是成立了广州市金花茶饮料有限公司，获得了金花茶国内市场的总经销权，准备在国内市场上大干一场。目前以 350mL 的塑料瓶装金花茶测算，成本为 2.10 元人民币左右。金花茶饮料国内市场的项目主要由吴伟明经理负责。吴经理搜集了一些有关饮料市场的资料，提供给广告公司和策划公司参考。

根据这些资料，希望能够设计出详细的营销方案。以下是有关资料。

非常链接 1

饮料业厉兵秣马　全方位饮料公司呼之欲出

（www.emkt.com.cn 2001 年 05 月 17 日 10:12 市场报）

日前，可口可乐提供 1 045 万元的赞助额度，成为了九运会的主赞助商。与此同时，“统一”冰红茶赞助九运会 300 万元。

这意味着，利润不菲的软饮料行业的几位斗士，已扯起了向其他巨头进军的旗帜。而软饮料销售量在全球范围内强劲的增长势头，健康型新兴饮料市场的蓬勃发展，也为饮料各巨头的厉兵秣马提供了宽广的战场。

百事先走一步

近年来，软饮料在其产销量迅猛增长的同时，品种也日趋多样化，以前较单一的碳酸型软饮料已发展成为了现在的包括碳酸饮料、果汁及果汁饮料、蔬菜汁及蔬菜汁饮料、瓶装饮用水、运动饮料、奶品、乳酸饮料、茶饮料等在内的多个类别。除碳酸型饮料外，其他类别的软饮料因其可以为消费者提供一定的营养或是补充能量且含糖量低而被称为广义上的健康型饮料，健康型饮料的产销量在新世纪将会迅猛递增。

年营业额近 30 亿美元，饮料行业位居全球第二的百事可乐国际集团，早已在健康型饮料市场跨开了大步。

据英国《金融时报》报道，欧洲委员会于 3 月下旬批准了百事可乐公司兼并贵格公司的计划。若这笔 140 亿美元的兼并案在美国获得批准，百事将拥有非碳酸饮料市场的 37%的份额，第一次超过其竞争对手可口可乐公司。

早在这桩并购案之前，百事就已购入 South Beach Beverage 公司 90%的股份，并将该公司在美国销量巨大的 Sobe 药香茶也囊括到了自己麾下。

可口可乐不甘下风

面对百事可乐咄咄逼人的态势，全球饮料行业的老大可口可乐不会甘拜下风。

可口可乐首先走出的一着棋是，各出资一半酝酿与全球最大的食品公司雀巢成立合资企业，共同销售饮料。

可口可乐还与宝洁合作计划建立一新的合资企业用以销售 Sunny Delight、Minute Maid、Pringles 和其他产品。而在今年的 2 月 28 日，可口可乐与迪斯尼公司又宣布，他们将联手开发儿童饮料市场。

茶饮料：下一个战场

"发展健康型非碳酸型饮料是全球软饮料业的趋势，里面蕴涵有无限的商机，"一研究软饮料业的专家指出，"这块新兴市场给国内外的软饮料生产企业提供了良好的发展契机。"

广州珠江新城一软饮料经销商说，与碳酸型饮料增长较慢相比，果汁及果汁饮料、蔬菜汁及蔬菜汁饮料、瓶装饮用水、运动饮料、奶品、乳酸饮料、茶饮料等的消费量呈直线上涨的趋势，尤其是其中的茶饮料备受中青年人欢迎，茶饮料的各种国内外品牌也如雨后春笋般纷纷冒了出来。

国家轻工业局的一负责人也表示，"去年我国的软饮料产量为 1 400 万吨，预计 2005 年将会达到 2 260 万吨。碳酸型饮料为其中的最大块，但天然的、营养好的、具有保健效果和较好口味的健康型新兴饮料将会迅速发展为饮料消费市场的主流。"

跨国巨鳄可口可乐和百事可乐均将自己定位为"全方位饮料公司"，在茶饮料市场自然都是不甘示弱，可口可乐于今年 3 月份在中国推出了"岚风"蜂蜜绿茶，在日本同时推出了"Marocha"绿茶；百事可乐以立顿红茶为依托，也将会陆续推出新的茶饮料品牌。而台湾的统一企业也早就推出了统一冰红茶。

前不久，据全国茶饮料发展研讨会的统计，我国茶饮料产量已近 50 万吨，目前国内生产茶饮料的大中型企业超过 10 家，上市品牌多达 100 多种。

机遇同时意味着挑战，我国的饮料企业整体水平不高，产品档次、口味适应性、质量稳定性、经营管理水平等亟待提高，更无品牌真正打入国际市场。国家轻工业局的一负责人指出，"我国软饮料消费市场的潜力巨大，国内软饮料商家要扬长避短充分壮大和发展自己，争取在与可口可乐、百事可乐、雀巢、统一等巨头的碰撞中赢得生存和发展的空间。”

非常链接 2

瞄准果汁饮料市场　“两乐”中国之战硝烟四起

（www.emkt.com.cn 2002－03－20　09:07:15 中国经营报）

在经历2001年运动型饮料“轻怡”、“健怡”的贴身紧逼后，“两乐”中国之争的烽火终于从碳酸饮料开始向非碳酸饮料蔓延。3月初，可口可乐在广州宣布：投入1亿元人民币推广一种从日本引进的果汁饮料“酷儿（Qoo）”，并力争拿下40%的市场份额。而早在今年年初，百事可乐就在完成了对纯品康纳和贵格在中国业务的整合后，开始销售纯品康纳鲜榨果汁和都乐100%系列鲜榨果汁，广州百事可乐公司有关人士告诉记者，百事今年在果汁饮料方面会有比较大的动作。至此，“两乐”中国之争又在果汁饮料市场交上了火。

以果汁图变非碳酸饮料市场

巨大的市场容量和飞快的增长速度使得果汁饮料市场就像一枚已经成熟了的果子，诱惑着众多垂涎的目光。除“两乐”外，统一、康师傅、健力宝等都先后推出果汁饮料，娃哈哈也在前段时间为果汁大打广告造势，而国内果汁饮料的龙头企业汇源集团则更是在去年斥巨资从国外引进了60多条无菌灌装生产线。此外，国外的果汁商也纷纷前来中国抢占市场，澳大利亚的金环、丹麦CO－RO公司的Sunquick及其他一些洋果汁也已经在许多超市登陆，果汁饮料市场的争夺战已然全面升级。

诱惑“两乐”进军果汁饮料领域的另外一个重要原因是：虽然近年来各种果汁品牌层出不穷，但在国内市场上目前尚未出现一个占绝对统治地位的领导品牌。目前在国内果汁饮料市场占主导地位的是汇源、椰树、统一、露露等品牌，由于国内果汁饮料品牌众多，哪一家所占据的市场份额都不大，一些新锐明显立足未稳，给“两乐”的进入留下了巨大的想象空间。可口可乐仅花在“酷儿”的市场推广方面的费用就宣称高达一个亿，并声称要拿下40%的市场份额；百事可乐挟纯品康纳、贵格在全球果汁饮料市场的声势，也明摆着志不在小。显然，“两乐”都想凭借果汁饮料在非碳酸饮料市场上打个翻身仗。

“两乐”果汁饮料市场的明争与暗斗

与先后推出市场定位几乎完全重合的运动型饮料“轻怡”、“健怡”的贴身紧逼攻防不同，“两乐”此次在推出果汁饮料时选择了回避直接的正面冲突。

在此次可口可乐“酷儿”广州见面会上，马车拉着“酷儿”的卡通形象在天河城亮相，直接吸引目标消费群体——5~12岁的儿童。而百事可乐则通过接手纯品康纳于1995年在广东惠州投资建立的生产基地，主推纯品康纳鲜榨果汁和都乐100%系列鲜榨果汁。与可口可乐抢占儿童市场不同，百事可乐在推广果汁饮料时注意了与自己“年轻”、“时尚”的品牌特点相吻合，将卖点着重放在了“100%的果汁”上，将自己的果汁饮料定位于高端消费群。在对外宣传方面，“两乐”更是绝口不提与对方竞争，可口可乐对百事可乐推广果汁饮料一事避而不谈，百事可乐则表示自己“100%的果汁”和其他的果汁饮料是完全不同的两个概念，竞争一说无从谈起。果真如此吗？

实际上，“两乐”在包括果汁饮料在内的所有业务上的合纵连横已然呈现两军对垒的态势。在这方面，百事可乐的策略偏重于将全球的各项业务做通盘考虑，除亚洲、天府等少数区域性品牌外，百事可乐对于通过并购区域性品牌打区域市场的做法并不热衷。在收购纯品康纳和贵格之后，百事可乐得以拥有非碳酸饮料市场的领导地位，最终形成以小食品、百事可乐系列饮料和果汁饮料三位一体的商业格局。相比之下，可口可乐在果汁饮料方面的动作则显得有点零碎，无论是联合雀巢、宝洁、迪斯尼还是近日对果汁饮料生产商奥德瓦拉（Odwalla）的收购，都带有应战的痕迹。但不管怎样，可口可乐也组织起了自己的统战联盟，与百事可乐相对应，可口可乐的统战联盟也主要由三条阵线构成，分别是与雀巢合作公司的非碳酸饮料业务、与宝洁合作公司的小食品业务及与迪斯尼合作公司的儿童营养食品业务。在这种情况下，果汁饮料也将不可避免地卷入他们全方位竞争的战局。

就是在中国，“两乐”在今年先后推出果汁饮料也明显传递出在这一领域竞争的信号。虽然早在2001年12月，可口可乐的“酷儿”已经在西安、杭州和郑州面世，但可口可乐最终还是选择了将广东作为其向全国范围大规模推广的起点站。而耐人寻味的是，纯品康纳的惠州生产基地正是被归并到了广州百事可乐公司的旗下，广东，也正是百事可乐在全国推广果汁饮料的桥头堡。另据分析，“两乐”儿童市场和高端市场的划分采用的是两种不同的标准，这两个细分市场之间存在很大程度的交叉和重叠，而对于交叉和重叠这一部分消费者的争夺将不可避免。另外，不管是“为儿童度身定制”也好，“100%的果汁”也罢，同作为果汁饮料，这些产品之间具有极强的可替代性，在市场容量增长有限的情况下，对消费者的争夺也必将变得更加激烈，竞争并不会因为“两乐”在口头上的回避而不存在。

非常链接 3

2001年中国茶饮料的市场

（摘抄自阿里巴巴网站）

随着我国居民生活水平的提高，消费观念的变化，饮料已从昔日的生活奢侈品转为日常的生活必需品。据中国饮料工业协会统计资料显示，饮料业连续保持了21年快速增长的势头，同时，国内饮料市场对品种的需求也在发生变化。其中茶饮料是所有饮料类别中增长最快的。2001年的茶饮料市场具有什么样的特点呢？在茶饮料市场竞争中起决定作用的消费者的行为习惯和态度又是怎样的呢？

最近，新生代市场监测机构等机构联合完成的自主研究项目“中国市场与媒体研究（CMMS2001）”提供了一组数据，可以让饮料业内同仁对去年的茶饮料市场现状和消费行为有所了解。

市场渗透率：人均GDP高的城市明显高于低的城市，去年茶饮料全国市场渗透率达32.6%，仅次于碳酸饮料和包装水饮料。据调查结果显示，市场渗透率高的城市主要集中在沿海经济发达城市，并且与居民人均GDP

相关，其中以深圳（60.9%）最高，其次是广州（53.6%）和厦门(48.9%)，可以看出，广东省作为我国经济最发达的省份，同时也是茶饮料生产和消费最为集中的区域，更是目前茶饮料竞争最为激烈的市场。华南地区的强热带气候显然是茶饮料消费大的外在原因，另外该地区自古形成的饮茶文化也促进了“茶饮热”的风行；其他旅游业发达的城市如昆明、苏州、杭州等也是茶饮料消费的重要区域。武汉和郑州地理位置处于南北方交界之处，特别是武汉市，自从国内饮料业开始发展，就是中外饮料制造商的必争之地，目前，几乎所有的大饮料厂家特别是茶饮料厂家均已在武汉设厂，可以预见，不久的将来武汉市“茶饮料之战”在所难免。

西部开发将推动茶饮料增长

从2001年与2000年茶饮料市场渗透率对比数据可以看出，成都、西安是去年茶饮料市场渗透率增长最快的两个城市，成都市是西南地区经济发展最快的中心城市，去年成都市茶饮料市场渗透率增长18.1%，由此可见，西南的茶饮料市场发展速度之迅速。西安市是我国重要的旅游城市，同时也是西北区域经济和贸易的中心城市，去年茶饮料市场渗透率也获得了较高的增长。可以说，这两个西部典型代表城市茶饮料市场的大幅增长，与国家加大对西部经济的大开发的背景不无关系，相信，精明的茶饮料厂家当然不会错过这个大好的发展良机，争相到西部“淘金”。

进入垄断竞争阶段

根据产业经济学理论，要判断一个行业的市场结构，卖方集中度低于10%左右，厂家众多，产品差异很小或较小，无明显的规模经济，而又自由进入的行业为完全竞争的市场结构；卖方集中度介于10%～50%之间，厂家数目相对较少，存在较显著的规模经济，产品差异中等或者较大，而又有一定进入壁垒的行业为垄断竞争的市场结构；卖方集中度大于50%，有显著的规模经济，产品差异大，而又有较高进入壁垒的行业为寡头垄断的市场结构。虽然茶饮料的三大厂家的市场集中度已超过50%以上，但就茶饮料行业来讲，属于产品差异相对较小，进入壁垒相对较低的行业，而且目前的生产厂家和欲涉足茶饮料的厂家较多，其中不乏国际饮料巨头可口可乐公司和国内“饮料工业十强”如娃哈哈、乐百氏、汇源、露露、椰树等。但总体来说，去年的茶饮料市场处于垄断竞争的格局。

调查结果显示，“康师傅”占据了茶饮料霸主地位，统一为市场渗透率增长第二的品牌。生产“康师傅”茶饮料的顶新集团，无疑是去年茶饮料市场的最大赢家。“康师傅”之所以取得成功，主要得益于不断创新的产品策略。在消费者需求日益主导产品走向的时代，对企业和产品个性化和差异化的要求越来越高，只有不断创新产品，才有发展，“康师傅”适时推出了调味茶饮料系列，口味涵盖了绿茶、冰红茶、冰绿茶、乌龙茶、柠檬茶等茶饮料所有品种，而且包装也成系列，从而使不同包装、不同价格的产品满足了不同消费者的需求；通路为赢的渠道策略，“康师傅”有句名言叫做“精耕100，菜头开花”，“康师傅”实行通路深耕的渠道策略，理顺简化了销售渠道，从而使新产品从上市到进入消费者家庭由以前的一个半月缩减为二三周，从而使消费者更方便地买得到产品；和消费者零距离的沟通策略，“康师傅”前年抓住“绿色旅游年”的机会，在全国推出了大型主题活动，让人们认识了“自然最健康，绿色好心情”的绿茶，2001年又力邀天王巨星任贤齐担任冰红茶形象代言人———展现“康师傅”冰红茶的“冰酷”形象，并且，“康师傅”茶饮料是今夏广告投放范围最广的品牌，投放量占茶饮料广告的半数以上，良好的沟通策略和较大的行销力度拉近了与消费者的距离，从而使“康师傅”成为今年茶饮料消费者的首选品牌。

女性消费高于男性

调查显示，女性最常喝茶饮料的比例稍高于男性，这与女性消费者更看重茶饮料的健康、时尚特性不无关系，另外，喝茶饮料不发胖是女性多于男性选择茶饮料的主要原因，而且女性对茶饮料具有保健特性的认知高于男性也是其更多青睐茶饮料的原因之一。

15～24岁消费者是主要目标

调查显示，15～24岁消费者是茶饮料的主要目标消费群，其次是25～34岁年龄段消费者，这两个年龄段成为茶饮料的消费主体，与碳酸饮料和包装水的主要消费群差异不大。可以说，口味独特和产品时尚是茶饮料吸引15～24岁消费者的主要原因。在15～24岁重度茶饮料消费者（每周饮用茶饮料4次或以上）中，喝统一茶饮料的多于康师傅，而25～34岁重度消费者，更多的倾向于喝“康师傅”茶饮料。

“天然、健康、回归自然”已成为越来越多消费者的健康生活方式的消费潮流。而茶饮料之所以突然“火”起来正是因为其满足了消费者的这种需求，茶饮料的消费方式符合了现代生活方式的要求。

茶饮料开始得以畅销的原因之一在于以20～30多岁的人士为中心收入水平获得提高。随着年轻一代可支配收入的增加，大多数消费者认为PET瓶饮料虽然稍微贵一点但是觉得更“潇洒”、更“时尚”，另外一个原因在于人们的健康意识提高。过去可乐等碳酸饮料在清凉饮料市场中占有绝对的优势，在非碳酸饮料中也是甜度高的饮料受欢迎。究其缘由，是由于“人们认为既然掏钱购买，营养成分越高越划算”。然而随着以高收入阶层为中心的生活方式逐渐欧化，女士们开始关心起自己的体重来，由于减肥成为人们追求的时尚，甜度低的茶饮料也就理所当然地为人们所接受。

无疑，正是因为茶饮料满足了当代消费者的功能和心理需求，才使它在很短的时间里发展如此迅速。机遇与挑战共在。据业内人士介绍，茶饮料是20世纪90年代欧美国家发展最快的饮料，被视为新时代饮料，在台湾和日本，茶饮料已超过碳酸饮料成为市场第一大饮料品种，台湾95%的饮料企业都生产茶饮料，最近几年，中国茶饮料市场发展速度超过300%，茶饮料已成为仅次于碳酸饮料的第三大饮品，涨势迅猛。

尽管茶饮料市场群雄并起，许多企业在全力跟进，抢夺市场份额。去年夏天，一向以经营可乐等碳酸饮料闻名世界的饮料巨头可口可乐公司，不仅在中国打出多元化的旗号，而且似乎在一夜之间就涉足中国所有茶饮料品种，推出“岚风”系列茶饮料，同时，可口可乐公司内部还给“岚风”茶定下市场目标，即超过“康师傅”和“统一”。当可口可乐公司的绿茶刚刚登陆沪杭市场时，杭州娃哈哈集团便宣布涉足茶饮料，2001年5月份便推出非常系列饮料，乐百氏、汇源、春都、椰树、露露等也均已开始涉足茶饮业，分别推出了各自的茶饮料系列，就连国内啤酒业的龙头老大青啤也开始与日本朝日公司合作生产乌龙茶。业内人士放言，茶饮料将在我国掀起第三次饮料浪潮，甚至取代饮用水地位，与发展多年的碳酸饮料争夺市场霸主。同时，由于可口可乐、康师傅、统一这三大巨头的倾力出击，三得利、麒麟以及朝日这三大日本厂商抢占中国市场的“茶水之战”如火如荼，茶饮市场鏖战在即已成为业内人所共知的事实。

非常链接 4

茶饮料国内外发展状况及分析

茶饮料起源于美国，风行于日本、台湾等地区。目前市场上所出售的茶饮料主要有三类：第一类是纯茶水；第二类是调味茶，即通常称的冰茶；第三类是加入一些保健成分的保健茶，其配料主要是以红茶、绿茶、乌龙茶为茶基。茶叶是当今世界消费量最大的饮料之一，它和咖啡、可可饮料并称世界三大无酒精饮料。茶叶含有儿茶素、酚类、咖啡碱、黄酮类、茶碱、芳香油化合物、蛋白质、多种维生素以及钙、磷、铁、碘、锰、钼、锌、铜、锗、氟、硒等微量元素，共有300多种成分，这些成分对人体防病治病有着重要的作用，茶叶的主要保健作用是：调节免疫功能、延缓衰老、抗疲劳、减肥、抗辐射、抗癌、降血脂、预防龋齿等，1997年6月美国对外公布了绿茶的抗癌研究成果。1997年全世界茶饮料生产量已达1 000万吨。《Euromonitor》调查，世界10大饮料消费国是美国、日本、德国、巴西、英国、法国、意大利、墨西哥、中国和加拿大。冰茶在美国已近二十年历史，但近十年发展较快，1994年美国的茶饮料销售量达150万吨，人均销售量为7.9升，成为仅次于碳酸饮料的第二大饮品。据美国《Beverage Industry》杂志统计，包装茶饮料的消费量1996年是286.4万吨，1997年300万吨，约占饮料市场的2.2%。80年代，日本伊藤园以我国乌龙茶为原料，首先推出即饮式茶饮料，十多年来，茶饮料风靡日本。1997年年产销量360万吨，占整个饮料市场的22%，近年来还推出龙井茶、茉莉花茶及多种中草药茶饮料，畅销不衰，平均每个日本人年消费量已达24公斤。据《Soft Drinks》杂志报道，西欧软饮料市场冰茶1991年占0.7%，到1997年已占市场份额约10.3%，可见茶饮料销售量上升速度之快，在欧洲饮料风味物的消费中，柠檬、橙子占所有风味物之首为20.2%和18.1%，这与茶饮料的逐渐兴起有关，因为西方人的茶饮料里以这两种风味为主。

台湾省80年代自“开喜”公司推出乌龙茶饮料以来，据台湾《食品工业》杂志报道，1992年茶饮料消费超过碳酸饮料，占台湾软饮料的24%，至1994年茶饮料占台湾软饮料销售的40%，1997年台湾饮料市场总销售额为480亿台币，其中茶饮料126亿台币。据1999年《Soft Drinks》报道，在印度尼西亚，茶饮料市场销售量1993年16.5万吨，1997年23.4万吨，占整个饮料销售的10%左右，1993～1997年茶饮料销售增长了42%。茶饮料是我国近几年新发展的品种，自90年代初茶饮料上市以来，先后有数十家饮料公司向市场推出茶饮料，1997年产量不足20万吨，1998年产量约为40万吨，可见茶饮料与整个饮料行业的产量相比，所占比例是极小的，发展的潜力极大。今年我国的茶饮料开始走俏，旭日升、康师傅、统一、三得利、汇源、奥德赛、陆必成等实力企业已推出高品质的多种风味的茶饮料，包装上也多种多样，有易拉罐、聚酯（PET）瓶、PEN（PET的改良品，可以使产品热灌装)、铝塑复合包装，新工艺的聚丙烯(BOPP)，估计今年的销量肯定比去年有很大增长。过去，西方人总感到绿茶有青草的味，且很多人相当敏感，由于绿茶的茶多酚含量高于红茶、乌龙茶，人们已逐渐认识到它的保健功能，通过合适地调味，绿茶基的冰茶已进入市场，已成为销售看好的品种之一。茶饮料因其独特的风味、营养、保健疗效及消暑解渴的特点，符合现代人们对饮料要求的国际趋势，即三低：低热量、低脂肪、低糖，并且天然、健康、新颖。它所占软饮料市场的份额迅速上升，正风靡日本、欧美，在其他地区也开始流行，茶饮料的国际市场潜力很大。我国的茶饮料市场潜力也很大。随着人们生活水平的提高，生活节奏加快，人们对茶的保健功能也逐渐有所认识，只要我们调好茶饮料口味，保证产品质量，内容物呈现多样化即再生产一些保健混合茶，包装新颖、科学，在此基础上尽量降低成本，生产出适合中国国情和中国人口味的茶饮料，让人们在解渴的同时，喝出品味，喝出健康，相信茶饮料将会有一个光明的前景。

附录 相关网站、网页

1. http://www.cycnet.com.cn/encyclopedia/propagation/plant/991026008.htm

2. http://nanning.chinese.com/lvyou/1-13-1.htm

3. http://www.gxepb.gov.cn/jhc.htm

4. http://www.unn.com.cn/GB/channel2334/2339/2361/200207/29/199418.htm

案例 19

摩托罗拉公司在中国手机市场

李 业 赵向莉

2001 年 1 月一个星期一的上午，摩托罗拉（中国）公司的高层管理人员在总部会议室研究一项重大的决策。上周五市场部呈交的一份报告指出，中国手机市场的竞争格局正发生重大的变化。从竞争态势的演变来看，摩托罗拉公司必须及时制定应变对策，将酝酿了一段时间的产品组合策略付诸实施。

一、中国手机市场近况

2000 年中国已经成为全球最大移动电话市场。中国移动电话用户规模从 1987 年的 700 户发展到 2000 年 8 300 万户，移动通信业务增长迅速。1988 ~ 2000 年平均年增长率达到 155%。但目前手机在中国普及率仍然不高，而发达国家手机的普及率在 30%以上，所以，中国未来的手机市场潜力巨大。2001 年中国市场预计将实现销售 8 000 万部，其中新机市场为 5 000 万部，换机市场为 3 000 万部。市场总容量将达到 1.5 亿部。

中国手机市场竞争格局的演变可以分为三个阶段：

第一阶段是 1987 ~ 1995 年，这一时期，摩托罗拉在中国手机市场上独领风骚。这是因为摩托罗拉是第一个进入中国移动通讯业的国外品牌。1987年，中国移动通讯系统在广东首次开通，当时引进的是摩托罗拉的设备。相当一段时间内，由于缺乏竞争者，中国手机市场基本上由摩托罗拉垄断。

第二阶段是1996～1998年，爱立信、诺基亚等后进入者，抓住GSM数字网开通带来的机遇，市场份额急剧上升，直接挑战摩托罗拉，手机市场形成摩托罗拉、爱立信、诺基亚三足鼎立的局面。据1998年的一项调查（1998年全国主要城市居民消费品的调查），它们的市场份额分别为：摩托罗拉37.3%，爱立信28.6%，诺基亚15.6%，三大品牌总计占市场份额的80%以上，其余20%由飞利浦、西门子、阿尔卡特、索尼等多个品牌瓜分。

第三阶段是1998年至今，中国国产科健手机进入市场，改变了市场的竞争格局，逐步形成了中国手机市场的三大阵营。摩托罗拉（MOTOROLA）、诺基亚（NOKIA）、爱立信（ERICSSON）三大品牌凭借其在中国市场的先动优势、技术实力、规模等优势组成中国移动电话市场的第一阵营。Philips、Panasonic、Siemens、Sony、NEC、Alcatel、Mitsubishi、Hagenuk、Sang、Bosch、Samsun、健伍、三菱等品牌由于进入中国市场时间较短以及没有移动通信主机设备等原因，这些国外品牌在中国市场中的份额相对摩托罗拉、诺基亚和爱立信三大品牌差距较大，形成中国移动电话市场的第二阵营。1998年底，以科健首先进入移动电话市场为标志，国产手机大规模进入中国通信市场，国产品牌成为市场的第三阵营。国产品牌虽然与国外品牌相比还有较大的差距，但也已经在逐步形成自己品牌的特色，逐步建立品牌形象，如厦华、科健以新型的造型见长；而波导则以通话质量好、性能价格比优越而成为国产品牌占有率最高的手机。2000年年底，TCL公司推出宝石系列手机，聘请韩国著名影星金喜善为手机代言人，在中央电视台及部分地方台做广告，销售量大幅上升，势头强劲。

表 1 2000 年中国市场手机生产企业的市场占有率

公司	摩托罗拉	诺基亚	爱立信	西门子	三星	菲利浦	松下	波导	科健	海尔
市场占有率	31.1%	26.9%	14.7%	8.9%	5.4%	3.6%	2.1%	0.8%	0.6%	0.5%

资料来源：中国营销传播网，2001 年 3 月。

2000 年，三大阵营的市场分布如图 1 所示：

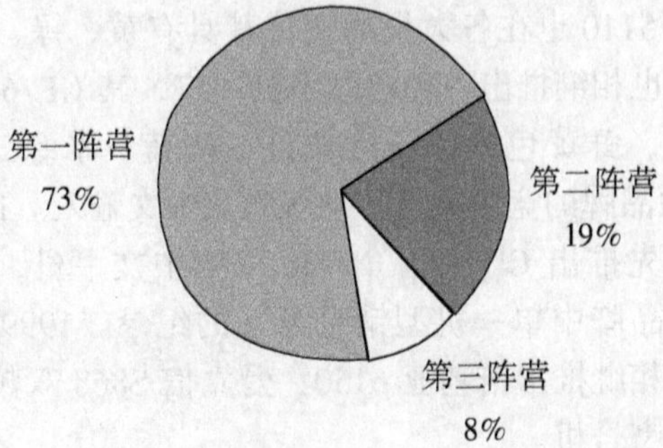

图 1 2000 年移动电话市场分布图

资料来源：信息产业部电子信息产品管理司

中国手机市场消费需求呈现多元化发展趋势，摩托罗拉和诺基亚都推出了高、中、低不同档次的手机，适应不同层次消费群的需要。例如摩托罗拉 338C、V998 针对的是高收入阶层及商业界成功人士。摩托罗拉 starTAC、CD928、CD938 针对的是中层消费者，摩托罗拉的 d560、561c 则针对收入较低的工薪阶层。诺基亚 8810 针对有身份和地位的高层人士，6110 针对中等收入消费者，5110 则以低价吸引广大工薪阶层。目前，国产手机厂商在价格方面也采取低价占领市场策略，低档次的手机市场价格竞争非常激烈。价格策略的另一表现是：某公司的新产品推出后，一旦市场上有同类产品出现，即采取降价策略。摩托罗拉中文双频手机 CD928 原来定位在中高档，当诺基亚、爱立信相继推出双频手机后，即降价 1 000 元，重新定位为中低档次手机。

随着手机市场不断走向成熟，手机市场竞争的焦点也不断发生转移。仅就 1997～1999 年初的两年间，竞争焦点就有三次转移。1997 年以价格为焦点，武汉曾出现 3 个月内手机价格下调数千元。围绕消费者个性的手机款式、花色的竞争是 1998 年的焦点。1998 年摩托罗拉推出红、绿、黄、蓝、紫各种亮丽色彩的 308 彩色手机，并以“蝴蝶”为主题开展大规模的广告宣传活动。诺基亚 5110 也在各大报章宣传其具有黄、绿、橙随心换彩壳。爱立信也相继推出各种色彩手机回应，其 CF768C 除有广受欢迎的深蓝、鲜黄色外，还有橘红、碧蓝、翠绿三种流行色。1999 年各大品牌的竞争重点转向双频及中文输入。1998 年 8 月，摩托罗拉率先推出 CD928、CD938 双频中文手机，上市两个月内创下所有品牌中单一机型销量第一的纪录。1999 年初，诺基亚、爱立信相继推出诺基亚 6150、爱立信 S868 双频手机，且都有了中文版型号机。

二、影响手机市场的主要因素

手机在中国曾是身份和地位的象征。1992 年前，一部手机的商场售价高达 60 000 元，入网费高达 10 000 元，每分钟通话费 5 元，主要针对高收入的消费阶层和大公司首脑，被称为“大哥大”。当时中国手机市场处于发展的初级阶段，缺少竞争，产品品种单一，重量约 1 公斤，颜色也一律为黑色。

随着社会和市场的变化，科技的发展，手机已经成了日渐普及的消费产品。消费者需求日益多样化，对手机的外观、色彩、功能等要求逐步丰富。随着应用技术的逐渐成熟，PDA、YAMAHA音乐、游戏、彩屏、MP3、FM功能将逐渐成为新的卖点，移动增值服务业务将开始起步，商务机的需求将增加。此外，随着手机更新换代的速度加快，换机市场也将会有较大的扩张。

2002年，中国两大电信运营商中国移动和中国联通将分别开通2.5G网络GPRS和CDMA系统。这两种技术发展方案不管谁将胜出，都会给中国手机行业注入新的活力。预计未来5年内，GSM手机仍将是中国市场的主流，但GPRS和CDMA手机作为未来技术发展方向，将逐渐占据主导地位。

在手机的购买中，消费者不仅考虑产品的性能和价格，而且越来越多地考虑该产品是否达到满足情感需求和自我表现的需求；在对同样的性能或功能的产品进行选择时，消费者更着重的是自己对产品的感觉，如喜欢不喜欢、能不能表现自己等。手机的品牌定位已经从高科技路线向以消费者需求为导向转型。手机作为时尚的象征，在当前宣扬个性的时代，消费者对手机的个性化要求日趋明显。因此可以说：

手机=沟通+资讯管理+时尚

表2　中国市场手机生产企业的广告语比较

品牌	广告语	品牌	广告语
摩托罗拉	沟通无极限	波导	手机中的战斗机
诺基亚	科技以人为本	科健	专注做好每件事
阿尔卡特	精彩不容错过	康佳	创意科技，沟通无限
菲利浦	让我们做得更好	海尔	真诚到永远
爱立信	一切尽在掌握	TCL	中国手机新形象

三、摩托罗拉公司在中国

美国摩托罗拉公司 1987 年开始在中国设立办事处，1992 年 3 月独资在天津成立摩托罗拉（中国）电子有限公司，在中国建立了第一个生产基地，1997 年该公司又投资 9 000 万美元在苏州建立了第二个生产基地。摩托罗拉已从最初的投资 1.2 亿美元、年产值几千万美元发展到 2001 年的在华总投资额达 34 亿美元（其中在天津投资 30 亿美元）、销售额 49 亿美元的规模，成为中国电子领域最大的外商投资企业和中国外商投资企业 500 强第一名。摩托罗拉与中国政府的长期友好的合作关系为摩托罗拉奠定了良好的发展空间。摩托罗拉与当地政府关系在几大通信巨头里是最好的，这也更加反映出了摩托罗拉在中国寻求长久发展的战略动机。

摩托罗拉作为中国最大的外商投资企业，其目标是 5 年内实现本地采购、产值、累计投资各 100 亿美元。作为中国政府惟一授权生产 CDMA 的外资生产商，2002 年其在 GPRS 和 CDMA 手机生产上都将凭借原有的品牌和科技实力强势切入，同时加快建立“一站式”售后服务系统，通过丰富多彩的品牌推广活动构建顾客忠诚。

目前摩托罗拉在中国的发展战略可以归结为“2 + 3 + 3”战略：“2”是要把中国发展成摩托罗拉全球性的生产制造中心和研发中心。摩托罗拉（中国）研究院目前下设 18 个研发中心，1 000多名研发人员，研发投资 25 亿元人民币。2001 年 11 月，摩托罗拉全球董事会在京决定，将北京建成摩托罗拉的全球研发基地之一，把技术核心部分放在中国，未来 5 年内累计研发投资达到 10 亿美元，研发人员达到 4 000 人。第一个“3”是指在努力发展无线通信业务的同时，积极培养和开拓三个新的利润增长点：半导体、数字集群通信系统和宽带。另一个“3”是指3个100亿美元的宏伟计划：到2006年，包括合资伙伴、供应商投资在内在中国的投资累计达到100亿美元；到2006年实现年产值100亿美元；在未来5年内本地采购达到100亿美元。

同时，摩托罗拉很重视在中国的社会公益活动，关注中国的教育事业、体育事业、环境保护、西部开发、扶贫救灾等公益事业。连续第七次向希望工程捐款300万元人民币，向中国高等教育事业的捐款也累计达到1 100万元人民币。摩托罗拉还捐赠了1 000万美元给中国政府用于培训，并赞助了第21届世界大学生运动会、第9届全运会、冠名赞助全国男篮甲级联赛。这一系列行动得到了社会各界的广泛好评，进一步树立了摩托罗拉“中国社会好公民”的形象。

四、摩托罗拉的产品策略

在1997年之前，摩托罗拉在中国手机市场一直排名第一，到1997年底，由于GSM的兴起，异军突起的爱立信公司一举夺取了35%的市场份额，成功地将摩托罗拉逼到了第二名。一年前还垄断着中国70%市场的摩托罗拉市场份额只剩下26%，诺基亚则紧随其后，占据着22%的市场。在随后的1998年，摩托罗拉又被诺基亚赶超而退居第三。1999年新年，摩托罗拉推出了世界上第一代内置键盘输入法的真正全中文手机CD928+和CD938+，并迅速创出单一机型两月内连续周销量第一的热卖记录。摩托罗拉趁热打铁，于3月和6月又连续推出了两款颇具轰动性的新型手机：号称世界体积最小、功能最全的中文手机V998与另一款三频手机L2000。摩托罗拉挽回了市场占有率持续下跌的颓势，完成了与诺基亚并驾齐驱的阶段目标，但是摩托罗拉以往的绝对优势已受到严重挑战。

摩托罗拉公司综合分析中国手机市场的需求变化、竞争态势，形成了产品策略的基本思路。它将副品牌进行细化，针对不同群体的消费者“量身定做”产品及其品牌，这样可以使其对消费者的服务更加到位、更加贴切，同时也可以让消费者感受到更具体、更亲切、更友善的形象，确信这些品牌的手机就是专门为自己设计的，从而在选择上感到更加容易。

摩托罗拉公司主要推出了以下四个手机副品牌：天拓（ACCOMPLI）、时梭（TIMEPORT）、V.（Vdot）和心语（TALKABOUT），分别对应科技追求型、时间管理型、形象追求型和个人交往型等不同的目标市场。不仅在功能上保持了固有的技术领先优势，而且积极贴近消费者，力求为消费者提供个性化的设计，更加年轻化和时尚化，见图2。

	注重功能	注重外形
高端	科技追求型 ACCOMPLI	形象追求型 V dot
低端	时间管理型 TIMEPORT	个人交往型 TALKABOUT

图2　摩托罗拉公司的产品组合

1. 天拓（ACCOMPLI）

在这4个品牌中，摩托罗拉天拓（ACCOMPLI）品牌是专为科技追求型消费者定位的品牌，这类消费者对科技十分着迷，永远希望自己是第一个拥有最酷的革命性产品的人，他们追求的是最超前、最先进的感觉。摩托罗拉的太极A6188手机正是以这类人为目标，其独创的先进功能包括触摸屏、手机传真、WAP电子邮件、日程管理等。在市场推广方面，摩托罗拉邀请万科企业股份有限公司董事长王石先生出任产品代言人，他代表了能够充分领略工作、生活双重魅力的消费者群体。

2. 时梭（TIMEPORT）

摩托罗拉时梭（TIMEPORT）品牌是针对时间管理型消费者而设计的。这类消费者通常是讲求效率、经常需要做出决策的管理人员。TIMEPORT 系列手机，包括三频通 L2000、上网手机 L2000www 等产品，具有三频全球漫游、WAP 上网浏览、三分钟语音短信等功能，可以使消费者在紧张高效的工作中做到有条不紊、游刃有余。在价格方面，针对这类消费者的购买习惯，公司将其定位在低端市场。

3. V.（V dot）

V.（V dot）品牌手机的设计定位在于传达使用者的个性和品位，如摩托罗拉 V998、V998 +、L2088 及 L2188 这几款机型。这一类型手机外形精致小巧，在广告形象上和名车、明星联系在一起，传达带领时代潮流，追求时尚的信息。它体现了形象追求型消费者的地位和反映了他们的生活格调，迎合了他们的心理需求。由于这类消费者的经济实力很强，所以公司将其定位在市场的高端部分。

4. 心语（TALKABOUT）

在消费者中，有一个群体非常注重生活情趣，他们工作稳定，事业与家庭并重，重视与家人和朋友的感情交流。针对这类个人交往型的消费者，摩托罗拉公司特别推出“心语”（TALKABOUT）品牌及其首款产品心语 T2688。这一类型的消费者使用手机主要用于和家人及朋友的沟通。2000 年新年过后在北京四合院举行别开生面的发布会，从形式到内容也正体现了“心语”手机的诉求点：“浓浓的亲情、亲密的爱情、温馨的友情时时伴随在你我身旁”。“心语”系列属于大众型消费市场，这一市场是成长最快的消费市场。虽然产品的价格较低，但是它的基本功能并没有减少。心语 T2688 手机的技术保证了通话顺畅自然，双频段自动切换，中文键盘收入，支持免提式耳机，自由编发短信息，并内置闹钟、日历和计算器等功能。

摩托罗拉公司的产品策略可以用图 3 的产品金字塔模型表示。

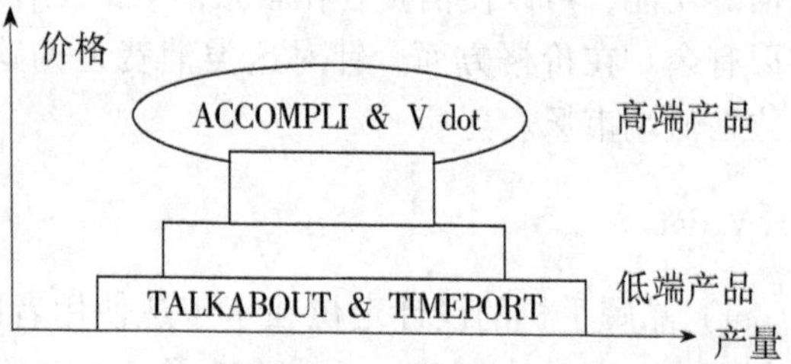

图 3　摩托罗拉公司的产品金字塔模型

五、摩托罗拉的品牌推广策略

在通信行业，将品牌进行分化，用目标品牌在全球范围推广其产品，摩托罗拉是第一家。摩托罗拉的各种手机随着手机外形功能的不同，衍变出了不同的文化价值与内涵，在不同的人手中体现出不同的个性与象征，体现出消费者与众不同的气质。1997 年以前，摩托罗拉的广告口号一直是“创造无止境”，旨在突出其不断创新、追求高科技的本色。从对消费者的测试来看，摩托罗拉确实给消费者留下了科技巨人的形象，但摩托罗拉对消费者来说缺乏亲切感和个性。1998 年，摩托罗拉在全球投资 1 亿美元，推出其“飞跃无限”品牌形象广告，以人文、自由、浪漫的手法，宣传摩托罗拉的通讯产品可以帮助人们摆脱时空的限制，随时随地与外界保持联系。既突出摩托罗拉在科技上无止境的追求，又强调它带给人们的无限自由，是“生活上的好帮手、好朋友”。

摩托罗拉一直向消费者提供拥有最超前、最先进的科技的移动通讯产品。在很多消费者心中，摩托罗拉代表移动通讯，移动通讯就是摩托罗拉。摩托罗拉的品牌个性包括三个层面：

<table>
<tr><td rowspan="7">摩托罗拉</td><td rowspan="5">可信赖的</td><td rowspan="3">摩托罗拉公司是可信赖的</td><td>具有良好的商业信誉</td></tr>
<tr><td>具有雄厚的物力和财力</td></tr>
<tr><td>热心公共事业和社会福利，具有社会责任感</td></tr>
<tr><td rowspan="2">摩托罗拉公司的产品和服务是可信赖的</td><td>产品凝聚了摩托罗拉公司先进的技术，能为消费者提供高质量的功能性理性利益</td></tr>
<tr><td>服务高效、优质，售前、售中服务为消费者提供了充足的资讯，帮助消费者做出合理的选择</td></tr>
<tr><td>聪明的</td><td colspan="2">摩托罗拉公司拥有先进的无线通信技术，具有严谨的工作作风</td></tr>
<tr><td>成功的</td><td colspan="2">摩托罗拉是移动行业的领导者，具有巨大的国际影响力</td></tr>
</table>

资料来源：中国营销传播网，2001年5月

六、摩托罗拉的服务策略

有了好的产品，还需要有好的服务。摩托罗拉公司在手机服务市场率先推出了个性化的解决方案。这种新的服务策略是一种更加人性化的增值服务，它力求为消费者的手机带来更加体贴的

增值服务。如：将手机中的通讯录、记事本等信息资料与个人电脑保持同步；制作发送音画短讯；挑选满足个性喜好的上百种铃音和屏幕保护，使用户手中心爱的手机更漂亮，更加与众不同等。市场，对于一个品牌、一个公司而言，是其扩大知名度、提高美誉度的场所。市场运作是全方位地为顾客创造更多的优质服务，包括售前、售中和售后各个环节上的服务运作。

——售后服务方面，摩托罗拉早在1998年就成立了全质量服务中心，使消费者能同时享受到手机、寻呼机的高质量维修服务。目前摩托罗拉已在上海、沈阳、广州、成都、北京、天津等地建立了全质量服务中心，以支持遍布全国的各类维修中心和特约快速连锁店。摩托罗拉在推广"全质量服务"过程中，又对广大手机消费者作出承诺：所有摩托罗拉手机的保修，在其特约全质量服务中心，从受理到完成，可在1个小时内进行完毕。

——售前服务方面，摩托罗拉特别重视做好向新闻界、经销商及消费者的宣传服务工作，追求宣传服务的创新。以近两次的新品牌手机新闻发布会为例，一次是采用了交响乐的形式推出的，一次是采用室内剧的形式推出的，这些创新的表现手法帮助消费者及经销商清楚准确地认识和理解摩托罗拉新品牌和新产品所表达的理念，并产生认同感，更迅速、更有效地帮助广大消费者清楚准确地了解摩托罗拉所要传递的信息。

——售中服务方面，摩托罗拉不仅重视对其专卖店的服务和支持，同时，也注意支持移动通信公司或联通公司的营业厅以及逐渐成为主流的手机零售店。为了提高摩托罗拉手机在售中的服务质量，摩托罗拉对专卖店的店主和店员做了大量的培训工作，并且在店面装潢上给予很多实在的支持。比如摩托罗拉为各专卖店制作了灯箱、招牌，使得消费者在专卖店能感受到专业的气氛。这样做能够帮助顾客消除其在质量与服务水平上的顾虑，让顾客感受到这是一家由摩托罗拉支持的零售网点。通过对这些专卖店的服务和支持，也间接地向广大消费者提供了良好的售中服务，使他们能够在更方便的地点选购到称心如意的手机。

摩托罗拉公司在服务领域的另一举措就是推出摩托罗拉通信概念店——摩托罗拉城，用以展示企业整体品牌形象。2000 年，摩托罗拉全球首家通信概念店——摩托罗拉城在成都成立。2001 年 3 月 18 日，又在上海开设。采用多项先进科技演绎品牌形象的摩托罗拉城，向消费者全面呈现摩托罗拉企业文化的全景，以及作为通信行业领导品牌，对未来通信科技如何创新、改变人们的生活，并做出承诺，将以更加新颖时尚的娱乐方式，引领光顾者体验未来通信文明。

七、结语

摩托罗拉的产品策略在 2001 年获得了巨大的成功。据信息产业部下属赛迪顾问公司（CCID）截止到 2002 年 4 月底的统计数据显示，摩托罗拉重新夺回中国手机市场的“老大”位置，以高达 26.7%的市场份额领先排名第二的诺基亚 8 个百分点。

中国手机市场在不断地变化着，手机作为高技术产品的典型之一，具有更新速度迅速的突出特点。摩托罗拉如何根据市场的演变态势，制定相应的产品策略，并且最终是否可以获得预期效果，人们将静观其变。

讨论题

1. 中国手机市场正在发生哪些变化？
2. 摩托罗拉公司在中国手机市场面临的竞争形势如何？
3. 手机的产品生命周期形态有什么特点？
4. 摩托罗拉公司手机的产品策略表现了什么意图？

5．试分析评价摩托罗拉公司手机的营销组合策略。

6．试分析和预测中国手机市场的未来发展趋势。

2002 年 6 月

案例 20

广州南方高科有限公司

李 业 饶力勇

深圳到广州的高速公路上，一辆轿车正在飞驰。刚刚参加完2002年中国国际移动通信及网络展览会暨第十六届全国通信产品展示会的广州南方高科有限公司总裁陈震的心情仍然不能平静下来。此次通信展的收获颇丰，成绩斐然。南方高科不仅展出了其主导产品——GSM和CDMA移动电话，同时展出了公司的新产品——宽带网络产品和无线对讲机系列产品，表明南方高科经过几年的积累和发展，成功实现了“以移动电话为主，谨慎涉足前景明朗的相关产品”的产品延伸的发展战略。

回想起这一年南方高科公司的艰难历程，陈震，这位哈工大工学硕士、华南理工大学 MBA、年轻的职业经理人，不禁露出了自信而成功的微笑。公司刚开始的时候确实十分困难，因为大家开始都在观望，不知道你把这些人带到什么方向。在2001年7月刚接手南方高科担任总裁的时候，一位刚刚工作了两年的工程师，找他来谈判。当时有几十号人做好了准备等他过去，陈震甚至不知道他们要干什么。他们提了三个条件，其中两条：一要实现人生的价值，他们也非常想做好；二是马上加工资，不加工资就走人。陈震当时说：现在公司不要说加工资，能保持他们目前的工资已经不错了。当时公司财务状况差，借了两千万开始重新启动。陈震对他们说：相信我，给我一年时间，我一定把这个企业做起来！如果一定要加工资才能留下来，现在马上签字同意离职，但是任何时候回来我都欢迎。结果到现在一个人也没走。而南方高科终于度过了那段极其困难的时期，陈震也兑现了自己的承诺。

目前南方高科业务飞速发展，GSM 和 CDMA 移动电话市场份额不断增长，今年的销售收入超过 10 亿元已经不成问题，甚至可望突破 20 亿，这是 2001 年 2.7 亿销售收入的数倍。对一个基本从零开始的企业来讲，确实难能可贵，这说明南方高科在这一年的战略是非常成功的。

然而，在辉煌的成绩面前，陈震却保持着清醒的头脑。与国内外众多的知名品牌相比，南方高科这个后起之秀仍然是一个弱势品牌。面对越来越激烈的市场竞争，如何提升南方高科的品牌，已经成为最迫切和最重要的问题。它不仅关系到南方高科能否实现“在 2002 年底，最迟 2003 年进入国产手机第一集团军行列”的战略目标，甚至影响到企业的生死存亡。在高科技企业的竞争中，竞争何等激烈与残酷，不进则退！

同时，在成绩后面，一些问题也越来越凸现。有些在企业发展初期并不突出的问题随着公司的逐渐壮大也显得越来越不容忽视。如果不能很好地解决，势必阻碍企业的进一步健康发展。想到此，陈震不免又心情沉重起来，又开始了新的思考。

一、广州南方高科有限公司概况

1. 组织框架

广州南方高科有限公司是在国家计委、信息产业部和广州市政府的支持下，于 1999 年 5 月在广州注册成立的企业，主要从事移动通信终端产品及其他通信终端产品的研发、生产和销售。南方高科是国家重点支持的移动电话研发与生产基地，也是一家按照现代企业制度建立和运营的国家级GSM手机和CDMA手机定点生产企业。公司的手机生产线建设，被列为广州市十四个重点项目之一，投资总额2.9亿元人民币。公司总部坐落在南方的“硅谷”——广州科学城，下设研究开发中心、产品控制中心、生产制造中心和市场营销中心四大板块，并围绕之形成了扁平的组织架构。南方高科拥有一流的厂房、仪器、设备，配备了一流的专业研发人才、大生产管理人才和开拓性营销人才，公司总部现有员工400多人，平均年龄不到27岁。南方高科在全国设有23个办事处，1 000多家特约维修服务中心，近20 000家核心售点和有效售点，设立了800免费电话，逐步完善了遍布全国的营销网络和销售渠道。

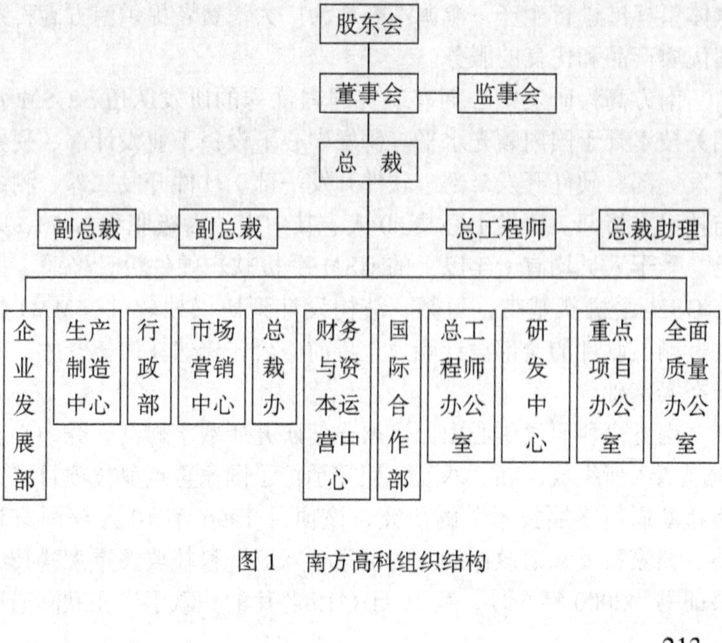

图1　南方高科组织结构

2．研究与开发

在许多中国消费者眼里，国产手机似乎就是 OEM 的代名词。没有掌握手机的核心技术，核心技术严重依赖洋品牌，成为制约国产手机生产厂家发展的重要因素。然而，就在其他国产手机厂家沉浸于直接进口或模仿国外的核心技术时，南方高科凭借自身雄厚的研发优势，加大产品研发力度，成为国产手机当中核心技术掌握最全面的厂家。

公司的专家和研发人员曾成功研制出我国第一台具自主知识产权的 GSM 手机，并在国内首次携自主开发的手机前往国际权威机构独立完成 FTA 测试。接着，在进军 2.5G 和 3G 领域核心技术上又取得新的突破，充分展现了其深厚的研发实力和技术优势。公司的产品讲求科学、实用与时尚，严格按照 ISO 9001 质量体系标准进行生产，源源不断地为广大消费者提供南方高科系列优质产品和优良的服务。

南方高科研发中心拥有一支国内优秀的研发队伍，GSM 及相关技术处于国内领先水平。研发中心下设：工业设计部、硬件开发一部、硬件开发二部、软件开发一部、软件开发二部、测试与技术支持部。研发中心共 60 人。其中中、高级职称占 50%以上，骨干人员均有十年以上的 GSM 手机软、硬件设计经验。拥有 GSM 手机从基带、射频、结构设计到协议栈软件、MMI 软件、测试软件的全部设计能力。目前，公司仍然在广招贤才，不断夯实基础。

南方高科研发中心由原广州通信研究所数字蜂窝研究中心全建制调入所组成。在“八五”期间承担了国家重点科技项目“数字移动通信终端技术”的研究，该项目 1996 年 10 月获国家计委、国家科委、财政部颁发的国家“八五”科技攻关重大科技成果证书。2000 年 5 月，基于 ADI415 芯片的一款手机在欧洲通过了 FTA 测试。南方高科成为中国第一家独立获得欧洲 MOU 组织认证的、具有完全知识产权的企业。南方高科研发中心成为国内颇具实力，功能最全的 GSM 手机设计中心。

南方高科研发中心几年来共投资 1 900 万元人民币，购买了 HITACHI 公司、ADI 公司的开发系统和德国 R&S 公司及美国 HP 公司、安利公司的综合测试仪等高档仪器。良好的条件大大缩短了研究开发周期，使得新产品能不断推向市场。

南方高科目前研发项目介绍主要有：

◇ 和国外公司合作，利用最新 ADI430 芯片的 S600 手机已进入生产阶段。此方案是一个双频 GSM 手机方案，体积≤ $70mm^3$，为目前体积最小的一款手机。芯片采用 0.25 微米技术，因此耗电很小，以 550mAh 电池计，待机时间可达 240 小时，通话时间可达 3 小时以上，采用完全零中频方案，低成本，仅有 250 个左右的元件，只有一般手机的 70%。

◇ 利用 S600 平台开发的内置天线手机、折叠手机等系列产品正在开发之中。

◇ 和北京大唐合作共同开发 GSM/TD－SCDMA 双模手机的项目进展顺利。目前已完成了第一阶段的联试，成功地进行了四次联合试验。TD－SCDMA 是我国首次提出并被国际电联（ITU）接纳批准为第三代移动通信标准（IMT－2000）之一的国际标准，是近百年来中国电信技术史上的重大突破。我公司承担了移动终端的研究，包括 GSM 模的全部软、硬件和 TD－SCDMA 模的高层软件和 TD－SCDMA 模物理层软件接口设计。目前该项目进展顺利，已完成 GSM 模软、硬件设计和调试，以及 GSM 模与 TD－SCDMA 模的接口调试工作。

◇ 由广州市经委拨款，WAP/GPRS2.5G 手机的研制项目立项，并正式进入实施阶段。

◇ 手机物理层软件的研制项目已经开始启动。手机物理层软件是南方高科公司向广州市科委申请的重大科技攻关项目，已得到广州市科委的批准和立项。南方高科已与美国新海岸通信软件开发公司签订了技术合作协议。

◇ 2001年7月，获得了省级软件企业认定证书。

◇ 与韩国现代Curitel和SKTetech公司进行CDMA技术合作，拟建立联合研发中心和合资企业，进行CDMA手机的研发和生产。

目前南方高科的近期规划和发展是：发挥技术优势，进军核心技术；加强研发队伍建设，产品进入2.5G及跟踪3G新技术，加速进行产品系列化；以及CDMA、CDMA-2000和GSM/TD-SCDMA双模手机等项目。

“在手机核心技术的研发上，虽然南方高科处于国产手机前列，但与国外洋品牌相比，仍有一定差距”，南方高科总裁陈震坦然地说，“但我们有很好的基础，我们会在较短的时间内全面提升自身的核心技术。”为此，在核心技术的研发上，南方高科采取“双腿并行”的方针，一方面加快自主研发的步伐，以锻造南方高科的核心竞争力的基础，另一方面与韩国现代、美国高通、韩国电信等国际知名企业开展深层次的合作，全面提升南方高科的研发实力。“在时间核心技术的研发上，我们的目标不仅仅是走在国产手机前列，更重要的是全面掌握手机核心技术，与国际洋品牌展开竞争。”陈震总裁表示，南方高科雄厚的研发实力是南方高科在短短两年时间内快速成长的重要法宝，是南方高科手机在市场上受欢迎的核心基础。

3. 产品

2000年4月，南方高科推出公司的第一款产品——“风度2000”商务全频手机。这是首台国产可在GSM900、GSM1800、PCS1900三频上自由切换的全频商务手机，代表了国产手机的先进水平。

以前全球通是移动电话的代名词，由于我国现有手机只能在GSM900、GSM1800两个频段使用，尚不能切换到北美等地的PCS1900频段，全球通不能真正地通全球。而这款命名为“风度2000”的手机，完全采用摩托罗拉L2000三频智能平台，拥有三频切换、声控菜单、语音拨号、红外线数据传输、全中文键盘输入等功能，其功能质量和高科技含量显示了国产手机的强劲后势。

在由中国青年报数字青年周刊、科技日报、中华工商时报、人民日报市场报等新闻单位共同主办的首届中国移动电话消费倾向调查中，“风度2000”即成为读者心目中商务手机的首选品牌型号。

2001年1月，推出小体积多功能的“风云S320”手机；

2001年3月，推出体积更小的“风采eB323”手机；

2001年4月，推出更时尚、更多功能的S500手机；

2001年5月，推出更小、更薄、更轻的S600手机。

这是国内首款采用1/4微米芯片核心技术研制的国产手机，此款手机的问世，表明南方高科在手机核心技术的研发上已处于国际先进水平。

南方高科HI600手机主板采用模块化设计技术，整个主板规格仅为40mm×89mm，重量仅为75克，机身厚度仅为16mm，采用550mAh电池，待机时间长达150小时，是目前世界上最轻、最小的手机之一，它采用的是目前国际上先进的430核心技术平台，芯片采用1/4微米技术，集成度高，将手机核心元器件由普通手机的500多个减少到200多个，而在性能上有很大提升。具有性能稳定、功能强大、元器件简约、省电、体积轻小等优点。

2001 年 11 月，推出高档双屏幕折叠 Hi688 手机。

随后不断推出 Hi618、Hi628、Hi777、SC9988、SC9688、SC9288 等机型，并有多款新机型正在研发当中。2002 年南方高科将推出 16～20 款新机，平均每月推出两款，其中包括 6～8 款的 CDMA 手机，GPRS 及彩屏手机也将在年底面市。

南方高科 CDMA、GSM 手机产品成了市场的热销产品。面对国内城域网建设市场对宽带接入设备的需求，南方高科决定推出系列宽带接入产品。在产品的设计开发方面，南方高科将采用多种接入手段，根据不同市场的不同用户的需求，提供不同的接入方式和宽带增值服务，以无线宽带接入产品、VDSL 产品、ADSL 产品、有线电视宽带网络产品、GSM/CDMA 移动电话等产品切入市场。据南方高科宽带网络部负责人介绍，南方高科在移动电话的研发方面拥有雄厚的研发优势，这在宽带网络领域能够提供强有力的支持，南方高科将拥有自身的芯片研发与制造能力，这种优势将是其他网络设备生产商所不能比拟的，也是南方高科竞争力强大的体现。

南方高科总裁陈震对宽带网络的发展充满了信心。他认为，宽带市场还处于市场培育阶段，宽带建设是一个系统工程，需要厂商、运营商、内容提供商的共同参与，互惠互利，共同做大宽带网络市场。南方高科将在产品更新、市场开拓、增值服务方面形成自己的特色，深入拓展宽带网络市场。

同时，通过手机业务的发展，南方高科在国内外建立了一大批合作伙伴，其中不少都是从事宽带产品的研发和生产。而中国的宽带则刚刚开始，因此，这种技术和时间上的差距将使南方高科在宽带网络产品领域能迅速占领市场，并具有一定的优势。

在日前广东铁通在梅州进行的中国最大规模的 VDSL 产品选型测试中，共 11 家厂家参加，其中不乏 LG、西门子、阿尔卡特等跨国公司，也有代表中国通讯行业的“巨大中华”（中兴、华为、大唐、巨龙）等厂家。尽管强手林立，但南方高科 VDSL 产品在技术评分中紧随华为、港湾之后位居第三，取得了较好的成绩，已成为铁通的入围产品。

南方高科一直看好 CDMA，是国内最早研究 CDMA 的高科技企业。在中国联通实施 CDMA 项目之初，他们分析了 CDMA 的技术前景和中国的市场状况，积极支持联通 CDMA 项目的发展，1996 年在国内还在探讨要不要上 CDMA 时，南方高科已经有工程师参与国家 CDMA 的研究项目。当中国联通正式开通 CDMA，而国内许多手机厂家持谨慎观望的态度的时候，南方高科已经在考虑 CDMA 的技术与产业化问题了，并且很快与中国联通广州分公司建立了战略伙伴关系。目前，南方高科推向市场的 CDMA 手机 SC9988、SC9688、SC9288 等受到了热烈的欢迎，在不到一个半月的时间里，出货量已达 10 万多台，其中 SC9988 以其高性价比成为中国联通新时空总部的推荐机型。而且获得了“我最喜爱的手机”和“我最喜爱的 CDMA 手机”两项大奖。南方高科 CDMA 手机的市场份额已超过 10%，并且保持着较快的发展势头。

在 CDMA 市场方面，南方高科确实抢到了先机。就今天的结果来看，证明他们的策略是正确的。国外一份调查数据显示，目前中国 CDMA 手机市场占有率的排名分别是：摩托罗拉第一，三星第二，南方高科第三或第四。南方高科在国内品牌中已经达到第一位。

二、中国手机市场

随着移动通信的快速发展，手机已成为人们生活中不可或缺的通信工具。赛迪顾问股份有限公司长期对中国移动通信业市场，特别是手机市场进行了跟踪监测，并对监测结果进行了客观的分析与研究。通过监测与研究，赛迪顾问发现近期中国的手机市场正在发生着重大的变化，国产品牌的手机在市场竞争中快速成长，成为中国手机市场上的劲旅，新的手机市场格局正在悄然形成。

1. 蓬勃发展的中国移动通信业

中国的通信产业已经成为国家的重要支柱型产业之一，其中的移动通信无论是在技术上还是在市场上都处于蓬勃发展的态势。2001 年是中国移动通信快速发展的一年，移动通信的业务收入在所有电信业务收入中位居首列。2002 年这种快速发展的态势得以延续，无论是移动用户数还是业务收入较去年同期都有大幅度的增长。2002 年 1~4 月，全国电信业务收入完成1 245.7 亿元，与 2001 年同期相比增长了 16.1%，其中移动通信业务收入占电信业务收入的 46.4%。（数据来源：赛迪顾问，2002，05）

截止到 2002 年 4 月底，中国的移动用户总数已经达到 16 664.8万户，新增用户为 2 183.6 万户，较去年同期增长 9.55%。移动用户以平均每月 550 万户左右的速度快速增长，移动电话的普及率达到了 13.14%（数据来源：赛迪顾问，2002，

05)。而据另一项调查表明，2001 年近五成的城市居民拥有手机，并且 2002 年手机意向购买量超过 1 000 万部。

由于移动用户的平稳增长，带动了手机消费市场平稳快速的增长。在手机市场平稳增长的同时，形成了新的市场格局。

2. 中国手机市场新格局

根据赛迪顾问的统计数据，截止到 2002 年 4 月底，中国移动电话设备市场销量将近 1 600 万台。其中，国产品牌手机的市场份额达到 18%以上。位于销量前十名的品牌分别是摩托罗拉、诺基亚、TCL、三星、西门子、波导、爱立信、飞利浦、东方通信、阿尔卡特，它们占到了全部份额的 80%以上。其中，国产品牌 TCL 进入前三强，开始了国产手机的领跑。从最新的手机市场份额情况来看，中国手机市场的新格局已经形成，并表现在以下几个方面：

（1）国产品牌的手机份额稳步上升

在市场开拓的过程中，国产品牌的手机通过市场竞争证明了自身的实力。截止到 2002 年 4 月底，国产品牌手机在我国手机市场中的份额进一步加大，占有率超过了 18%，比 2001 年底的 15%增加了 3 个多百分点。

国产品牌手机生产厂商根据市场的发展情况，不断调整其发展策略，走高端产品系列，以高质量、时尚化、个性化产品，优质的服务来抢占市场份额，通过更完善的产品线、更灵活的价格策略、更贴近用户需求的市场推广策略，在手机生产、销售上取得了喜人的成绩，在与国际化洋品牌的竞争中进一步显示了自身的优势所在。

（2）国外品牌手机厂商对市场反应不一，导致其市场份额变化不一

虽然国外品牌的手机依然占据了中国手机市场的较大份额，

但是在国产品牌的进攻下，其总体份额在逐渐减少。面对这种情况，不同国外品牌的手机厂商对此作出了不同的反应。

摩托罗拉作为中国手机市场的老大，积极应对中国手机市场出现的新情况。其利用“摩托罗拉”的品牌优势，开发出多个子品牌，不同的品牌针对不同的人群。同时，不断更新机型，推出新的产品，并快速降低价格淘汰旧机型，从而达到引导市场消费的目的。在产品和价格、广告、服务、渠道等方面，摩托罗拉针对快速变化的市场进行相应的调整，以保证其手机市场的份额。通过一系列措施的实施，摩托罗拉的份额基本保持不变。而同样是国际知名品牌的诺基亚，在市场快速反应方面就相对欠缺。在与摩托罗拉的竞争中，诺基亚采用单一品牌的策略，以单一品牌配不同的系列。但是，没有取得有效的成果。同时，面对国内品牌的竞争，诺基亚也没有什么有效的措施进行应对。因此，在前后夹击的竞争中，诺基亚的手机市场份额开始缩减，从去年的22.8%下降到18.3%。

（3）国产品牌手机依然没有形成对抗国外品牌的集团实力

在最新的中国手机市场格局中，虽然有国产手机进入了前三强。但是，其他的国内品牌手机生产厂商却没有形成这样的实力。因此，从总体上讲，国内品牌的手机生产厂商还没有完全形成对抗国外品牌的集团实力，还需要国内品牌的生产厂商继续努力，在保持一枝独秀的情况下，争取发展为百花齐放。（数据来源：赛迪顾问，2002，05）

3. 手机市场需求依然持续增长

对于目前中国手机市场而言，随着国民生活水平的提高，居民购买能力已有所提高，这会极大地促进手机市场的需求。同时，信息时代需要人们之间的联系更加及时、方便，这也扩大了手机市场的需求。再者，随着技术不断的创新，手机的整体价格呈下降趋势。因此，2002年手机市场需求将持续增长。

同时，随着中国移动、中国联通新移动业务的开通，手机更新换代所占的份额在逐步增长，达到了23.4%，这也是未来手机市场增长的一个动力。

在手机消费者的满意度方面，我们可以从中国消费者协会的调查中做全面的了解。

中国消费者协会于2001年11～12月联合北京、重庆、沈阳、长春等15个大中城市开展了“手机品牌消费者满意度”调查，获得有效样本11 481个，其中国外品牌样本量占71.7%，国内品牌占28.3%。调查涉及29个品牌。

（1）市场前景广阔

在被调查者中，超过六成的消费者是在1999年以后首次拥有手机的。手机新增用户逐年递增。消费者正使用的手机中约有八成是2000年以来启用的。同时，有37.1%的消费者明确表示在2002～2003年间更换手机；仅有4.4%的消费者明确表明不更换手机。

（2）质量是品牌的生命，款式是品牌的旗帜

当调查问及消费者对质量、功能、价格、款式、服务的关注程度时，在10 505人中，69.6%的消费者把质量放在关注程度的第一位；10.8%的消费者把款式放在第一位；9.9%的消费者把价格放在第一位；5.6%的消费者把服务放在第一位；3.6%的消费者把功能放在第一位。

调查结果表明，手机应向窄、短、轻、小等方向发展，小型化是大势所趋；外观色泽应以黑、蓝、白或灰为主色调。各手机厂家在开发新一代手机时应大力发展或完善“上网”、“中文输入”、“MP3”等功能。调查显示，以南方高科、海尔、科健、TCL、波导为代表的国产手机，在消费者心目中的可信度已大大提高。

(3) 消费者购买手机的心理价位

当调查问及消费者愿意接受的手机价位时，超过六成消费者愿意接受价格在1 000元以上2 000元以下的手机，其中愿意接受1 001～1 500元或1 501～2 000元价格的手机的消费者旗鼓相当；愿意接受2 001～2 500元或1 000元以下价格的手机的消费者也不相上下，各约占15%；另外，有9.9%的消费者愿意接受2500元以上价位的手机。

三、机会与挑战

1. 机会

(1) 国民经济持续增长，移动电话用户规模不断扩大

2001年国民经济和社会发展统计公报显示，国民经济持续较快增长。初步统计，全年国内生产总值为95 933亿元，按可比价格计算，比上年增长7.3%。其中第一产业增加值14 610亿元，增长2.8%；第二产业增加值49 069亿元，增长8.7%；第三产业增加值32 254亿元，增长7.4%。微波通信设备、光通信设备、移动电话机、电子计算机等电子及通信设备产品产量增长28.9%～87.5%。移动电话用户达到14 480万户，已成为全球移动电话用户规模最大的国家。

(2) 国家政策的支持及政府的扶持

总体上讲，国内手机生产目前正处于一个非常有利的发展时期，只要经过自身的努力、行业政策的保护和政府的投资引导，未来发展前景可期。《信息产业"十五"计划纲要》中提出：积极推动移动通信业的高速发展。"十五"期间，中国将拥有全球最大规模和最有增长潜力的移动通信市场。移动通信业务将逐渐成为我国通信业中的支柱业务，发展移动电话用户也是提高全国

电话普及率的主要方式之一。组织实施GSM数字移动通信产品国产化专项、CDMA技贸结合专项，使国内自主品牌的移动通信产品成为国内市场上的主流产品。加快第三代移动通信技术与产品的研究、开发与产业化。加快数字集群通信系统标准与体制的制定，推动数字集群通信产品的开发与产业化。

作为国家GSM/CDMA手机定点生产企业，同时也是广州市政府重点支持的信息产业企业，南方高科在近三年的发展历程中取得了令人瞩目的成绩。国务院总理朱镕基、副总理吴邦国、广东省委书记李长春等领导先后视察了南方高科，对南方高科的成绩给予了充分的肯定。

(3) 电信行业是朝阳行业

在国际经济和全球信息产业发展趋缓的形势下，2002年中国信息产业仍然保持了快速发展的势头。今年1~6月，全国电子产品制造业完成工业增加值919亿元，同比增长10.3%。

在此间参加“2002国家信息化论坛会”的信息产业部信息化推进司司长季金奎说，中国政府高度重视信息化建设。经过连续10年的高速增长，信息产业已经成为中国国民经济的基础产业、支柱产业、先导产业和增强综合国力的战略性产业，在加入世贸组织和调整经济结构、拉动国民经济增长的全局中发挥了重要的作用。

中国的固定和移动网络规模都已居世界第一位。到今年6月，全国通信业务收入完成2 189.4亿元，比上年同期增长15.6%；全国电话用户新增5 126.6万户，用户总数达到3.75亿户，电话普及率达到30.2部/百人；通话行政村比重达到85.3%；数据多媒体用户达到64.4万户，互联网拨号及专线用户达到3 975.9万户。电信领域已经初步形成了6家基础电信公司适度竞争的市场格局。季金奎说，更为可喜的是信息化带动了企业化。企业通过应用计算机辅助技术改进管理，降低成本，提高效率，一批重点的企业竞争力明显增强。国民经济各领域都涌现了一批应用效果较好的典型。

（4）相关行业的支持

近年来全世界范围内科技发展突飞猛进。光传输、卫星通信、宽带数字技术、因特网、计算机软硬件、材料科学、微电子等相关行业的关键技术的突破，对移动通信行业的发展提供了强大的支持。未来科技的发展给手机等产品带来无限的发展空间。

（5）加入 WTO 带来的机遇

“入世”对国产手机业利大于弊，国产手机完全有信心迎接挑战。“入世”后由于关税下调，电子类产品的原材料和最为关键的手机芯片的价格将会下降，对国内企业十分有利。实际上，中国的手机市场早就处于一种开放的状态，国产手机刚起步就面对激烈的市场竞争，面对与“世贸”同样的游戏规则，是在同国际手机“巨鳄”的生死较量中成长壮大起来的。所以，从某种意义上讲中国手机市场早就“入世”了，不存在因国家保护政策的取消而给国产手机带来困境的问题。

国产手机是在强势洋品牌的重压下成长起来的，已习惯了市场竞争的态势。而且我国的手机市场对外开放程度已相当之高，加入 WTO 后市场竞争强度不会有太大的增加。同时，入世后整个手机产业的生产和经营活动将更加规范化，竞争自由而公平，良好的产业经营秩序将得以建立，会有更多的海外发展机会。而且，入世后国产手机的成本优势将进一步显现出来。加入 WTO 以后，我国进口关税将大幅度降低，信息产品甚至可实现零关税，这将大大降低国产手机的生产成本。原材料成本降低后，再加上劳动力成本和营销成本远远低于洋品牌，国产手机的价格竞争优势将会发挥得淋漓尽致。

（6）市场机会

目前手机产业价值链分解，国际手机巨头纷纷退出手机生产领域，给了中国手机制造业一个机遇，让中国的手机制造业有了一个开始，中国正逐步成为世界手机制造工厂。

CDMA给了中国手机制造业一个天赐的机遇，让国产手机可以和洋手机一比高低了，相对于GSM手机市场，CDMA手机将是一个快速增长的市场，而就目前而言，有能力可以参加市场竞争的厂家不多。国内厂商与国外的手机制造商，在CDMA终端生产上，取得了一个站在同一条起跑线上的机会。

服务经济已经成为现实，给了国产手机厂商一个可能超越国外手机巨头的机遇。在手机技术、质量越来越同质化的今天，无论是国产手机，还是洋手机，两者之间已经没有太大的区别，二者之中谁要胜出，服务上必须有过人之处。

(7) 消费心理优势

彩电、冰箱、空调等家电的发展，使我国消费者已经培养出一种对国产品牌产品特有的消费心理环境，国产品牌产品在价格上、服务上以及在质量上已经在消费者心中形成一种良好甚至更优的形象，这种形象已经潜移默化地向手机领域渗透。从中消协的调查我们就可以略见一斑。

2. 威胁

(1) 信息技术飞速发展，移动电话的产品生命周期短，平均为6个月，加大了企业创新压力。

(2) 国外品牌不断争取中低档手机的市场空间，同时他们在手机高端市场又有技术实力，使国产手机，尤其是对于没有品牌积累的南方高科，生存空间受到一定的限制。手机经销商有更多的选择，忠诚度难以维持。南方高科面对的竞争对手大多是实力雄厚的国内外知名企业。

3．优势

（1）中国市场并非是一个自由的市场，而是一个尚处于国家保护的市场环境中。一个被业界称为“5号文”的文件，对进入中国市场的手机企业进行了生产牌照、生产规模、进口配额、技术转让等诸多限制。业界普遍认为，也正是有此“5号文”的保护，中国手机界才避免了过早地出现在中国诸多行业中出现过的恶性价格竞争的局面。

（2）南方高科公司是广州市政府重点支持的信息产业建设项目、国家移动电话（GSM/CDMA）定点研发生产企业和国家级定点软件生产企业，公司在多方面可以获得一定的政府支持。

（3）南方高科公司与国产手机的其他生产企业来比，有明显的技术优势，可持续发展能力强。

信息产业部电子第七研究所作为其股东之一，拥有国内领先的研发实力，曾成功研制出我国第一台具自主知识产权的GSM手机。加上不断与美韩等国际著名公司的合作，其研发能力的可持续性不断加强。

（4）南方高科通过与其股东金鹏公司的合作，可以实现通信设备与通信终端的良好衔接，这是其他企业无法模仿的先天优势。

广州金鹏集团有限公司是一个主要从事通信系统研究开发、工程设计、生产制造和安装的大型产业集团，为无线和有线通信网络运营商提供全方位的系统集成和技术服务。公司拥有高素质的人才，利用不断提高和创新的技术，高起点地发展民族通信产业和其他高新技术产业。金鹏是国内最早具有自主知识产权的局用程控交换机设备的厂家之一，并在此基础上不断推出适应市场需求的新产品。金鹏集团抓住中国移动通信市场飞速发展的契机，将研发和生产的重点及时调整到移动通信设备上，目前已拥有完整的第二代移动通信系统：具有自主知识产权的GSM/CDMA移动交换系统，引进摩托罗拉技术生产的GSM/CDMA基站子系统，移动通信天线，直放站等配套设备。在第2.5代设备方面，金鹏集团也推出了可供商用的WAP网关平台、GPRS等设备。迄今为止，已经成功地在中国联通、中国移动、中国电信、电力、石油、金融、国防、煤矿等系统获得广泛应用。

(5) 南方高科是一家全新企业，没有历史包袱。而且相对其他国产手机生产厂商来说，生产经营集中，专一经营手机业务。而其他厂商大多是多元化经营，如厦华、TCL、海尔等还是以家电为主要产品，东方通信等还是以通信设备为主要经营产品。

4. 劣势

(1) 公司和竞争对手相比，没有品牌的积累，造成南方高科品牌知名度相对较弱。

(2) 南方高科目前处于市场完善阶段，渠道开拓与管理等方面存在不足，与竞争对手相比，在相关工作经验和服务体系等方面均没有明显的优势。

(3) 公司的规模与竞争对手相比，处于劣势。

三、营销战略

南方高科为什么能够快速增长？首先是他们的产品战略和营销策略制定得比较到位和正确。以前南方高科是以GSM手机研发见长，基本上是一个研发型的企业，但由于产品的研发策略不明确，不知道到底往哪个方向走，因此浪费了时间与资源。今年他们在产品研发方面调整了发展的策略，采取“两条腿走路”的战略，明确了以快致胜的方针。一方面加大了自主研发产品的力度（例如“六系列”、“七系列”都是他们自己研发出来的）；另一方面积极主动地与国外知名企业进行合作，开发了许多新的中高端的产品，以满足中国市场的需要。在营销策略的制定方面，南方高科分析了手机行业的各种模式，为了快速推进销售规模的增长，抢占市场份额，采用了灵活多样的所谓“混合型”销售渠道模式，使南方高科的营销渠道从零开始，迅速建立起来并逐步完善。

1．市场定位

南方高科在发展初期，选择了经济发达程度处于中等水平的地区为切入点，走“农村包围城市”的道路。以东北、西北、华北为重点市场，在该地区的省会城市、地市级城市展开营销攻势。

同时，利用我国低成本的制造优势，扩大出口，先于其他国产手机厂商获得海外市场的认同，进而影响国内市场的销售。

2．不对称战略

在敌强我弱的竞争态势下，运用不对称战略，以非常规的方法，把分散资源整合成系统联动，重点突破，获取市场份额。

以东北、西北、华北为重点市场，在该地区的省会城市、地市级城市展开营销攻势，避开与市场领先者的正面冲突，集中优势资源，实施目标市场营销战略。

充分利用公司技术优势，一方面，在低端市场快速切入市场，树立品牌知名度；另一方面，加大对高端多功能产品的研究开发，增加利润以弥补低端市场利润的不足，从而形成平衡杠杆的效益。

3．相关多元化

公司选择移动通信的终端产品——移动电话作为主导经营产品，并以移动电话为中心，延伸产品线，实施相关多元化经营战略。一方面可以通过生产包括 GSM 手机、CDMA 手机和家用无绳电话在内的产品，实现横向扩张；另一方面纵向通过国际合作联合研发，开发手机软件和手机芯片，成立手机芯片封装基地。

四、营销策略

1．产品策略

南方高科不断向市场推出满足需求的 GSM 手机，实现企业产品的系列化发展，在华南、华中等地区的高档产品市场树立质量形象，在东北、西北等地区的低档市场填补市场空白。

实现服务的差异化

顺应中国联通 2001 年年底加强 CDMA 手机网络建设，南方高科加快了 CDMA 手机的研发、生产进程，借助运营商的宣传，同步推出 CDMA 手机，及时抓住了在 CDMA 新标准下的市场开拓时机。

注重追求手机的实用功能

2．价格策略

南方高科已经推出的各款手机，其价格与竞争对手同种功能、同等质量的产品相比，维持在中低档水平。

随着企业品牌影响在市场上的逐步加强，逐步形成完善的金字塔型产品结构，避开竞争最激烈的中段部分，在塔顶与塔尖，即在高价位与低价位产品方面树立本企业的特色。

3．渠道策略

南方高科以自建片区营销中心或销售分公司为节点，积极利用、吸收和培育当地专业经销商/代理商的分销网络，快速有效地建立起销售网络。通过扶持和培育地区级的中小经销商，形成双赢伙伴关系，实现公司和经销代理商的协同发展。

主要销售渠道策略有：

部分机型采取全国包销。

成立了大客户部专门负责 CDMA 手机经销。

以“推”为主，“推”、“拉”结合的渠道模式。

4. 促销策略

以终端推销为主，广告宣传为辅，同时以费用较低的公共宣传做配合，从而形成一定的品牌知名度。

实现产品系列化后，以广东、西南、东北市场为主攻点，集中进行广告轰炸，迅速提高企业的知名度。

组织三支“特种部队”，抽调公司专业化、高素质的营销人员，对各市场的销售活动进行监控与诊断，并通过短期的工作指导、培训等方式迅速提高各地的营销水平。

五、问题凸现

品牌的弱势目前成了困扰南方高科的最大瓶颈。相对于其他国内外手机品牌而言，南方高科在广告上的投入仍显不足。这与白手起家，并无雄厚的资本作后盾不无关系。作为刚刚进入手机行业的后来者，厂房设备，特别是知识产权的投入占去了大部分的投资，只能把分散资源整合成系统联动，重点突破，获取市场份额。一段时间，大部分消费者根本不知“南方高科”何物也。其品牌之弱势可见一斑。或许，在市场开拓的初期，这并不是很大的问题，毕竟手机市场终端促销拉动还是起到了关键的作用，这也是国产手机的优势所在。但随着企业逐步步入正轨，品牌的不知名，越来越成了制约南方高科发展的瓶颈。同时，即使是终端的促销，南方高科也不具优势，TCL、波导、科健等厂家在终端促销的投入远远超过了南方高科。仅促销员的人数有的地区就达到了7:1之大的差距。与国外品牌的差距就更大了。同时，各办事处也经常反映，各种促销用的宣传品也不能充足供应。

同时，“南方高科”这一品牌名称也日益显现其局限性。行政色彩浓重，加上传播时不能朗朗上口，与南方高科“数码零距离”的品牌理念格格不入。原有的CI系统也无突出的个性，消费者的认可度极低。

在对渠道的控制方面，也相应地出现了一些情况。由于没有完善的渠道管理网络系统，南方高科的渠道库存只能由各办事处的业务员到零售终端去盘查，然而，由于销售队伍的有限，往往一个业务员就负责一两个甚至更多地区的经销商，如果都要到终端落实库存，显然其他工作就不要做了。如此一来，每日的库存报表往往缺乏真实性。这样，一到某一机型降价，某些经销商往往虚报库存，以获取额外的价差补偿。即使以每台手机补100元为例，全国范围内若多虚报10 000台，厂家就白白损失了100万。这对于刚刚起步的南方高科而言，无疑是一个巨大的黑洞。公司也曾派过人重点抽查了几个地区，但收效甚微。一是无专门的队伍，同时，过于强硬地去查往往损害与经销商的关系，这个问题使公司陷入了两难的境地。

随着销量的突飞猛进，故障机的数量逐渐多起来，售后薄弱这一软肋也更加明显。虽然在对待售后服务方面，南方高科给予了足够的重视，但由于资源有限，许多地区客服部门往往只有一到两个人员，远远不能满足对售后的要求，公司总部的客服中心也显现了人手不够的迹象，有些返修机往往不能及时处理，顾客渐渐有了不满情绪。

另外，在对市场信息的获得及反应上，南方高科还略显迟缓。新机型推出的速度与竞争对手相比，还是慢了一些。

人的观念的转变也是改革中遇到的困难之一。南方高科的情况比较特殊，从零开始，跟其他的手机企业都不一样。国内其他手机厂商大都有做其他电子产品的基础和品牌效应，而南方高科是一切从零开始的手机厂商。企业人员是从各个股东单位和外面组合在一起的人，有一些是研究所出来的研究人员，对做企业没有概念。还有一些身居中高位而素质较低的管理人员不懂如何管理和发展这种通讯电子企业。研究所的人到新的南方高科来了以后，刚开始一段时间，就像在研究所的实验室一样，进办公室自己要换拖鞋。他们所有的研发目的都是为了写论文，而不是为了看到产品。他不知道每个月公司在给他付工资的时候这个钱从哪儿来的，没有这个概念，这就是观念的问题。于是公司领导层想办法改变他们的观念，实行部门预算制，让他自己承担，自己模拟经营公司，慢慢的，他自己开始明白，原来当家不是那么容易的。对于那些不适合在原岗位的管理人员，进行调整，能上能下。

六、走好下一步的思考

如果有人要问南方高科总裁陈震现在考虑得最多的是什么问题。他一定会说是“品牌”，即如何建立南方高科公司以及其产品的品牌形象。在品牌建设上，南方高科现在可以说是从零开始，但陈震已经下了决心要全方位来建设南方高科的品牌，以一个全新的面貌来示人。南方高科请了日本的一家广告公司来做品牌的包装和推广，他认为日本消费电子的品牌推广是全世界最厉害的。估计今年 7 月份，南方高科全新的形象将出台。同时，陈震也在考虑品牌形象代言人的想法，而今年的品牌投入主要是在终端和销售队伍的建设上。

而在怎样做品牌的问题上，南方高科也有着自己的见解。作为一个企业来讲品牌是一个最终的能够维持企业生命的东西，这个毫无疑问。但是作为一个正在成长的企业来看，总共是这么多资金，品牌或产品这两个，你往哪个方向走？一个企业刚刚开始的时候，如果把钱投到品牌方面去了，产品势必没有那么多钱投入，而且手机研发是需要“烧钱”的，需要钱去维持住。

“我只有这么多钱，一方面抓产品，一方面抓品牌，我觉得对南方高科来说，今年的首要问题必须是抓产品，在今年一年时间里我们在产品方面投入非常大，但品牌方面我们投入较少。但是到今天我们就要开始抓品牌这个问题了，明年你们可以看到我们在品牌建设方面的成绩，所以明年的今天你再也不会问我这个问题了”，面对记者陈震如是说。

鉴于对渠道管理中的问题，南方高科已经决定成立“市场督导部”，加强对各办事处及经销商的管理。对于售后这日显关键的环节，各地的“客服中心”也将逐步建立和完善起来。

加大对研发的投入，始终被南方高科视为竞争中决胜的关键。手机和 PC 有很大的不同，手机的技术层次很复杂，由高到低，PC 任何一个人都能装，手机就很难组装，它有较高的技术门槛。在技术上目前国产手机基本上是“拿来主义”，但南方高科也在努力掌握手机技术，包括手机的二、三代软件，工业设计，外观设计，芯片设计等。手机生产要有核心技术，没有核心技术总是受制于人，南方高科认为，只要做到最好，以上各种技术都可以成为核心技术。当然要掌握手机的核心技术可能要有几年时间，但不是没有可能。

在后期的厂房建成之前，南方高科已经开始尝试手机的外包，请了东莞一家给诺基亚做加工的做手机外包。这样既可以迅速扩大产量，也可以节约流动资金，这对于规模已经满负荷运转的南方高科来说似乎是最经济的方式了。而在随后的二期生产线的投入中，陈震总裁也明确表示仍将采用最经济的投资方式，比如租赁或购买别人闲置的设备，这样南方高科只需盖厂房就行了，不难想象，节约的数千万的资金对发展中的南方高科将意味着什么。

而同时，陈震总裁已经在考虑成立 IT 事业部了，但他也表示，南方高科绝对不会盲目多元化，一定会在保持自己的“核心竞争力”的前提下，走相关多元化的道路。关于企业发展怎样多元化的问题，理论界是争论不休的，有的说要非相关多元化，有的说要相关多元化。现在作为南方高科来讲，必须要知道未来两到三年之后南方高科怎么样才能继续保持高速增长。南方高科强调一个方面就是做服务方面的事情，这个是要做的。另外一个也得考虑其他的方面，如果说未来假设移动通讯整个市场行业突然出现问题，南方高科再去干什么。所以说必须要从现在开始考虑未来两三年后将要发生的事情，他表示，南方高科会谨慎地投资。

最近南方高科正在进行股份制改制，管理层将收购政府的一部分股份。明年下半年南方高科有望上市。

虽然每走一步都充满了许多变数，陈震总裁却仍然是那么的乐观和自信，南方高科跻身国产手机第一阵营看来指日可待。

讨论题

1. 1999 年中国手机市场具有什么特点？南方高科选择什么方式进入市场？

2. 南方高科的创业过程有哪些成功的经验？

3. 根据案例中的材料，请对南方高科进行 SWOT 分析。

4. 南方高科为什么选择 CDMA 作为突破点？

5. 在新的起点上，南方高科面对凸现的问题，你认为要采取什么对策？

6. 南方高科公司已经意识到品牌的问题，你认为该公司应当如何创立名牌？

7. 你同意南方高科总裁关于多元化的观点吗？为什么？

8. 试对南方高科的未来发展提出战略设想。

2002 年 10 月第一稿

案例 21

梅州市 114 查号台的服务质量管理

李 业 陈 维

广东省梅州市 114 查号台担负着梅州市七县（市）一区的电话号码，国际、国内长途区号，升位改号，全国邮政编码等资料的查询工作，同时也是梅州电信对外的一个重要服务窗口。近年来，随着社会经济的迅速发展，梅州地区的电话用户剧增，查号业务也随之迅速增长，用户要求也越来越高。由于 114 台的查号及时率并未明显提高，一些用户抱怨查号难；拨打 114 等待时间太长、难接通。虽然查号服务在电信业务中只是很小的一部分，但此事引起了梅州电信分公司的高度重视。经研究，分公司管理层决定在 2001 年加快 114 台的改革，建立和健全各项规章制度，提高查询的及时率和准确率，为用户提供优质、高效的服务。

为提高 114 台的服务质量，梅州电信分公司采取了以下措施：

首先，加强思想教育，树立"用户至上，用心服务"的理念

组织全体 114 台人员进行职业道德、劳动纪律的强化学习，使员工一致认识到，电信服务决定了电信企业的生命力和竞争力。另外，通过学习讨论，统一全体员工的思想，提高认识，增强责任感及主动性，促进员工与用户之间的沟通和理解；对话务员进行规范服务的强化训练，推出"五个一工程"，即"请字多

一点，话音甜一点，动作快一点，热情多一点，耐心多一点”，从而一改过去查号服务态度的机械生硬，使用户在听到话务员亲切、甜美的声音的同时，充分感受到不见面的微笑服务。

其次，严格执行下岗培训制度

对工作责任心不强，业务能力、服务态度跟不上的，坚决给予下岗处理。在下岗期间，进行强制培训，不发任何奖金，只发生活费，只有在考核小组对其进行考核并合格后才能重新上岗。这个制度实行以来，有 3 人分别受到下岗半个月、1 个月及 2 个月的处分。通过实行这种动态管理机制，增加了话务员的危机感和紧迫感，促进其改善服务质量，提高服务效率。

第三，加强业务培训

114 台新职工较多，而且查号系统进行了升级改造，有些话务员查号业务不熟，比如键盘操作速度慢、经常输入错别字、不熟悉各县（市）、区的地名等，直接导致了处理速度慢。为此，梅州市电信分公司组织全体话务员进行计算机操作培训及查号业务常识培训，并进行了严格的考试，从而提高了话务员的业务熟练程度。

第四，组织岗位练功竞赛

开展有针对性的岗位练功比赛，其中包括查号员的输入速度、反应速度、语音速度等。通过岗位练功比赛，查号员的工作效率得到了显著提高。

第五，制定了量化考核制度

为了便于执行，切实打破吃大锅饭的局面，更加公平、公正地考核员工的服务质量，公司紧紧围绕“量化”两个字，制定了量化考核方法，对接通及时率、处理速度、每月话务量等服务质量指标都实行了量化，直接与奖金挂钩，例如：

每人月平均接通及时率低于 99%一个百分点扣 50 元；

每人月平均接通时长以 7 秒为标准，超过 1 秒扣 50 元；

个人实得奖金＝班组奖金总额×（个人话务量÷总话务量）×个人系数

注：班组奖金总额为当月班组人员奖金总和

个人话务量为当月个人所受理的话务量

总话务量当月全班所受理的话务量

个人系数为市局所定的个人劳动系数：

班长为1.4　　副班长、工会小组长1.2

正式工为1.0　聘用工为0.5　劳务工为0.3

通过实行量化考核制度，促进了话务员考核的透明化、数量化，使得每个话务员更清晰地认识到自己的服务情况，这也促进了话务员整体服务水平的提高。

第六，责任到位，层层落实

为了保证制度的落实，梅州电信分局实行了分局、室、班组层层抓落实的措施：①成立了考核小组，全权进行奖罚：由分局局长办、业务室组成考核小组，每个月底依监控系统的统计资料，对全体话务员进行考核；②实行座席长现场管理制度，授予座席长现场管理的职权。例如，话务员如果未经座席长同意而擅自离开座席或拒绝接听电话，或个别话务查号处理时长超过18秒，由座席长登记，每次扣罚奖金20元。一个月被登记5次，则进行下岗培训处理。③建立督促、检查制度：由业务室组成监督、检查小组，对114服务质量进行监督、检查。监督、检查小组以监督资料为基础，处理对话务员的投诉，从而保证对114话务员的考核"有章必依，执章必严"。

实施新的管理制度之后，梅州市114台的服务上了一个新台阶，受到了用户、广大人民群众以及分公司领导的好评，取得了显著的成绩。《梅州日报》、梅州电视台等新闻媒体纷纷报道了114台为用户排忧解难、热心为用户服务的先进事迹。2001年度114查号台被梅州市妇联授予"巾帼文明示范岗"，被省公司评为“优质服务窗口”，被团市委评为“青年文明号”，该台连续三年获得市电信系统“文明服务先进单位”和“四创”先进单位等称号。同时，114台的优质服务也提升了梅州市电信分公司的形象，取得了良好的企业经济效益（见附表）和社会效益。

附表　114查号台2000年、2001年服务质量对比表

项目＼年份	接通及时率（%）	平均等待时长（秒）	准确率（%）	月平均话务量（万次）	直接经济效益（万元）	间接经济效益（万元）
2000年	85.6	12.8	90.2	18	43.2	38.9
2001年	99.9	5	98.5	35.6	85.4	76.9
备注：直接经济效益=全年总话务量×0.2元/次 间接经济效益=全年总话务量×0.2元/次×90%						

讨论题

1. 梅州市电信分公司为什么要提高114查号台的服务质量？

2. 你认为梅州市114查号台采取的提高服务质量的措施中，哪些较为重要？为什么？

3. 梅州市114查号台服务质量管理的做法能否推广到其他行业？

案例 22

深圳市供电分公司

黄文彦　李　业

深圳供电局成立于1979年，是广东省电力集团公司的核心企业和国有大型企业。供电人口约390万，供电面积2 020km^2。截至1999年底，全局拥有110kV~500kV变电站57座，主变容量1 071kV，送电线路1 215km，10kV及以上电缆1 125km，一户一表用电客户123万户。1999年全市供、售电量列全国大中城市第四位，利润总额48 049万元，比1998年增长22.19%。2000年上半年全市供售电量大幅度增加，比上年同期增长28.1%，农电增幅更是高达36.2%，全市最高负荷达330万kW。

一、转变观念，建立面向客户的供电营销管理模式

长期以来，我国处于电力供应紧张的状态，电力企业致力于提高劳动生产率，保证电力供应，因而电力企业形成以生产者为中心的经营观念。随着我国市场经济体系的逐步建立，在电力供求关系逐步缓和的背景下，这种观念显然已经不合时宜了。

随着经济的发展，人民生活水平不断提高，电力潜在需求有上升的趋势。但是，由于供电企业忽视营销管理，使得这种潜在

需求很难转化为现实需求。此外，随着消费者主权意识的提高，他们希望电力供应企业能提供更好的服务，政府从社会管理职能的角度也对供电企业提出了更高的要求。因此，深圳供电分公司高层领导深刻认识到，必须从以生产者为中心转变为以顾客为中心，建立一种新的、面向客户的现代供电营销管理模式，见图 1。

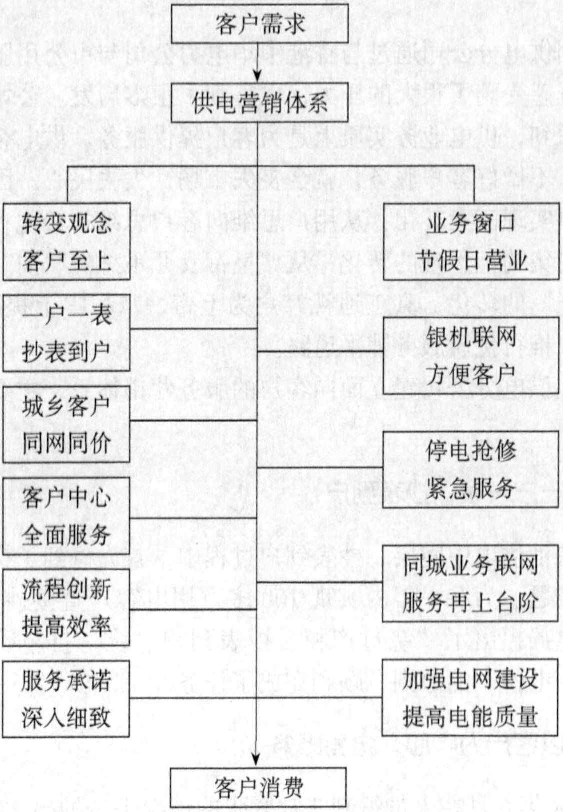

图 1　深圳供电服务营销体系

深圳供电分公司顺应市场经济发展要求，在市场、价格、质量、服务上寻求突破口，结合深圳实际，不断创新，不断实践，初步建立起了较为完善的“以客户服务为中心的供电企业营销管理体系”及其支撑体系，提高了工作效率和服务水平，达到了“政府满意、企业收益、市民高兴”的目标。

二、建立面向客户的服务营销体系

深圳供电分公司通过与香港中华电力公司与市公用服务单位对比，既感受到了很大的压力，也得到了很多启发。公司领导和员工认识到，供电业务实质上是为客户提供服务。供电企业不转变观念，不做好客户服务，就会丧失市场，失去民心。因此，在认识上要实现三大转化：从用户思维向客户思维的转化；从粗放型管理向集约型管理的转化；从“皇帝女儿不愁嫁”向“市场竞争找饭吃”的转化，真正地视客户为上帝，从根本上提高认识，为全方位推行优质服务铺平道路。

深圳供电分公司建立面向客户的服务营销体系，主要包括以下工作：

1．一户一表，抄表到户

在取消供电中间层、抄表到户过程中，首先碰到了接管产权方式的难题。为在一年内实现100多万用电客户直接抄表到户，深圳供电局提出了“绕过产权、抄表到户、统一打单、价费分离、统一电价”的原则，顺利完成了任务。

2．以客户为中心，全面服务

1998年6月在人员编制非常紧张的情况下，抽出12名专职人员，组建了广东省电力系统首家客户服务中心，集用电咨询、停电报修、用电投诉、互联网站、局总机和信息管理于一体，24小时值班，作为深圳供电局与政府和社会各界之间联系的桥梁与纽带。用电客户只要拨通全市统一的客户服务电话或上深圳供电局的网站，就能得到周到热情的服务。客户可以及时了解历年用电和缴费情况，可以及时了解下周计划停电时间安排，也可以进行故障报修和对深圳供电局用电服务质量提出批评和建议。

3．推进流程创新，提高效率

在所有的业务流程中，与客户密切相关、客户最为关心的，就是（低压）用电报装。因此，深圳供电局组建了业务流程创新小组，并以低压用电报装为突破口，迈出了业务流程创新的关键一步。所设计的新流程，实行营业窗口部门的“一口对外”，即用电客户报装只需到营业窗口办理或通过电话和网上报装，避免了多头受理、互相扯皮，从而大大减少了中间环节，缩短了客户的等待时间，现在只需经过 3 个环节（原来要经过 11 个环节），1 个工作日（原来要 10 天以上时间）就可办完各种手续，具备通电条件的当天就能接火通电，深受用户欢迎。

4．服务承诺，深入细致

为更好地向社会提供服务，深圳供电局于 1996 年向社会公开承诺 8 项服务，为客户用电提供了极大的方便。多年来，8 项承诺的兑现率都在 97% 以上。1999 年，为了落实局党委提出的“安全供电、服务到位”的工作目标，并根据广东省电力集团公司的要求，深圳供电分公司在 8 项承诺的基础上，又开展了便民预约上门服务，确定了 6 项预约上门服务内容，即预约上门受理报装、增容、检查计量校对电量、为居民装表接电、更换电表，在节假日为伤残、孤寡、老鳏提供用电服务，同时为边缘农村地区客户办理业务，及时解决他们的用电问题。

5．业务窗口，节假日营业

深圳供电局针对上班族节假日办理用电业务的需要，主动转变观念，从2000年开始，打破惯例，牺牲休息时间，各营业所节假日照常开门营业，极大地方便了客户，深受广大客户好评。

6．银机联网，方便客户

为彻底改变以往用电客户每月都到营业所排长队交电费的状况，深圳供电局于1989年自行设计开发了“用电管理抄收自动化系统”，与银行联机收取电费，既使广大用电客户免除了到营业所排队缴费的难题，也为深圳市公用事业收费模式的改革闯出了一条新路。方便了市民，提高了效率，赢得了政府和社会各界的广泛好评。

7．停电抢修，紧急服务

虽然供电单位一直努力提高供电安全性，但是，如遇自然灾害、人为破坏等不可抗力事件时，中断供电事故仍然会发生，这必然会给客户带来不便和损失。为了把客户的损失降低到最小，深圳供电局强化了抢修服务功能，向广大用电客户承诺，全天24小时受理抢修服务，维修工程人员必须在接到抢修电话后1小时内赶到事故现场做紧急处理。如果碰到较大的事故，抢修时间较长，客户仍难免遭停电之苦，于是深圳供电局配备了2台大功率发电车，在时间较长的抢修过程中，为客户临时提供电力供应。

此外，深圳供电局还实施同城业务联网收费，客户可在城区内任一营业所内缴纳电费。深圳供电局先后三次进行了电价改革，真正实现了全市城乡用电同网同价，彻底消除了价外加价的现象。

三、实践效果

实施供电企业营销管理后，顾客满意度大大提高，深圳供电局的社会效益和企业效益及企业知名度、美誉度也得到提高。1999年度，深圳供电局被评为“全国电力行业质量效益型先进企业”和“全国电力行业用户满意工程先进单位”；2000年4月份，顺利通过了国家电力公司创一流供电企业考评组的考核验收，成为广东电力系统首批全国一流供电企业。2000年6月18～19日，国家电力公司在深圳召开了“国家电力公司系统创国际一流供电企业工作座谈会”，与会代表对深圳供电局取消供电中间层、抄表到户、同网同价和以客户服务为中心的供电营销管理给予了充分的肯定和较高的评价。

讨论题

1. 试用服务产品的特性分析电力产品的基本特征。

2. 电力行业具有垄断性，目前在我国尚未有直接竞争者。在这种背景下，深圳供电分公司为什么提出要转变观念，树立以客户为中心的市场营销观念？

3. 深圳供电局的服务营销体系包括哪些内容？

案例 23

深圳市燃气集团

龚振　庞晓玲　李业

一、企业发展概况

深圳燃气集团有限公司（简称“深燃气”）是深圳市燃气供应的主导企业，也是深圳特区内惟一经营管道燃气的专业公司，它集燃气经营，进出口贸易，油品经营，燃气管网规划、设计、施工、供气、维修、管理和水、电、气自动抄表，燃气安全监控系统开发、生产，以及燃气钢瓶检测，燃具、厨具销售，燃气汽车改装，汽车加气服务于一体，对深圳市场实行统一经营。“深燃气”集团实力雄厚，拥有总资产 8.77 亿元，员工 2 300 人，全资联营企业 23 家，管道供气站 11 座；现有储备站 4 个，包括 2 个 80 000m^2 的低温储库，总储量 1 600m^3，管线 1 000km 以上，形成比较完善的供气系统，为深圳市 30 余万户居民用户提供安全可靠的管道石油气供气服务。2001 年利润 4 800 万元，位于全国同行业的首位。该集团“全面规划、分区建设、逐步联网、逐步实现石油气供应管道化”的“深圳小区气化模式”被国家建设部推荐为全国城市管道气供应的最佳模式，受到国际煤联的充分肯定和高度评价；开发的“管网运行抢险调度系统”在国内同行业中处于领先地位。

1982年，深圳市液化石油气管理站成立，开始了深圳市的管道燃气事业。

1983年，深圳市第一个液化石油气管道供气站成立。1984年，该供气站开始向500多户居民供应液化石油气，开创了我国液化石油气小区管道供气的先河。同年，燕鹏和建业两家联营公司成立，液化石油气管理站更名为液化石油气管理公司，同时聘任赖元楷担任公司经理。从此，“深燃气”开始了新的发展。

1989年，清水河石油气罐站正式投入使用，开始了瓶装供气的第二次开户，“深燃气”的发展登上第一个台阶。

1991年，赖元楷提出第二个十年的管道供气发展应与城市建设发展同步进行。“深燃气”在这一思想的指导下，积极开展了深圳市的管道供气建设。以燃气工程设计为“火车头”，带动工程施工，发展供气管网，加强管网所建设。同时加快新区的建设，改造老区，全面发展管道供气。深圳多个小区气化站实现了联网操作，取得了良好的运行效果。“深燃气”在多方配合之下，开创了一个深圳特有的小区气化模式——深圳小区气化站联网操作，获得了国内外同行的认可和赞誉。

此后，“深燃气”在以赖元楷为首的企业领导带领下不断壮大和发展，取得了令人瞩目的成绩。1995年11月，以经营管道气为主的深圳市液化石油气管理公司和以经营瓶装气为主的深圳市煤气公司合并重组，成立深圳市燃气供应的主导企业——深圳市燃气集团有限公司。

深圳燃气集团重组成立后，焕发出前所未有的青春和活力。1998年开始，正式参与投资100亿元的广东液化天然气项目的筹备开发工作，力争为广东燃气事业的建设做出更大的贡献。

二、面临的问题与挑战

管道气业务涉及面广，除了日常气站及管线巡查、维护保养、供气作业等工作外，每天还要接2000多个用户来电，来电内容有燃气业务咨询、点火、户内燃气管道改装、维修、急修、市政建设协调、泄漏抢险等，公司工作繁杂，专业性强。随着城市建设的逐步发展和燃气管道的普及，用户数量不断增大，年均增加用户达6万余户。业务量的增加给“深燃气”带来了前所未有的挑战。一方面，信息传递量增大，若仍实行落后的管理手段，靠电话及传呼机进行内部传递信息、生产调度，信息往往得不到准确及时的传递，造成各生产部门之间配合失调，工作效率低；公司领导只能靠听取各级基层汇报来进行决策，掌握的信息不全面。另一方面，由于用户之间千差万别，各个用户的需求又不尽相同，靠人工填单的方法完成作业记录及资料管理的手段已经不能适应顾客的要求，满足不了用户的个别需求。

此外，管道气属于公用事业，面向千家万户，提供优质服务不仅是燃气集团的工作，也是社会责任。“深燃气”面临着如何和用户进行有效的沟通以改进自己的硬件设施和提高服务质量，降低燃气事故率，保障社会的稳定的问题。

三、客户服务及生产管理信息系统的功能

针对业务量增大的问题，“深燃气”提出了开发客户服务及生产管理信息系统的设想，即通过建立一套信息采集、信息分类归档、信息传递、信息反馈、信息查询、决策参考等功能的管理信息系统来协调指挥公司运作，以提高生产效率及服务水平。

企业信息系统的软件开发一般来说有两种方式：一是外包

式，即聘请专业的软件开发商合作开发系统。二是自主开发式，即企业自主完成软件开发。如果选择外包式，系统开发成功后，由于企业经营的外部环境时刻都在变化，企业需要根据各种变化对系统进行调整和修改，这样须花钱找回原来的软件商进行后续开发。而自主开发式在系统的持续优化方面克服了这一弊端。“深燃气”经过实际情况分析后，决定采用自主开发式，利用公司现有的技术力量分期开发公司的管理信息系统，并在管道分公司进行开发和实施的试点。1998 年 10 月 1 日，中国第一套城市燃气客户服务及生产管理系统正式投入使用。

根据业务组成及运作要求，燃气客户服务及生产管理系统主要由用户资料数据库、燃气场站数据库、楼宇燃气管道数据库及与之相配套的接单、派工、作业反馈、回访、查询、监控、统计分析等十多个操作平台组成。其结构见图 1：

1. 用户数据库

该数据库对几十万个管道气用户使用管道气情况进行全方位的管理。当用户到“深燃气”各营业所办理开户手续时，通过营业所前台客户服务平台将用户的姓名、住址、编号、银行账号、联系电话等基本资料录入到该数据库中。接下来对用户点火、维修、安全检查、抄表收费、改装户内燃气管道、事故处理等所有与用户有关作业记录通过各个反馈处理平台录入到用户资料数据库中，形成一个完整的用户资料数据库。只要在查询平台上输入任意一用户的编号、姓名、联系电话、地址等几个条件中的一个，几秒钟后，该用户使用管道燃气的全部情况展现在眼前。通过该系统，公司对全市几十万用户使用管道气情况做到了心中有数，可定期根据系统数据统计分析找出用户使用管道燃气的安全盲区，采取相应的措施加强对用户的安全宣传和指引。

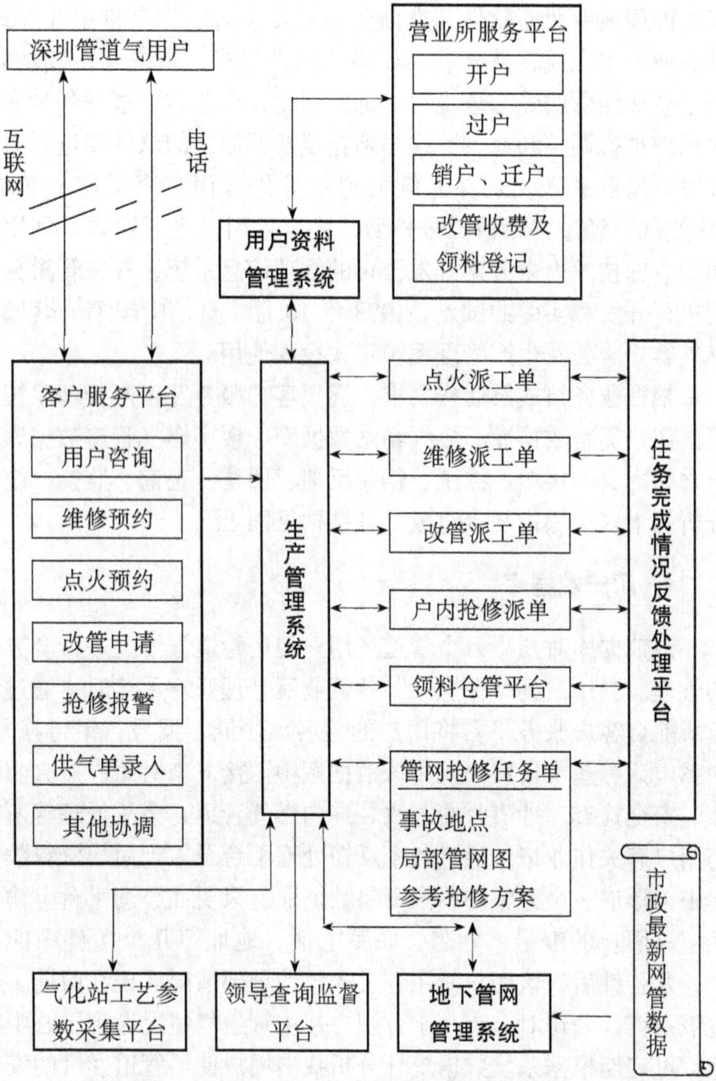

图 1　客户服务及生产管理信息系统结构图

2．燃气管网管理子系统

该系统在最新的深圳市电子地图地理信息的基础上，通过数据输入平台将市内楼宇燃气管道、地下燃气管线的规划、设计、施工、竣工、供气等详细资料录入到管网数据库中，同时，根据地下管线的分布情况、管线等级、可能发生的事故等级等因素编制了突发事故参考抢修方案的程序，供发生意外事故时调用。

3．客户服务及生产管理运作系统

该系统在用户管理系统及地下管网管理系统的基础上，对公司的运作进行全面的科学化管理。当用户打公司的服务电话要求提供服务时，公司电话接听员在用户报上编号（或姓名、住址、身份证号、电话号码等其中之一）后，就能通过电话班工作平台将用户资料快速地从用户资料库中调出，方便地解答用户所提出的问题；若用户提出点火、维修、改管、抢修等服务，接听员只要在键盘上按一下选择键就能将用户的需求自动记录下来并形成任务单，通过公司局域网络发送到各相应的生产部门（伴有提示音），各生产部门在几秒钟内就能收到各自的任务单，并将之打印出来派给工人进行上门服务。若电话接听员接到地下燃气管线抢险电话，在记录下事故地点基本信息后，立即将此信息传递给调度工程师，工程师通过调度系统快速地将事故地点的燃气管网图及预定的参考抢修方案从地下管网管理系统中的数据库调出并传送到离事故地点最近的抢修队，抢修队员在打印出任务单及管网图后，可快速赶到事故现场进行有效的处理。

此外，该系统通过各数据采集平台将各气化站的重要工艺参数、各仓库的材料库存量及各项工作完成情况的统计数据及时地采集到管理系统的数据库中供公司领导随时查看。

四、客户服务

企业的客户服务与生产运作并不是完全分开的，两者是相互支持的关系。客户服务是生产运作系统开发升级的目的和参考，起到“启明灯”的作用，而生产运作系统则是开展客户服务的基础，它为企业的服务营销提供强有力的技术支持，保证客户服务更好地开展。

管理信息系统最基本的要素是建立完整无缺的基本信息资料库，这也是开展客户服务的最重要的前提条件。对燃气经营单位来说，建立完整的信息资料库即建立用户资料库、场站管网资料库、楼宇管道资料库。目前深圳市管道用户已达30多万户，如果还是用传统的手工记账方式对用户进行管理，其运作效率必然很低。在保留原有的用户资料的基础上，“深燃气”将用户家中的气表编号、燃气具规格型号、点火记录、维修记录、改道记录、抢修记录、安全检查记录、用户来电语音记录等详细资料都通过在对用户服务的过程中采集并反馈录入到用户资料数据库中。通过查询平台，公司对全市几十万用户使用管道气情况做到了心中有数，可随时根据系统数据统计分析找出用户使用管道燃气的安全盲区，采取相应的措施加强对用户的安全宣传和指引，降低燃气事故率。

“深燃气”供气的楼宇已达6 000多栋，燃气管网近千公里，如此庞大的供气系统运行状况如何，哪些管道需要维修，哪些管道需要更换，何时维修，何时更换，这些问题处理不好会出很多安全责任事故。通过建立楼宇燃气管道数据库、地下燃气管网资料库、燃气管网安全评估系统加强对供气系统的安全管理，通过查询平台可迅速统计分析供气系统运行状况，根据供气系统问题轻重缓急安排维修保养工作，确保供气系统安全稳定运行。

有了生产运作系统的硬件支持，客户服务工作的开展相对来说就容易很多了。在系统投入使用后，“深燃气”对公司的机构进行了调整，成立了客户服务中心，对外设立了50条24小时热线服务电话25199999，每个电话接听员都配有一部电脑，用户只要说出自己的用户编号（或姓名、电话号码、住址等信息中的一个），接线员就能快速调出完整的用户基本资料，确认无误后在电脑键盘上按一下选择键就能将用户的各种服务需求记录下来，并自动生成工作任务单，既准确又迅速。当人工接听线路繁忙时，用户可通过语音自助系统申请各项服务。同时，公司也开通了 www.5199999.com.cn 网上客户服务中心，实现了与客户的互动。

由于与用户之间架起了多渠道的沟通桥梁，确保了用户需求能够得到准确、及时的满足。在用户的需求得到初步的反馈后，使用户的需求信息在公司内部运作系统得到有效的传递并成为检验生产运作管理是否高效化的标准。

在生产管理系统里，集团公司有关部门发来的各项生产指令信息，也由相应的工作平台录入并发送到相关责任部门。在记录了用户服务需求及有关生产指令后，须将信息整理成工作任务单，传递到各生产部门并组织人员落实。以前公司传递生产信息只能靠电话、传呼机等落后的方式，所以经常出现漏单、丢单现象，影响了公司服务水平的提高。系统投入使用后，生产部门在几秒钟内就能准确无误地接收到各种生产指令，各部门之间也能通过网络进行信息传递协调工作。所有的信息传递单上都有收发时间、操作员姓名记录，信息在传递过程中出了差错，管理人员能够迅速查出相关责任人。

此外，为了确保庞大的城市供气系统安全稳定运行，提高服务水平，在客户服务及生产管理系统投入运行后，公司领导于1999年在公司建立了ISO 9000质量保证体系，并于同年通过了

SGS 国际机构的认证，成为国内管道燃气行业第一家取得了 ISO 9000 质量体系认证的企业。

通过建立 ISO 质量保证体系，公司对所有业务活动都制定了规范的工作程序、工作标准及相应的奖惩制度。同时，组织全体员工认真学习质量体系文件，考试合格后方可上岗工作。公司几百名一线生产服务员每天都散布在全市十多个生产场所和几百个用户家中作业。为了确保每位员工都按照公司的要求进行作业，公司通过建立现代化监控平台对每个生产岗位进行全方位、全过程的监控。公司的服务监控职能部门企管科每天通过监听一定比例的用户来电，查看各营业所监控图像，对所有上门服务过的用户进行 100%的电话回访，并将检查结果录入反馈平台。公司管理层在办公室内通过查询系统能够随时掌握公司任一时间段内的所有业务量、安全动态、用户满意度、资金流动、材料进出、员工表现等情况，并能够根据具体情况进行科学的决策。

现代化的监控系统一方面给员工带来适度的压力，使他们以最好的状态投入工作，另一方面使企业管理层掌握了公司的不足和薄弱环节，以便管理层对此做出快速的调整，适应生产和服务的需要。

五、客户服务及生产管理信息系统的实施效果

客户服务及生产管理信息系统的投入使用，为企业带来了良好的经济效益，同时也取得了明显的社会效益。

由于有强大的硬件支持，信息得以高效传递，促使工作效率提高了 4 倍。同时，由于数据库的建立和监控系统的实施，企业的服务质量明显提高，客户满意度逐年提高（达到 90%）；且由于安全管理到位，四年来，没有发生过一例因燃气事故造成的人员死亡，从而节约了大量的赔偿金，最终提高了企业的整体效

益。

此外，社会效益也十分显著。“深燃气”是特区内惟一的管道气经营单位，客户服务及生产管理信息系统的投入使用，极大地提高了公司安全管理、优质服务水平，几年来事故死亡率为0，有力地保障了社会稳定；用户投诉率是深圳市公用服务业内最低的。虽然是独家垄断经营，但广大管道气用户对“深燃气”的服务质量给予充分肯定，并受到国内同行的称赞。

讨论题

1．深圳燃气集团为什么要开发客户及生产管理信息系统？

2．用户数据库对该公司的服务营销起到了什么作用？

3．在深圳燃气集团的客户及生产管理信息系统中有没有必要建立一线员工的工作记录数据库？

4．垄断性公用事业企业为什么也要重视服务营销？

案例 24

青岛啤酒进军台湾市场

李　业　陈　维

青岛啤酒厂于1903年由英、德商人创办，时名“日尔曼啤酒股份公司青岛公司”，生产设备、原材料从德国进口。青岛啤酒以崂山矿泉水酿造，品质优良、闻名国内外。该厂产品1906年即在慕尼黑国际博览会上获得金奖。新中国成立后，青岛啤酒属于紧俏商品。受计划经济体制的制约和自身规模的限制，青岛啤酒集团主要供应国宴、国内高档宾馆和出口海外。

1993年，青岛啤酒股份有限公司成立并进入国际资本市场，公司股票分别在香港和上海上市，成为国内首家在两地同时上市的股份有限公司，募集的雄厚资金为今后的飞速发展奠定了坚实的基础。1997年，青岛啤酒集团成立，注册资金为人民币39 982万元，拥有青岛啤酒股份有限公司44.2%的股权，截止到1997年6月，集团总资产已达人民币35.2亿元。1997年8月和9月，青啤就近收购了平度啤酒厂和日照啤酒厂，正式打响新一轮兼并战役，整个企业开始从“产地销”向“销地产”实施战略转移。此后，青啤又相继并购了山东菏泽、平原啤酒厂，黑龙江省鸡西啤酒厂，扬州啤酒厂，西安汉斯啤酒厂和三环啤酒厂等。2000年8月，青岛啤酒集团收购了上海嘉士伯和北京五星啤酒两大著名厂家。青啤集团收购和控股的42家啤酒企业，分布在全国13个省、市。至2001年，通过全面实施“大名牌”战略，青啤公司在全国已基本完成战略布局，抢占了全国市场的制高点，实现了地产地销的战略转变，并且对购并的企业推行青啤管理模式，用青啤企业文化来整合子公司管理思想和理念。2001年上半年，青啤产销量120万吨，同比增长40%，销售收入、利税、出口创汇、工业增加值分别比去年同期增长43%、60%、13%、49%。

随着经济全球化的推进和青啤集团实力的提高，公司实施国际化战略的条件日渐成熟。其实，青啤集团前任总经理彭作义对扩展国内外市场早有打算，他曾用一个被称为“换手论”的生动比喻来说明其意图。他说：“现在是用右手（强劲的手）做国内市场，等国内市场成熟了，就要换手。”现任总裁金志国所采取的市场战略，基本上延续了彭作义的战略意图。

一、台湾啤酒市场

进军台湾，并非是青啤集团的一时冲动。早在20世纪90年代以前，台湾许多著名的公司都曾与青啤公司进行过合作与探讨，其中，台湾三洋公司就与青啤先后谈了5年之久。青啤总裁金志国曾说，“青啤人一直有个心愿，让台湾同胞享受到向往的青岛啤酒。”可见，青啤早已想进入台湾市场。1994年，台湾当局允许外国啤酒进入台湾市场，但不允许内地啤酒进入。直到2002年2月15日，台湾宣布对内地烟酒解禁。于是，两个月之后，金志国亲自到台湾现场考察并准备进军台湾市场。

据有关资料显示，台湾啤酒市场容量在50万吨左右，15%的市场份额由进口啤酒占据，剩余由当地啤酒“控制”，而台啤与进口啤酒的销售比率是65:35。而台湾业界人士分析，台湾啤酒市场总体消费能力应在70万吨左右，目前还有20万吨的发展潜力。由此可见，台湾是个颇具潜力的啤酒市场。

二、产品定位

青啤在进入台湾市场时，在产品设计、包装、价格、文化等方面都有明确的定位，这为青啤后来的成功奠定了基础。

◇ 在产品设计上，青啤在保持原有青岛啤酒工艺的基础上，采取用先进的工艺技术来满足台岛消费者清淡型口味的需求。

◇ 在包装风格上，青啤改变传统的青啤绿，以全新的面貌在台湾市场出现，颜色作了很大的变动，设计出了适合台湾民众的视觉感受。另外，为尊重台湾消费者对环保的要求，青啤在外包装上也作了相应的改进。同时，设计出对视觉冲击力非常高的蓝白色商标设计，让消费者感受到青岛啤酒的独特品质。

◇ 在价格方面，青岛啤酒制定了区别于当地啤酒而且令台湾消费者比较容易接受的价格，即罐装、大瓶分别为 30 和 46 元新台币（一元人民币约合 4 台币）。台湾当地品牌的啤酒的价格约在 25 元新台币。

◇ 在文化方面表现出较强的亲和力，啤酒因其特殊的文化个性，所以青啤注重运用文化吸引消费者的注意力，刺激消费者的消费行为。通过蓝白色商标的设计，让消费者感受到青岛啤酒的“锐意进取，奉献社会”的企业文化，这使得青岛啤酒在台湾具有相当的亲和力。

三、市场营销组合

青啤集团在进入台湾市场后，采取了一系列的市场营销策略。

产品策略。根据产品的定位，青啤集团以“质量第一、品种多样、环保安全、满足不同顾客的需求”为宗旨，开发、生产适合台湾消费者口味、包装新颖的产品，注重强化品牌影响力。

渠道策略。在代理商的选择上，青啤仍然采用“蛛网式营销”，即将七零八乱的销售形势逐渐转化为电子系统统一模式、统一监管。于是，青啤选择了台湾三洋维士比集团这个有蛛网的公司作为合作伙伴。台湾三洋维士比集团是台湾最主要的食品制造商，近年来，其饮料产品渐成主业，直接控制三四万家终端零售点，有很多完善的产品“通路”。经过认真细致的谈判后，“三洋维士比集团”与“青啤集团”合作成立了“台湾青啤股份有限公司”，让其代理青岛啤酒在台湾市场的销售。在青岛啤酒获准进入台湾后，他们利用三洋维士比集团公司已有的 3 万多个销售点抢占市场。因此，青啤总能在第一时间以最快的速度、最广的渠道、最大的面积把最新鲜的啤酒送到消费者手中。现在台湾从北到南，大大小小的超市连锁店、传统便利店、酒楼食肆和大街小巷的槟榔店里，都能见到绿色瓶装和蓝色罐装的青岛啤酒的影子，上面写着“专门供应台湾地区销售”。

沟通与促销策略。青啤为顺利进入和扩展台湾市场，进行了大量的促销活动。例如，各大卖场都出现青岛啤酒的海报，高速公路上也树起了青岛啤酒的巨幅广告牌。另外，“台湾青啤股份有限公司”还专门制作了 3 套电视专题片在台播出，以促进销售。2003 年，青啤公司将迎来自己的百年华诞，青啤公司为答谢岛城人民多年来的关心和爱护，专门开发的一种能够代表青岛城市形象的高品质产品——原生青岛啤酒。为了满足消费者对新鲜度更高的追求，原生青啤的保质期在市区内限定为一个月，过期产品将予以回收。这种促销活动促进了台湾民众对青啤的了解，加强了他们之间的沟通。

价格策略。青啤集团除了制定适当的价格外，在销售方法上，青啤也进行了改革，在台湾三个大区108家经销商全部实行“无放账销售”，即“先款后货”的销售方式。

四、初战告捷

青啤进入台湾市场后，通过各种策略取得了可喜的成绩。青岛啤酒自今年4月进入台湾市场以来，在台湾市场销售量节节攀升。截至8月下旬，已在台湾市场销售青岛啤酒21 000吨，已超过全年15 000吨的计划，占据台湾啤酒市场约7.5%的份额。到目前为止，青岛啤酒共卖出230万箱，其中8月份单月卖出80万箱，创了纪录。拿易拉罐的啤酒来讲，一个月台湾民众就喝掉了1 920万罐青岛啤酒。青啤进入台湾市场后彻底打破了它的市场格局，台啤降到了60%，进口啤酒也跌到了10%，青啤则快速攫取了30%的市场。

五、青啤集团在台湾的战略部署

由于目前从青岛工厂生产啤酒通过水路运至台湾路途较长，存在种种不稳定因素，一定程度上制约了青岛啤酒在台湾市场的拓展工作。按照目前台湾市场的良好发展情况，以及按照“先市场后工厂”的销地产原则，青岛啤酒总裁金志国认为“目前在台湾设立啤酒生产基地的条件已经具备”。这标志着青啤将会在台湾建厂，但基于台湾有关法律的限制，青啤只能合作建厂。于是，2002年8月30日，青啤公司与台湾三洋药品工业股份有限公司签署合作框架协议，双方将以合作方式在台湾高雄市建设一间年产10万吨规模的啤酒厂，就近生产青岛啤酒，以满足台湾市场的需求，青岛啤酒“地产地销”目标在台湾的实现指日可待。据悉，青啤在台湾工厂将分两期建设，每期5万吨，青啤的目标是建成后一年时间内即达到产销平衡状态下的满产。

六、青啤集团的国际化战略

近几年，青啤公司加大了在国际市场的运作力度。目前，已在世界 40 多个国家和地区建立了自己的分公司，在世界啤酒竞争的舞台上赢得了自己的一席之地。

在香港，青岛啤酒开始突破实行了几十年的以单纯的产品出口的外贸代理形式，尝试自主进行海外市场的经营。在香港经济不太景气的情况下，2000 年当年实际销售量增长了 5%，2001 年增长 13%，2002 年 1~8 月份增长了 28%，三大系列 12 个品种，全方位进入，市场占有率迅速上升到 8%左右，呈现出一种强劲的扩展势头。

在美国，青岛啤酒 2002 年实现了 10%的增幅。1978 年青岛啤酒开始出口到世界最大的啤酒生产国——美国，并在短时期内由年销 2 万箱猛增至 100 万箱，打破了美国 380 种进口啤酒销售量增长速度的纪录，并 3 次在美国华盛顿国际评酒会荣获冠军。

在欧洲，青啤也实现了 10%的增幅。自 20 世纪 50 年代开始出口欧洲，屡获欧洲比利时布鲁塞尔、西班牙马德里国际金奖。1992 年在意大利成立青啤欧洲办事处，1994 年在法国巴黎成立青岛啤酒（欧洲）贸易有限公司。现在青岛啤酒已经跻身北美洲、欧洲等国际市场，是国外进口啤酒中售价最高的啤酒之一。

东南亚一直是青岛啤酒的传统市场，拥有稳定的消费群。自 40 年代起，青岛啤酒一直热销新加坡、马来西亚等国家和地区。1993 年在新加坡国际评酒会上荣获冠军。

对于金志国来说，他要构筑的青岛啤酒新版图，就是国际化青啤的全球布局。他试图构筑一个国际市场的“三角架构”：集中力量，加大传统的美洲、欧洲、东南亚三大市场的营销力度，以一点带动全局。现在看来，这个基点已经找到，就是台湾。由此分析，台湾建厂只是金志国海外兵团的试验田。在台湾建厂只是第一步；第二步，青啤将以台湾为重点基地深度开发东南亚市场，在新鲜度上更好地满足东南亚市场的需求，建立起稳固的东南亚支柱；第三步，将会逐步在美洲和欧洲设厂，继而搭建美洲、欧洲、东南亚三足鼎立的国际市场框架，构筑起国际化青啤的世界版图。

讨论题

1. 青岛啤酒集团进军台湾具备了哪些优势和条件？
2. 青岛啤酒进军台湾在营销策略上有哪些方面比较成功？
3. 试讨论青啤集团应该如何巩固和发展台湾市场。
4. 青啤集团为什么要在台湾设厂？
5. 试评价青岛啤酒集团的国际化战略。

2000 年 8 月第一稿

2002 年 10 月第二稿

案例 25

TCL 的国际化进程

李　业　庞晓玲

2002 年 7 月 19 日，TCL 集团股份有限公司董事长李东生在北京的记者招待会上说，国内家电企业走向国际化必须经历三个阶段，称为国际化的“三级跳”。首先是要做产品的生产制造者和提供者，像目前国内多数企业正在为国际名牌做的 OEM 贴牌方式便属于第一阶段。这种方式虽然使国内企业挣到了出口额，获利却十分有限。目前中国家电的出口主要是东南亚地区或其他发展中国家，出口的产品则以低端为主。以电视机为例，出口的利润和在国内差不多，而且要经过培育市场的起步阶段；发展到第二阶段，便要选择有优势的地区建立生产基地，在海外站稳脚跟，建立自己的营销网络，推广和培育品牌。第三阶段则是国际化企业的最高目标，即在产品创新方面与国际公司同步。而产品创新能力正是国内企业与国际一流企业之间最大的差距。只有获得对话和平等竞争的机会，获利才能达到最大化。

李东生所说的“三级跳”正是 TCL 实施国际化的进程。

一、第一阶段——与外商合作，解决资金和技术瓶颈，建立品牌形象

1980年，广东惠阳地区机械局电子科分离成立“惠阳地区电子工业公司”，凭着5 000元的银行贷款，开始了TCL的早期创业。1981年，看准市场，把握机遇与港商一起创办了全国最早的12家中外合资企业之一的“TTK家庭电器有限公司”，合作生产当时市场畅销的录音磁带。外商提供资金、技术和品牌，中方负责生产和销售，TTK磁带在市场上迅速崛起。经过数年的合作，TCL有了自己的原始积累，培养了一批了解市场、熟悉企业运作管理的人才。

1985年，通过市场调查和分析，惠阳地区电子工业公司预感到电话机将是中国未来电子产品市场中最有发展前景的一种产品，再次选择和香港一家外资公司合资成立“TCL通讯设备有限公司”。TCL公司成立之初，只负责品牌、生产和销售，同样借助于外资的资金和技术。TCL研制出国产最早的按键式电话，并一举成名。当年的元老，现在TCL的副董事长袁信成说：“最初的合作我们根本没有发言权，只能学习。”

在和外商合作的过程中，TCL公司的经营管理能力得到了提升，并迅速掌握了技术，对国内市场的了解也更加深入，初步建立起TCL在国内市场的销售网络。1987年，TCL全部收购了外方的股份，开始自己大规模生产电话机。1989年，TCL电话机销量800万台，成为全国乃至亚洲最大的电话机生产基地。一时间，TCL电话机占领了国内60%的市场，并出口30多个国家。TCL从而完成了从来料加工逐步到打造自己品牌的创业阶段。

1992年，TCL想进军彩电业。如同刚开始进入电话机一样，

最大的劣势就是技术与生产资源的不足。TCL又决定采用合资生产的方式。经过多方考察，TCL终于决定于1993年与香港长城电子集团合作。长城电子是香港的一家上市公司，它在香港和海外有销售网络，但在中国内地没有自己独立的品牌，更缺乏独立开拓中国内地市场的能力。最诱人的是它有技术、有资金，同时在惠州拥有相当规模的彩电生产工厂。1993年，TCL大规模向国内市场推出大屏幕彩电，凭借长城电子的技术和制造能力，新产品很快通过了国家质量认证，并很快获得市场认可。利用港商的海外销售网络，在1994年生产的55万台彩电中，有50%出口国际市场。

1995年，TCL彩电的销售额达20亿元。随着市场占有率的扩大和产品销量的增加，TCL的规模实力明显增强，开始进入“买船出海”阶段。1996年，TCL出资1.5亿港元兼并了香港陆氏彩电项目，持有其60%的绝对控股权，开创了国企兼并港资企业的先河，从而支配了合资公司的2.5亿港元资产。陆氏拥有庞大的海外生产基地、彩电行业完整的科研开发体系，并拥有海外销售系统及客户，弥补了TCL在资本功能、技术能力、生产能力、海外销售网络等方面的不足。

TCL进入IT行业时也采取了合资的方式。1998年3月，TCL与台湾致福公司各出资50%合资成立TCL电脑公司。李东生心里明白：TCL做IT，除了品牌和市场能力外，别无任何优势。TCL主管行销，做市场，对方则负责提供产品和技术。1996年6月，致福因故退出，TCL借机将其股份全部收购。2001年底，TCL又与INTEL合作，第一个在国内推出奔4电脑，一跃成为国内市场家用PC第二名。

在企业国际化的初期，TCL采用了与外商合资、合作的方式。外商有资金、有技术，TCL在谈判中总是坚持用自己的品牌。在与外商合作的过程中，中外双方优势互补、各取所需，

TCL不仅解决了初期发展的资金和技术方面的瓶颈，更带来了国际企业的管理模式、国际观念与国际市场资源，为其进军国际市场奠定了基础。

二、第二阶段——对外直接投资

1998年受金融危机影响，TCL的海外订单大量流失，这使公司下决心开拓国际市场，对外进行资本和管理输出，建立自己的销售网络，推广自己的品牌，TCL跨进它的国际化进程的第二个阶段。

在这个新的发展阶段里，TCL采取的是投资生产的方式。TCL经过多年的发展，几大事业部如彩电、电话、电工等，无论从其经营规模、资金实力、产品规划、成本因素、技术力量等方面都具备了走向海外的实力。近年来，TCL拓展海外市场已有了相当的积累，2000年出口额突破5亿美元，自主品牌占出口产品的比例已超过50%。

综合考虑实力、经验、成本等方面的实际情况，TCL决定从易开始，选择了家电制造业相对落后、市场切入相对容易的地区作为突破口，在越南、印度先后建立了自己的产品加工厂。在销售渠道上，TCL凭借国内市场多年建设运作的经验，采取自建与合作相结合的方式建立销售网络。

1. 开拓越南市场

在开拓越南市场时，TCL采取直接投资设厂和建立自营销售网络的方式，服务营销理念贯穿始终。

越南整体经济虽然处于由农业经济向工业经济转型时期，但对家电产品需求较大。如64厘米（25寸）以上彩电在市场整体销售中仅占5%，电话机市场以每年70%的速度扩容，VCD、

DVD、冰箱、空调等市场正在兴起，潜力巨大。而越南几乎没有自己的家电企业，大部分家电产品均需要进口。国外家电品牌进入时间较长，已经深入人心了。越南人对日韩品牌很崇拜，例如在越南没有“摩托车”这个词汇，而管摩托车叫“本田”(HONDA)。而由于过去中越边贸的许多劣质商品令越南人产生反感和抵触的心理，使越南人对中国产品有着很深的偏见和误解。面对不利的形势，TCL结合自身的情况，建渠道，推服务，树品牌，终于在越南市场打出一片天地。

相对来说，TCL在越南是弱势企业，考虑到经营成本问题，在越南不可能同国内一样开专卖店，不可能在各方面像国内一样做得那么细致。在销售渠道上，TCL根据自己的实际情况，发展可控性网络，靠一级批发商销售，不像日韩企业分几个大区一直做到三、四级批发，也不像在国内直接做零售，但TCL的分销一直强调细致。据TCL在越南的员工说，当时为了卖一台电视机有时候要驱车好几十公里送货，卖彩电赚的钱还抵不上汽油钱。因为分销做得如此细致和认真，TCL越南公司已分别在河内市、岘港市、胡志明市建立了分公司，有400多个经销点散布在越南全国各地，有数千名越南籍员工在生产和销售TCL彩电、VCD、电工等产品。

针对越南人对中国货质量不放心的问题，TCL在产品质量这一关下了比较大的功夫。由于TCL在越南的工厂规模不大，机型和批量不多，于是对产品进行全检，而一般的工厂是进行抽检的。而竞争对手是实力强大的日韩企业，他们派驻的管理层因为语言不通、文化不通而很少跟一般的经销商沟通，只跟少数的几个大经销商沟通，更没有接近普通消费者或基层员工，没有深入了解当地的市场情况，致使他们的许多决策与市场脱钩。TCL借此优势推行服务营销的理念。在每个城市设立24小时热线电话，一有投诉立即处理。在售后服务方面，TCL越南各地建立了 100 多个服务维修站，率先做出了免费保修的承诺，并根据越南消费者的偏好改进服务。TCL 经销维修站明确规定，凡接到用户电话，维修人员必须不分昼夜立即赶到现场。越南人非常喜欢看足球，达到狂热的地步，在足球联赛期间或者有重大比赛时是他们最依赖电视的时期，这个时候若遇上电视坏的问题，就必须要及时帮用户修好。日韩企业需要用户把电视送到其专修店维修，而 TCL 则快速上门维修。如果故障比较复杂一时修不好，就给客户一台备用机先看着，等修好了再换回来。此外还在越南推出了“3 年免费保修，终身维修”的服务措施，大大提高了 TCL 的信誉。

正是凭着质量过硬的产品、细致的分销渠道和周到的服务，TCL 越南公司在越南市场打出了一片天地，销量超过了“松下”，取得了市场占有率 10%、排名第二的好成绩。

2．进军印度市场

在国外家电分销体系发达的市场，TCL 就采取与当地的家电销售巨头合作的方式开拓市场。

印度的家电工业和越南一样不成熟，厂家的规模和生产能力较小，缺乏完整的质量控制设备能力，但是家电的分销体系相对来说比较发达。基于这种情况的考虑，TCL 开始考虑建立自已的半散件组装厂和合资企业。TCL 决定选择 Baron International Limited（巴朗国际有限公司）为他们发展印度市场的长期合作伙伴。巴朗国际有限公司是印度主要家电经销商之一，在印度全国拥有 36 家分公司、2 000 家分销商和 45 个售后服务中心。2000 年 8 月，TCL 与印度巴朗国际有限公司合资成立了 TCL 巴朗印度有限公司。

合资公司成立的头两个月，TCL 巴朗印度有限公司就销售各类家电产品约 10 万台，销售额达 3 000 万美元。目前 TCL 彩电在越南、菲律宾、印尼已经占了5%的市场份额，在印度达到7%。

3．收购德国施耐德

1988年，当时的欧共体发起针对中国彩电的反倾销调查，此后这种调查持续不断，长达15年之久，于是中国彩电被排挤出欧盟市场。在中国彩电厂商进行了积极的交涉、应诉之后，2002年8月29日，欧盟委员会发表公告，宣布接受中国机电进出口商会及7家彩电厂商（厦华、海尔、海信、康佳、长虹、创维、TCL）在价格和数量上的承诺，中国彩电获准进入欧盟市场。据业内人士透露，这个数字是40万台。欧洲彩电的全年销售量为2 900万台，欧盟本地厂家却只能提供1 500万台，也就是说另外的1/2约1 400万台只能从国外进口，而欧盟获准中国进口的40万台仅占市场总销量的1.6%，而且还要国内7家企业来分，这对中国的家电厂家无疑是一个打击。

TCL集团董事长针对欧盟反倾销限额问题明确表示，由于40万台的“配额”对任何一家中国彩电企业都只是一个微量，“TCL绝不会安于这种情况，我们会尽量通过其他途径进入欧盟市场”。

近日，TCL宣布收购德国名牌企业施耐德（Schneider），为其绕过欧盟对中国彩电构筑的贸易壁垒提供了捷径。据2002年10月8日《粤港信息日报》的报道，TCL出资820万欧元收购德国施耐德公司主要资产的有关法律手续正在办理之中，涉及第三方交易的问题已经解决。拥有113年历史的施耐德拥有3条彩电生产线，可年产彩电100万台，在欧洲有颇为畅通的销售渠道，市场主要集中在德国、英国和西班牙，旗下有两个著名的品牌，施耐德（Schneider）和杜阿尔（Dual），其在欧盟拥有不小的市场份额，2001年其销售量是41万台，超过了欧盟给予中国

7家家电企业配额的总和。另外它还有较强的研发能力和超前的高技术发展计划，打算生产激光彩电。但是，德国当地的劳动成本高出国内几倍，若选择施耐德作为彩电的生产基地则面临高成本的问题。对此事，业界反应不一。有证券分析师认为该收购案的意义更多是广告效应，也有的观点认为TCL此举将实现品牌效应和在欧洲“销地产”。德国的一些媒体也认为，把西方的名牌收归已有，是中国企业打响自有品牌的一条捷径。不管别人如何评价，TCL将按照自己的思路去做。

三、第三阶段：资本国际化

2002年4月16日，“TCL集团股份有限公司成立大会暨首届股东大会”在惠州举行。引进国际战略投资后的TCL集团由有限公司变身为股份公司，总股本近16亿元人民币，李东生担任董事长兼总裁。除此前已公布的南太、金山外，同时新增日本东芝、住友、PENTEL三家战略投资者，这五家现共计持有TCL股份18.38%，惠州市政府所占股份由原来的58%减持为40.97%，TCL管理层现持股25%，其他发起人则持股15%。经营层和员工持股，国际战略投资者加入和跨国家电企业结盟，从这种意义上说，TCL开始嬗变成一个国际化的家电企业。

总裁李东生说，家电业是个大规模化生产的产业，需要领先的技术来保持竞争的优势，同时又需要很大的资金投入在科研、生产、销售、服务方面予以支持。

吸纳国际资本以入股形式介入国内家电企业，不仅可以有效增强企业的资金实力，又可以为今后的国际融资做铺垫。国际战略投资者和跨国家电企业的加入，标志着TCL无论是企业管理还是企业实力都得到了国际上的认可，今后再进行融资就比较容易得到认同。同时，国际资本更加强了国内企业与海外的联系。

金山、住友、东芝等战略投资入股 TCL，解决了技术创新中的难题，即打开了技术创新的融资渠道。技术创新是需要投资的，这种投资有两大特征，即风险投资和战略性投资。目前家电企业大都通过银行融资，银行融资的特征恰恰是安全性、短期性，因此不可能满足我国企业技术创新的要求。TCL 引入三大国际投资者实际上为技术创新的融资闯出一条路子。同时，国际资本进入，必然会对管理提出新的要求，国内企业的管理制度必然发生变化，从而有利于提高管理水平。国际战略投资者对国际市场非常了解，它要对自己投资负责，这对 TCL 开拓国际市场也将有大的帮助。

北京名牌资产评估有限公司于 2002 年 1 月发布了《2001 年中国品牌价值报告》，报告显示 TCL 的品牌价值达 144.69 亿元，位居全国最有价值品牌排行榜的第五位。据信息产业部提供的 2002 年 1~5 月份行业统计数据表明，TCL 集团实现销售收入 117.52 亿元，同比增长 53%；利润总额 5.07 亿元，同比增长 79%；上缴税金 6.9 亿元，同比增长 71%；出口创汇 4 亿元，同比增长 66%。TCL 正在其国际化进程中不断迈进。

讨论题

1. TCL 总裁提出的企业国际化包括哪三个阶段？你同意这种划分吗？

2. 在 TCL 早期与外商合资、合作时采用了什么策略？为什么？

3. 在开拓海外市场的战略选择上，TCL 为什么采取中低端市场切入的方式而没有采取海尔的高端市场切入方式？

4. TCL 在进军越南和印度市场时采取的策略有什么不同？为什么？

5. TCL 通过收购德国施耐德应对欧盟的反倾销，此举有哪些利弊？你认为 TCL 在德国应当如何运作？

6. 资本国际化对企业的作用是什么？

7. TCL 在国际化进程中有哪些成功的经验？

案例 26

广州卷烟一厂的国际营销实践

李业 伏睿

广州卷烟一厂（简称广一厂）是广东省烟草公司下属的大型国有企业，现有员工 1 300 多人；2000 年产量约达 35 万箱，销售收入超 15 亿元，税利总额 9 亿多元。“七五”和“八五”期间被国家烟草专卖局列为重点技改企业，“九五”期间被国家烟草专卖局列入 36 家重点企业之一，2000 年又被国家烟草专卖局列入“十五”期间重点优势企业，1996 年被国家列入全国“500 家重点扶持发展企业”。

1993 年 7 月，广一厂在柬埔寨与亚细安公司成立了合资企业——威尼顿集团有限公司，联合生产和销售卷烟。从 1994 年威尼顿公司正式投产以来，合资企业的卷烟产、销量每年平均增长 50%以上。目前，威尼顿公司已成为柬埔寨卷烟生产企业中最大的一家；在柬埔寨创立的 3 个品牌的市场覆盖率已达到 90%以上。

一、企业发展概览

广州卷烟一厂前身为 1948 年创建的“一中烟厂”。1970 年正式定名为“广州卷烟一厂”。1973 年，开始生产滤嘴卷烟。

1980年，引进美国卷烟机一台，新购国产卷筒机、包装机和抽梗机等一批设备，年产量达19万箱，年总产值为1亿元。

1982年成立中国烟草总公司并对全行业实行集中统一管理后，广一厂从此进入一个高速发展时期。1982年，工厂搬迁到位于海珠区赤岗路62号的现厂区，厂房面积和厂容厂貌大为改观。1983年，广州卷烟一厂的产供销、人财物、内外贸易划归省烟草公司集中统一管理。

自1986年开始，工厂对技术设备进行了较大规模的更新换代，引进了一批具有国际先进水平的设备，对制丝车间的全线以及工艺流程进行了全面的技术改造。1989年12月从意大利引进"科马斯"制丝线，同时配套引进德国的PROTOS卷接机组和意大利的GD包装机组，使工厂的生产能力和技术水平大幅度提高，年生产能力达40万箱滤嘴卷烟，成为我国大中型卷烟骨干企业。

到1990年，工厂经过"六五"特别是"七五"时期的技术改造，先后在技改方面投入资金达1.6亿元。工厂年产量已近30万箱，为1980年产量的1.5倍；年产值达6.6亿元，是1980年的6.4倍，年上交税利达3.8亿元，是1980年的6倍。在产品结构方面，1980年滤嘴烟产量为1 000箱，到1990年，已全部实现卷烟生产滤嘴化。在产品类型上，也从原来单一的烤烟型发展到烤烟型、混合型、外香型等多种卷烟类型。

进入90年代，广一厂迎来了一个大发展时期。1990年，企业先后晋升为省级先进企业和国家二级企业，企业管理水平上了一个台阶。1991～1998年，在产量保持基本稳定的前提下，通过向企业技术进步、企业产品和结构调整要效益，实现经济效益的稳步提高，其中工业总产值以年均10%的速度增长，税利年平均增长速度达9.5%。至1998年，工厂销售总额已达12.05亿元，税利达6.98亿元。

1999年上半年，企业承接1998年的良好势头，实现了产销两旺的好形势。截止到6月底，完成产量16.87万箱，实现产值7.35亿元、税利4.31亿元，分别比1998年同期增加5.77%、24%和30.34%，达历史最好水平。2000年产量约达35万箱，销售收入超15亿元，税利总额9亿多元。

二、现有资源和能力

1．技术装备

广一厂一直注意依靠技术进步，提高技术装备水平。10年中，广一厂平均每年投资超过6 000万元用于技术改造和基础建设，先后从德国、意大利、英国和美国等国家引进世界先进的设备和仪器。10年来的固定资产平均每年增长133%，至1998年固定资产达到7.5亿元，比技改前的1985年增长了38倍，使企业技术装备水平和综合实力跃上了新的台阶。

2．生产工艺和质量管理

在生产工艺和质量管理方面，加强了工艺技术基础理论研究和试验工作。目前广一厂的生产工艺已处于国内先进水平。在质量监督检测方面，目前已建立了完善的原辅材料、成品质量验收管理制度，质量检测能力达到国内先进水平。1996年12月，企业顺利通过了ISO 9002国际质量体系认证审核，成为目前广东省烟草行业惟一获得ISO 9002质量体系认证证书的企业。

3．管理信息化

早在1993年，广州卷烟一厂就在企业内部建立了计算机管理信息系统（MIS系统）。以集中管理的方式汇集了企业管理、生产、经营各个环节的大量数据和信息。1998 年，构建了 INTRANET 系统，构建了一条信息收集、传递、交流的信息公路，使企业的经营管理进一步向高效、科学发展。

4. 新产品开发

在产品开发方面，除原有的“越秀”等，还根据市场需求研制开发了新产品——特醇金峰、特醇椰树、皇冠、出口金源系列。并对国内外卷烟市场进行了深入的研究，形成了拥有烤烟型、混合型、外香型等品种齐全的品牌体系，有椰树、广州、金峰、金源等品牌，拳头产品有“椰树”系列和“广州”系列。“椰树”牌是全国烟草行业优等品，广州系列的“红广州”多次获全国优等品称号。

5. 技术创新

广一厂于 1997 年 1 月在广东省烟草行业中率先建立技术中心。技术中心集产品、科研、技术、市场开发于一身，其职能从质量检测与工艺技术管理延伸到以市场为导向、以满足顾客需求为目标、提高产品竞争力的综合研究开发与管理。广一厂多次受到国家和广东省的嘉奖，继荣获广东省“八五”期间技术进步奖后，又被国家烟草专卖局授予 1991 ~ 1996 年全国烟草技术创新先进集体，成为广东省惟一获此殊荣的卷烟企业。1996 年，广州卷烟一厂顺利通过 ISO9002 国际质量体系的认证，推行 ISO9000 管理模式，建立一个完善的质量管理和质量保证体系。

三、经营管理与国际标准接轨

我国的卷烟工业自 20 世纪 80 年代以来，在国家专卖专营的政策和较高关税壁垒保护下取得了迅猛发展。然而，随着全球经济一体化进程的推进，市场自由化程度越来越高，大环境、大市场日趋明显，国际贸易的关税壁垒将逐步瓦解，取而代之的是技术壁垒，而能否参与国际市场竞争，关键是广一厂的技术标准是否与国际标准接轨，得到国际的认可。

广州卷烟一厂把眼光瞄准国际企业管理新动态，着眼于把企业管理工作与国际惯例接轨，领取通往国际市场的通行证，在省内同行业率先推行目前国际上最通用的 ISO9000 管理模式，推进质量技术管理标准化、现代化、国际化。他们按照 ISO9002 标准严格建立健全一个完善的质量管理和质量保证体系，确保产品在投产前的原材料储备、制作过程的技术控制、产品出仓和售后服务均处于严格受控状态，最大程度地确保产品质量的稳定和提高，使企业逐步步入“二低二好”（消耗低、成本低，产品品质好、效益好）的良性循环状态。1996 年 12 月，企业顺利通过了 ISO 9002 国际质量体系认证审核，成为当时广东省烟草行业惟一获得 ISO 9002 质量体系认证证书的企业。

广一厂凭借着科学的管理、先进的技术、优越的产品品质、良好的信誉、雄厚的实力赢得社会各界和国内外烟草界的关注。1996 年，英美烟草公司通过对广东省烟草行业全面详细的考察后，选择广一厂进行技术合作。该合作项目以广一厂名牌“椰树”品牌系列产品为合作对象。经双方四年的共同努力，广州卷烟一厂于 2000 年在广州正式推出低焦油特醇椰树牌卷烟。这一新品种具有焦油含量低、香气浓馥、口感舒适等特点，在市场上获得了成功。在四年的合作过程中，广一厂学习并采用了先进的降焦油技术和配方技术，并从中学习到 BAT 的国际营销经验和管理方法等。双方的团队合作促进了工厂在生产管理、技术开发、品牌开发管理、市场调研及质量管理等方面的经营改善，使得椰树牌产品的经济效益大大提高，销售量较 1996 年增长了 42%，产品的市场份额和知名度也有所提高。

四、开拓柬埔寨市场

“八五”以来，全国卷烟已进入买方市场，因而进行境外投资办厂，开拓国际市场，把产品和市场向境外延伸，积极拓展海外市场就成为烟草生产企业谋求新发展的一种选择。

经过长时间的考察和可行性研究论证，广一厂发现柬埔寨在经济和关贸政策、投资环境、市场潜力、人文地理方面具有得天独厚的投资优势，由此决定到柬投资。1993 年 7 月，中柬合资的威尼顿集团有限公司在金边成立，并于 1994 年正式投入生产。

1．柬埔寨的营销环境

柬埔寨王国位于亚洲的东南方，海岸线濒临泰国湾，国土部分与泰国和越南相邻。该国的面积为 181 040 平方公里，属热带型气候，人口约 1 220 万，95%的人口信奉小乘佛教，官方语言为高棉语。1999 年的 GDP 为 82 亿美元。

1991 年柬埔寨在联合国的主持下达成了停火协议，由联合国主持成立过渡政府。经过近 20 年的内战之后，柬埔寨开始进入战后重建时期。战争的破坏使柬埔寨的生产能力受到了极为严重的影响，柬埔寨百业凋零，百废待兴。

1992 年广一厂决定组织投资项目考察团到柬埔寨详细考察柬埔寨的政治形势、吸引投资政策、卷烟市场规模、销售价格情况、国内竞争条件、产品销售渠道等投资条件，以便确定到柬投资设厂的可行性。基本情况如下：

（1）对外来投资的态度和政策。柬埔寨鼓励外来投资，所有经济部门都对外开放；除了不能拥有土地所有权以外，投资者不受歧视待遇；政府不能对投资者拥有的投资资本、动产和不动产实施国有化政策；政府按照法律规定，允许投资者通过银行系统购买外汇，并将外汇汇出用于支付进口原材料、偿还贷款、支付专利费、管理费、利润、收回资本。外汇法不允许国家在发生危机时实施外汇管制；符合投资优惠政策的外来投资只交15%~20%所得税，没有这种优惠的企业的所得税是15%~25%；进口生产所需的建筑材料、机器设备、零备件、原料、半成品、包装材料100%免进口税；在柬埔寨没有合格的员工的情况下，允许雇佣国外人员；政府对经济干预较少。柬埔寨实行的是自由市场经济。柬埔寨的国有经济即使在波尔布特时代也不广泛，1989年政府就开始出卖和出租政府资产。

（2）关税保护。卷烟市场存在高关税保护。柬埔寨的关税分为四种，税率从0到120%不等：奢侈品、汽车、烟酒等进口关税为70%；制成品，如电视机等关税为35%；机器、设备为15%；原材料和生活必需品为9%；农业设备、生产品、教学材料和设备、药品、运动器材免关税，但进口商需支付10%的增值税。

（3）政局。由于柬埔寨刚停战，政局还很不稳定。全国各地仍然战云密布，绑架、枪杀时有发生，投资风险大。

（4）外来投资。在柬埔寨投资的外国企业还比较少。从1991年到1993年，在柬埔寨投资的公司主要来自泰国（88家公司），新加坡（66家），法国（55家）和香港（52家）。

（5）市场情况与竞争对手。柬埔寨市场上卷烟品种繁杂，其中90%以上为外来烟，有相当大一部分是走私烟。几种有代表性的牌号是：555，MARLLBORO，FINE，OSCAR等。其中MARLLBORO进入柬埔寨的时间不长，还处于推销阶段，未形成销售势头。555牌售价6.8美元一条（200支），在柬埔寨市场属于高档卷烟。该牌子从品牌、包装、烟味、质量都具有优势，且每年在柬埔寨花巨额资金做广告，因此具有较强的竞争力。但由于柬埔寨人均收入很低，只有少数富人才抽得起，因此市场销量不大。当地生产的卷烟有解放牌、胜利牌和民族牌。当地烟质量较差，包装低劣，价格低，在整个卷烟市场还未形成稳固的基础。在首都金边市批发出去的各种卷烟全年总销量约为 35 万大箱。

(6) 销售渠道。柬埔寨的销售渠道主要有三种：①批发商。柬埔寨的烟草批发市场在金边奥林匹克体育馆旁边，这里也是全国烟、酒、日用百货的集散地。批发商除了国内商品的批发，也进口商品向零售商销售。批发商有时也向当地市场的小商店、摊点提供送货服务、信贷和保修服务。②零售商。一些商家通过自己的销售商店或售货车销售。③代理销售。外国产品进入柬埔寨通常是找一个当地代理充当批发商，由代理向下推销。一级代理设在金边。

根据上述考察，考察组得出如下结论：广一厂在柬埔寨市场有一定的竞争优势。与柬埔寨当地厂家比，广一厂在资金、技术和管理方面具有优势。相对于进口的外国卷烟，广一厂也具有一定的价格优势。如果在柬埔寨投资生产，价格优势可进一步得到体现。由于柬埔寨的战乱刚结束，局势还不稳定，在柬埔寨建厂有很大的风险，但正是这种混乱的政局导致外国投资较少，从而使当地市场的竞争相对不是很激烈，这无疑也是一个很好的投资机会。随着柬埔寨局势的稳定，外国企业可能迅速进入，从而使这种机会很快消失。因此进入柬埔寨的时间是宜早不宜晚。早进入可以先得到进入优势；太晚，可能面临较高的进入障碍。广一厂决定把中低档烟作为在柬埔寨市场的主导产品，利用自己相对的技术优势、管理优势同当地品牌展开竞争，从而占领中低档卷烟市场。

2. 进入柬埔寨市场的方式选择

到柬埔寨直接投资，广一厂可以采取的方式有两种：一是独资建厂生产；二是建立合资企业。独资建厂可以使企业对工厂有完全的控制，从而在经营上能有较大的灵活性，公司的战略更容易得到实施，利润也可以独享。但由于广一厂对柬埔寨的当地情况不了解，也缺乏必要的人际网络关系，经营风险很高。如果同当地公司组成合资企业，广一厂可得到降低经营风险，有许多优点。

基于上述考虑，广一厂决定采取合资的方式。为了保证合资企业的成功，广一厂对合作伙伴亚细安公司进行了包括公司背景、资金实力、资信和经营财务报表等在内的综合评估，并通过我国贸促会的海外机构进行了调查核实。调查结果显示，对方有合作实力，提供的银行证明和财务报表是真实可靠的。于是双方正式谈判合作事宜。通过多次的谈判最后达成了合资协议。合资企业由广一厂控股。广一厂的投入包括设备、原材料、技术和管理，亚细安公司的主要投入是土地、厂房和部分流动资金。

在组织结构方面，合资企业实行董事会领导下的总经理负责制。董事会由 5 人组成，董事长和总经理由广一厂方面派员担任，副董事长和副经理由对方担任。董事有三人，广一厂两人，对方一人。销售和生产都由广一厂派正职，对方派副职。财务由广一厂派任主管，对方派出纳。

3. 战略与策略选择

考虑到柬埔寨动荡的政治局势，为了长期占领市场，广一厂在柬埔寨的经营采取了如下战略：

（1）短平快策略。由于柬埔寨的政治局势发展趋势尚不完全明朗，因此宜采用短平快战略以尽快收回投资。开始时只在柬埔寨建立卷烟和包装生产，烟叶配方和烟丝生产都放在国内，通过烟丝出口的方式满足在柬埔寨的卷接包（卷烟、接嘴、包装）生产和市场的需要。投入的卷烟机、包装机等主要是闲置设备。为降低流动资金，原材料需求采用定期赊购的方式解决（因为当时在柬埔寨的举债非常困难，金融信贷业务几乎没有），出口成本实行生产成本及费用加上资金成本和合理利润原则。这些措施使广一厂在初始投资时基本没有使用现汇，新的资金投入也不大，从而大幅度降低了经营的风险。

（2）滚动发展战略。随着柬埔寨局势的稳定和经营环境的改善，广一厂把提高市场占有率放在首位。为此，广一厂不断扩大在柬埔寨的投资规模。原来在国内生产的烟丝，也逐渐转移到了柬埔寨。去年，还为扩大在柬埔寨的烟丝生产能力，专门在中国购置了卷烟制丝生产线出口到柬埔寨。这些措施进一步保证了产品质量，降低了生产成本，使广一厂在柬埔寨的竞争优势进一步加强。在扩大投资中，广一厂坚持平衡稳健、滚动发展的战略。具体做法：一是每次投资都控制在一定的规模内，分轻重缓急、先后顺序安排各投资项目，使投资的风险度降低到最小；二是将扩大投资实现的利润再投资，以资本的增值实现再增值。这些做法使广一厂在柬埔寨的新增投资基本做到了投资一次、成功一次、增利一次。

（3）当地化战略。柬埔寨市场是一个与中国截然不同的市场，广一厂在创业过程中十分注重因地制宜，制订切实可行的经营策略和管理措施，采取了针对当地市场设计产品、采用当地品牌、利用当地销售代理的当地化战略。

4．营销策略

早在威尼顿公司筹建之初，广一厂就组织专人对市场进行深入细致的调查研究，掌握了大量的第一手材料，为开发适销对路的产品提供了依据。为了稳妥起见，广一厂采取了“先试销，后批量生产”的销售策略。在合资厂投产前，先把合资厂的品牌在国内生产，然后通过一般贸易的方式出口到柬埔寨试探市场，试销成功后再开始在当地批量生产。

在确立产品商标时，广一厂本着突显当地文化价值观的原则，根据柬埔寨人传统文化的特点，选择了具有强烈柬埔寨民族色彩的商标品牌："ANGKOR"（吴哥)、"LUXURY"（利事来)、"CROWN"（皇冠)。通过引发文化的认同心理来促进品牌形象的建立，为创造名牌产品奠定基础。目前"ANGKOR"、"LUXURY"、"CROWN"三个主导牌号已经稳固地占领了市场，市场覆盖率达到90%以上；"ANGKOR"和"CROWN"已成为当地名牌产品，销量在当地所有牌号中占主导地位。为了满足市场不同档次消费者的需求，广一厂后来又开发出了柬埔寨最高档的产品"GOLD ANGKOR"（金吴哥)，填补了柬埔寨没有生产高档卷烟的空白。

在销售渠道方面，广一厂按照"建立省区代理，划分区域管理，调控货源市场，统一批发价格"的原则，逐步建立起覆盖柬埔寨全国的销售网络。同时，坚持开展大量艰苦细致、切实有效的宣传促销，稳扎稳打，力争做到"开发一片，巩固一片，成功一片"，取得了良好的成效，广一厂所开发的几个主导牌号已经稳固地占领了市场。

威尼顿公司创建的短短4年间，经营业绩取得了突飞猛进的发展，卷烟产、销量每年平均增长50%以上。4年来，实现销售收入累计达4 000多万美元，带动了国内原辅材料的出口，创汇达2 000多万美元。与投产初期相比，固定资产原值增长了2倍。目前，威尼顿公司无论从产品质量、劳动效率、管理水平还是资金运作效果，均接近或达到国内烟草行业先进水平，其生产规模已成为柬埔寨最大的卷烟生产企业之一，市场占有率达到25%以上。

讨论题

1．广州卷烟一厂在进入柬埔寨之前做了哪些准备工作？

2．广州卷烟一厂为什么选择 1993 年进入柬埔寨？

3．广州卷烟一厂为什么采取合资形式进入柬埔寨卷烟市场？

4．试评价广州卷烟一厂在柬埔寨的当地化战略。

5．试评价广州卷烟一厂在柬埔寨市场的营销策略。

2002 年 10 月

附　　录

中国10个知名的市场营销网站

1. 中国营销传播网　http://www.emkt.com.cn
2. 市场战略研究电子杂志　http://webcmo.com.cn
3. 中国商务在线　http://www.businessonline.com.cn
4. 全国市场研究协会网站　http://www.emarketing.net.cn
5. 网上营销新观察　http://www.marketingman.net
6. 中国广告网　http://www.yes100.com
7. 中华广告网　http://www.a.com.cn
8. 营销俱乐部　http://www.china-mkt.com/index.asp
9. 商业派　http://www.businesspie.net/index.htm
10. 网络营销论坛　http://www.webpromote.com.cn

3个推荐的搜索引擎

1. http://www.google.com
2. 雅虎中国　http://cn.yahoo.com
3. 网易搜索引擎　http://search.163.com

十大营销杂志推荐

1. 《销售与市场》
2. 《市场周刊·商务营销》
3. 《市场营销》

4.《国际市场》
5.《现代营销》
6.《国际广告》
7.《中国营销导刊》
8.《企业研究》
9.《商界》
10.《成功营销》